Kommentar zu den Götterliedern der Edda

Teil 3: Die Vanenlieder

Kommentar zu den Götterliedern der Edda

Teil 3: Die Vanenlieder

Skirnisfǫr
Grógaldr
Fjǫlsvinnsmál
Rígsþula
Hyndluljóð
Anhang: Heimdallargaldr, Sǫrla Þáttr, Lokka táttur
Nachtrag: Grímnismál 18
Weitere Deutungen, Anmerkungen, Gesamtregister

Textausgabe nach der korrigierten Übersetzung von Karl
Simrock mit ausführlicher Einleitung (im Teil 1) und
Kommentierung zu den Liedstrophen aus heidnischer Sicht von

Allsherjargode Géza von Neményi

Kersken-Canbaz-Verlag - Holdenstedt
Reihe Altheidnische Schriften

© 2014 Kersken-Canbaz-Verlag
Alle Rechte vorbehalten.
Druck und jegliche Wiedergabe in jedweder Form, auch
elektronisch oder als Daten, nur mit vorheriger Genehmigung
des Verlages.
Satz: KC-Verlag mit **KOMA-Script** und LaTeX.
Herstellung: Books on Demand GmbH, Norderstedt

ISBN 978-3-89423-136-1

Inhaltsverzeichnis

Vorwort   *vii*

I   Die Lieder   1

1   *Skírnisfǫr*   3

2   *Grógaldr*   35

3   *Fjǫlsvinnsmál*   49

4   *Rígsþula*   77

5   *Hyndluljóð*   111

II   Anhang   159

Heimdallargaldr   161

Sǫrla Þáttr   173

Lokka táttur   179

Nachtrag Grímnismál 18   197

Weitere Deutungen   207

Anmerkungen   209

Gesamtregister der Bände 1-3   211

Vorwort

In diesem 3. Band des Kommentars zu den Götterliedern der Edda geht es um die sog. »Vanenlieder«. Strenggenommen sind aber nur zwei davon Lieder, in denen Vanengottheiten im Vordergrund stehen, nämlich Skírnisfǫr und Hyndluljóð, während Grógaldr und Fjǫllsvinnzmál nur dann Vanenlieder sind, wenn man Menglöð als Freyja deutet, was aber wohl nicht zutrifft. Und die Rigsþula stellt den Asen Heimdallr in den Mittelpunkt, der allerdings als »den Vanen gleich« beschrieben wird.

Wer die Bände 1 und 2 aufmerksam gelesen hat wird festgestellt haben, daß ich bei den Götterliedern fast überall von Offenbarungen der Götter geschrieben habe. Hier im 3. Band ist Raum genug, um das ein wenig genauer zu erläutern.

Es handelt sich bei den Göttermythen der Edda unzweifelhaft um religiöse Lieder und damit – nach ihrem Niederschreiben - auch um religiöse Texte. Die Heiden in Germanien haben an die darin erscheinenden Gottheiten tatsächlich geglaubt und Sie auch kultisch verehrt, wie das heute noch die Alt- und Neuheiden tun. Die These, daß es sich um Phantasievorstellungen eines Isländers des 13. Jh. handelt, die lediglich einen Kern von echten Überlieferungen enthalten und diesen weiter ausgemalt haben, halte ich für unhaltbar, und hoffe, daß dies auch durch meinen Eddakommentar mit den Beispielen und Querverweisen auf ältere Überlieferungen deutlich wird.

Wir haben also religiöse Lieder vorliegen, die in der heidnischen Zeit allgemein bekannt waren, ähnlich wie in Indien Mythen der Veden bekannt sind. Vor solchen religiösen Überlieferungen hat man Respekt und wagt es gar nicht erst, sie irgendwie auszuschmücken oder zu verändern. Man könnte ja schlimmstenfalls den Zorn der Götter heraufbeschwören, wenn man es wagt, Ihre Aussagen irgendwie zu verfälschen. Gleichzeitig war es aber eben auch so, daß jeder Heide damals diese Mythen kannte, da sie bei den Opferfesten und Thingen vorgetragen oder als Kultspiele aufgeführt wurden. Absichtliche oder unabsichtliche Veränderungen hätte man sofort erkannt und sicher auch sein Mißfallen geäußert – kein Priester oder Dichter hätte es gewagt, sich einer derartigen Kritik an seinen Merkfähigkeiten auszusetzen

Man stelle sich einmal vor, daß ein Pfarrer in der Kirche ein Evangelium vorliest, und dabei veränderte Teile mit einfügt: Die Gläubigen würden es merken und spätestens nach Ende des Gottesdienstes ihren Pfarrer streng zur Rede stellen.

Deswegen gehe ich von einer unverfälschten Überlieferung aus. Natürlich, Menschen können auch einmal etwas vergessen oder unabsichtlich falsch verstehen und somit falsch erzählen. Allerdings sorgt das Umfeld dafür, daß solche Fehler auch wieder herausgenommen werden. Wenn der eine Sänger einen Fehler in seinen Text bringt, dann kann der nächste diesen Fehler wieder herausnehmen, da diese Lieder allgemein bekannt sind, und was der eine vielleicht falsch versteht oder vergessen hat, kann der andere immer noch richtig wissen. Zwei der Eddalieder (Þrymsqviða und Svipdagsmál) lebten noch bis in unsere Zeit als Volkslieder in verschiedenen Fassungen weiter und sind der Beweis, daß es sich um allgemein bekannte und weitverbreitete Lieder handelte.

Woher kommen nun diese Lieder ursprünglich? In der Zeit vor der Teilung der Indogermanen in Germanen und Inder, in der indogermanischen Urheimat gab es schon heilige Lieder über die Götter. Diese Lieder sind von den Göttern offenbart worden. Wie das ging, wissen wir zwar nicht, es gibt aber verschiedene Möglichkeiten. So könnte irgendein Priester, eine Vǫlva (Seherin), ein Schamane oder Dichter der mediale Fähigkeiten besaß, diese Lieder innerlich gehört und dann weitererzählt haben. Ich denke, daß die Vǫluspá so ein innerlich gehörtes und dabei erzähltes Lied darstellt (siehe Band 1). Es ist aber auch eine klassische Durchgabe in Tieftrance, wie wir das aus dem Offenbarungsspiritualismus kennen, denkbar. Dabei tritt der Geist des Mediums in einem Tieftrance aus dem Körper heraus, und ein spirituelles Wesen tritt an seiner Stelle in den Körper ein und erzählt das, was geoffenbart werden soll. In diesem Augenblick spricht also ein fremdes Wesen aus dem Körper des Mediums und daher klingt die Sprache anders: Es gibt eine ganz andere Betonung, oft auch einen ganz anderen Dialekt oder sogar eine andere Sprache. Das Medium spricht also in einer »fremden Zunge«, und das ist es, was der Apostel Paulus mit seinem »in Zungen reden« meint.

Modern nennt man so etwas »Channeling« (also einen »Kanal« in die spirituelle Welt öffnen).

Aber es sind auch andere Formen der Offenbarung denkbar. Vielleicht hat ein medial veranlagter Mensch vor mehreren Jahrtausenden einfach nur in einem Heiligtum meditiert und dann ist ihm das Lied »eingefallen« und er hat es dann weitererzählt. Oder man hat es geträumt. Noch heute gibt es Schamanen in Asien, die mit ihren Hilfsgeistern in Verbindung stehen und von ihnen erfahren, wie sie einen Patienten heilen können. Nur der Schamane oder die Schamanka hören dabei die Geistwesen, alle anderen hören nichts. Statt Heilmittel könnten solche Geistwesen dem Schamanen oder der Schamanka auch Mythen der Götter eingeben.

Wir müssen uns bei dieser Frage nicht entscheiden, wie es denn gewesen ist, sondern es reicht, wenn wir uns klarmachen, daß es Möglichkeiten gibt, solche Lieder von den Göttern an die Menschen zu übermitteln.

Falsch ist es aber in jedem Falle, wenn wir diese Möglichkeiten von Anfang an ausschließen und nur nach einem menschlichen Dichter, der sich alles ganz allein ausgedacht hat, suchen würden. Daß die Wissenschaft (Skandinavisten) dies so sieht, ist zu erwarten, denn die Skandinavistik ist keine Religionswissenschaft oder Theologie und beschäftigt sich allein mit diesseitigen Dingen.

Ich aber als heidnischer Priester und Altheide kann und darf – ja muß – hier einen anderen Weg gehen, ähnlich wie ein katholischer Priester an die Bibel anders glaubt und herangeht, als ein nichtchristlicher Textforscher.

Der zweite Punkt, den ich anführen möchte, ist der der naturmythologischen Deutung. Es gibt viele Deutungsebenen, und die naturmythologische ist nur eine davon. Falls der Eindruck entstanden sein sollte, daß unsere Vorfahren in den Liedern lediglich Bilder für ganz normale Naturerscheinungen gesehen haben sollten, dann muß ich gleich entschieden widersprechen. Unsere Vorfahren haben die Natur nicht vergötterlicht, sondern haben versucht, hinter bestimmten Naturerscheinungen das Wirken der Götter zu erkennen. Sie haben also in der sichtbaren Welt das Wirken der unsichtbaren Wesen erkennen wollen, ohne die unsichtbaren Wesen allein auf materielle Naturerscheinungen zu reduzieren. Sie kannten offenbar das Gesetz »Wie oben, so unten«.

Unsere Vorfahren verbanden also die Mythen mit den Geschehnissen im Jahreslauf ganz ähnlich, wie es auch die Christen bis heute tun. Auch das Christentum legt Geschehnisse aus dem Leben Jesu auf bestimmte Punkte im Jahr (Geburt – Weihnachten, Auferstehung – Ostern usw.), obwohl beides eigentlich gar nichts miteinander zu tun hat. Sie feiern zu Weihnachten Jesu Geburt, obwohl doch alle wissen und glauben, daß Jesus vor 2 Jahrtausenden längst gestorben und auferstanden ist.

Das »Kirchenjahr« verdankt seine Entstehung also wohl der Tatsache, daß es zuvor bei den Heiden auch schon einen Jahreslauf gegeben hat, bei dem Mythen mit bestimmten Festen verbunden wurden. So nannte man in Schweden das Mittsommerfeuer »Baldersbol« (Balders Scheiterhaufen) oder man ging bei den Wotjaken (finnische Mythologie) davon aus, daß der Donnergott im Winter schläft, so daß Kulte für Ihn in dieser Zeit wirkungslos und überflüssig sind. Im einem alten gotischen Jultanz wird die Wiedergeburt des Ebers – einem Sonnensymbol und Synonym für den Gott Freyr – besungen. Selbst Adam von Bremen erwähnt noch den Naturbezug einzelner Götter, deren Bilder im Tempel von Upsala standen.

Und selbstverständlich werden auch im Hinduismus Veda-Mythen mit Jahresfesten verbunden.

Aus diesem Grunde ist die naturmythologische Deutung eine zutreffende und vieles erklärende Deutungsweise, aber natürlich gibt es weitere Deutungsebenen. Jeder mag auch seine eigene Deutung der Lieder haben. Meine Deutungen sollen also nicht als Dogmen verstanden werden und wollen auch nicht andere auf den Überlieferungen fußende Deutungen als falsch hinstellen.

Im Anhang bringe ich neben dem verlorenen »Heimdallargaldr« und dem »Sǫrla Þáttr« ein Volkslied von den Färörn, »Lokka táttur«, das wenig bekannt ist.

Auch in diesem dritten Band habe ich wieder die nordischen Sonderzeichen (Þ, þ = th; ð = dh; œ, ǫ, ø = ö; æ = ä, á = ao) verwendet, außerdem auch wieder Abbildungen aus zwei Handschriften der Jüngeren Edda eingefügt, die auf eine Vorlage von 1665 zurückgehen. Diese verlorene Vorlage war natürlich auch wieder selbst eine Abschrift der Urfassung.

Werbig 2013, Allsherjargode Géza von Neményi

Teil I

Die Lieder

Kapitel 1

Skírnisfǫr

Dieses Lied heißt in den Kónungsbók der Älteren Edda »Fǫr Skírnis« (»Fahrt Skírnirs«), doch weil man gerne die Liedtitel in einem Wort hat, stellt man gewöhnlich um zu »Skírnisfǫr« (»Skírnirs Fahrt«). In dem Eddabruchstück Codex Arnamagnäanus 748 trägt das Lied den Titel »Skírnismál« (»Skírnirs Merklied«). In diesem Eddalied stehen der Vanengott Freyr (»Herr«), Sein Diener Skírnir und die Riesin Gerðr im Vordergrund.

Das Lied kommt auch in Nacherzählung in der Jüngeren Edda, Gylfaginning 37 vor, wo Freyr und Gerðr am Ende heiraten (was hier in unserm Liede nur angedeutet ist). Die Strophe 42 wird dort auch in leicht abweichender Form angeführt. Erwähnt wird der Mythos auch in Lokasenna 42 und in den Hyndluljóð 30, sowie der Ynglinga saga 10.

Das Lied ist ein Göttermythos, der nur von Göttern offenbart worden sein kann. Der Titel »Skírnismál« legt nahe, daß Skírnir der Vermittler dieses Liedes gewesen ist.

Einige Forscher datieren das Lied in die 1. Hälfte des 10. Jhs., andere haben das Lied in das 12. Jh. bezeitet, allein wegen der Fluchstrophen und der Runennamen, die sie als mittelalterlich ansahen, und wegen Begriffen wie etwa »skósveinn« für »Page«. Daß das Wort allerdings gar nicht »Page«, sondern »Schuhbursche« bedeutet, und »sveinn« als Bezeichnung eines jungen Buschen als Diener im Gefolge einer Kriegerschar schon in heidnischer Zeit üblich war, wurde übersehen. Auch das Motiv der Liebeskrankheit – für einen Gott der Liebe und Fruchtbarkeit nicht ungewöhnlich – können sich Forscher erst im christlichen Hochmittelalter vorstellen.

Völlig abwegig ist die Deutung, wonach das Lied von den Königen aus dem Ynglingengeschlecht im 12. Jh. in Auftrag gegeben wurde, um in der Unterwerfung Gerðs unter Freyr die Unterwerfung der Minderheit der Samen (Gerðr) unter die Herrschaft der Ynglingenkönige, deren mythischer Ahnherr Freyr ist, darzustellen.

Wenn man dieser Deutung folgen wollte, dann wäre das Lied tatsächlich erst im 12. oder 13. Jh. entstanden und hätte vorher nie existiert. Aber es gibt den gleichen Mythos auch bei den Celten, so daß diese Deutung unhaltbar ist.

Bei den Celten heißt der Gott Yngvi-Freyr »Óengus«, Gerðr heißt dort »Cáer Ibormeit«. Der Name Óengus (»die einmalige Wahl«, »der Außwergewöhnliche«, »der Einzigartige«) entspricht etymologisch dem germanischen Ingwaz (Yngvi), was besonders auch deutlich wird, wenn wir den gotischen Namen der Ingwaz-Rune betrachten, der im Codex Salisburgensis 140 (9. Jh.) steht: Enguz. Óengus ging aus der Verbindung von Dagdæ und Bóand (die eine Erd- und Flußgöttin ist) hervor, und heißt auch »Mac Óc« (»der junge Sohn«), da er die ewige Jugend besitzt. In den Skírnisfǫr bietet Skírnir der Gerðr goldene Äpfel an, die sicher Äpfel der ewigen Jugend sind. Freyr wird überhaupt immer eher als jugendlicher Gott dargestellt.

Der Name Yngvi ist noch recht ungedeutet; ich führe ihn auf indogerm. *ingneq (Brennen) zurück. Aber eine jüngere Sprachstufe legt auch eine Verbindung mit dem Begriff »jung« nahe, denn altnord. yngri, yngstr ist Comparativ und Supperlativ zu altnord. ungr (jung); demnach könnte Yngvi auch einfach nur »der Junge, Nachkomme, Sohn« bedeuten. Das würde dem celtischen Óengus entsprechen. Der Forscher F. R. Schröder deutete den Namen Yngvi-Freyr (bzw. Ingunar-Freyr) als der »Herr oder Gatte der Eibengöttin Ingun«. Das ist zwar abwegig, immerhin aber wird hier die Eibe mit ins Spiel gebracht, wie bei Cáer Ibormeit.

Cáer Ibormeit (auch: Ibormeith) muß demnach der Gerðr entsprechen. Der Name »Cáer« (walisisch: ker) wird meist übersetzt mit »Burg« oder »Schloß«, das Wort ist verwandt mit engl. –chester (z. B. Manchester) und castle (lat. Castellum). Es bezeichnete ursprünglich eine Burg, einen Burgwall oder eben eine eingezäunte Anlage, einen Garten. Der Name klingt sehr ähnlich zu unserem Namen Gerðr, so daß ich eine etymologische Verwandtschaft für sicher halte, zumal »Gerðr« ja vom Altnordischen garðr (»umzäuntes Feld«) hergeleitet wird und »die durch eine Einzäunung Geschützte« bedeutet. Verwandt ist der Begriff »Garten«, eine to-Bildung bzw. dh-Erweiterung der indogermanische Wurzel *gher- »umzäunen, einhegen, einfassen«. Cáer und Gerðr entsprechen also einander. Bleibt nur noch der zweite Namensteil, »Ibormeit«. Er wird übersetzt mit »Eibenbeere«; die Eibe ist der Zauber- und Rauschbaum und daher passend. Nur ergibt die Übersetzung »Burg Eibenbeere« wenig Sinn. Wenn wir aber auf eine ältere Wortstufe zurückgehen, dann können wir den Namen übersetzen mit »Garten der Eibenbeeren«. Das beweist uns, daß im celtischen Mythos der Name »Cáer« noch nicht einfach als »Burg« übersetzt werden kann, sondern die ältere Bedeutung heranzuziehen ist. Dieser celtische Name hat also ein recht hohes Alter.

Es wäre recht unwahrscheinlich, wenn die beiden Namen (Cáer – Gerðr und Óengus – Ingwaz) nur zufällig ähnlich lauteten. Davon ist wohl kaum auszugehen. Dazu kommt, daß Cáer Ibormeit im celtischen Mythos aus dem Álbengeschlecht ist. Freyr aber ist Herr über Álfheimr (siehe Kommentar zu Grímnismál Str. 5 in Bd. 1).

Auch in der Mutter des Freyr entsprechen sich die Mythen. Freyr ist der Sohn von Njǫrðr und Njǫrunn. Njǫrunn heißt bei Tacitus Nerthus. Über ihren Kult erzählt der Römer, daß in Ihrem Heiligtum ein Wagen aufbewahrt wurde, der von Kühen gezogen wurde. Auffällig ist nun, daß der Name der Mutter des Óengus »Bóand« lautet, was man von *bo vinda ableitet und was »weiße Kuh« bedeutet. Njǫrunn/Nerthus und Bóand stehen auch mit dem Wasser in Verbindung.

Der Mythos von Óengus heißt im Celtischen »Aislinge Óengusso« (»Das Traumgesicht von Óengus«); er ist ein Teil des »Mythologischen Zyklus« und nur in einer Handschrift aus dem Jahre 1517 überliefert. Sprache und Inhalt aber weisen auf eine Niederschrift im 8./9. Jh. Zu dieser Zeit existierte der Mythos also nachweisbar bei den Celten, und es ist anzunehmen, daß es einst eine Urform gegeben hatte, die dann Vorlage von zu »Aislinge Óengusso« sowie auch von »Skírnisfǫr« gewesen ist, wobei ich davon ausgehe, daß unser Skírnisfǫr der Urfassung sehr nahe steht; die celtische Fassung hingegen trägt eindeutige jüngere Merkmale.

Da die celtische Fassung relativ unbekannt ist, lasse ich hier den Text vollständig folgen[1]:

Eines Nachts sah Óengus im Schlaf eine Gestalt an sein Bett treten: Es war eine Jungfrau, die Schönste in Ériu [Irland]. Er wollte sie schon an der Hand fassen und zu sich in das Bett ziehen, - da sah er, wie sie plötzlich von ihm wich. Nicht wußte er, wohin sie verschwunden war. So blieb er bis zum Morgen im Bett, und er fühlte sich unwohl. Es machte ihn krank, daß er die Gestalt erblickt hatte, ohne mit ihr sprechen zu können. Er konnte keine Speise zu sich nehmen. In der folgenden Nacht sah Óengus ein Timpán [eine Art Glockenspiel] in ihrer Hand, ein wohltönenderes gab es nicht. Sie spielte ihm eine Melodie vor, und darüber schlief er ein. So blieb er bis zum Morgen, und am nächsten Tag konnte er nichts essen.

Ein ganzes Jahr verstrich, und die Besuche des Mädchens wiederholten sich, so daß er sich in sie verliebte. Er erzählte niemandem davon. Óengus wurde krank von der verzehrenden Sehnsucht, und niemand wußte, woran er litt. Die Ärzte Ériüs versammelten sich, aber keiner wußte, was ihm fehlte.

Sie gingen zu Fíngen [Druide des König Conchobar von Ulster], dem Arzt von Conchobar, und Fíngen kam. Er konnte die Krankheit am Gesicht eines Menschen ablesen und an dem Rauch, der über einem Haus aufstieg, erkannte er die Zahl der darin erkrankten Menschen.

Er nahm Óengus zur Seite und sprach zu ihm: »Dich hat es getroffen, du liebst eine Abwesende.« »Du hast meine Krankheit erkannt«, sagte Óengus. »Du bist in einen bedauernswerten Zustand geraten und hast es nicht gewagt, jemandem davon zu erzählen«, sagte Fíngen. »Du hast recht«, sagte Óengus, »eine Jungfrau kam zu mir, die Schönste in Ériu, von vortrefflicher Gestalt. Sie hielt ein Timpán in der Hand und spielte jede Nacht für mich.« »Wie immer dem auch sei«, sagte Fíngen, »es war dir vorherbestimmt, mit ihr zusammenzutreffen. Sende nach Bóand [*bo vinda, »weiße Kuh«], deiner Mutter; sie soll kommen und mit dir sprechen.« Man begab sich zu Bóand, und sie kam. »Ich pflege diesen Mann«, sagte Fíngen, »denn eine schwere Krankheit hat ihn befallen.« Sie erzählten Bóand die ganze Geschichte. »Seine Mutter soll sich um ihn kümmern«, sagte Fíngen, »eine schwere Krankheit hat ihn befallen.

Durchstreife ganz Ériu und suche nach einem Mädchen von der Gestalt, wie sie dein Sohn erblickt hat.«

Die Suche dauerte ein Jahr, doch man fand niemanden, der dem Mädchen geähnelt hätte. Fíngen wurde erneut gerufen. »Nichts hat ihm helfen können«, sagte Bóand. Sprach Fíngen: »Sendet nach dem Dagdæ, er soll kommen und mit seinem Sohn sprechen.«

Man begab sich zum Dagdæ [»der gute Gott«, Vater des Óengus], und er kam. »Warum wurde ich gerufen?« »Um deinem Sohn Rat zu spenden«, sagte Bóand. »Es ist besser, daß du ihm hilfst, denn sein Tod wäre traurig. Er verzehrt sich. Er hat sich in eine Abwesende verliebt, und kein Mittel wurde dagegen gefunden.« »Warum sagst du mir das«, sprach der Dagdæ. »Ich weiß nicht mehr als du.« »Wohl weißt du mehr«, sagte Fíngen. »Du bist der König der Síde [Hügel als Zugang zur Anderwelt] von Ériu. Sende Boten zu Bodb, dem König des Síd von Munster, denn sein Wissen wird in ganz Ériu gepriesen.«

Sie begaben sich zu ihm; er hieß sie willkommen: »Willkommen, Volk des Dagdæ«, sagte Bodb. »Deswegen sind wir ja gekommen.« »Habt ihr Neuigkeiten«, sprach Bodb. »Das haben wir: Óengus Sohn des Dagdæ verzehrt sich seit zwei Jahren.« »Was hat er?«, sprach Bodb. »Er sah im Schlaf ein Mädchen. Wir wissen nicht, wo in Ériu sich das Mädchen befindet, das er erblickt hat und nun liebt. Der Dagdæ bittet dich, in ganz Ériu nach einem Mädchen von dieser Gestalt und diesem Aussehen zu suchen.« »Man wird sie suchen«, sagte Bodb, »aber laßt mir ein Jahr Zeit, bevor ich etwas weiß.«

Nach einem Jahr begaben sie sich nach Síd ar Femuin [Nahe Cashel Rock, County Tipperary]. »Ganz Ériu habe ich durchstreift, bis ich das Mädchen am Loch Bél Dracon [»Drachenmaul-See«] in Cruitt Clíach [Galty Mountains, County Tipperary] fand«, sprach Bodb. Dann begaben sie sich zum Dagdæ und wurden willkommen geheißen. »Habt ihr Neuigkeiten?«, sprach der Dagdæ. »Gute Neuigkeiten. Das Mädchen, ganz wie du es beschrieben hast, ist gefunden worden. Bodb bittet dich, Óengus mit uns gehen zu lassen, um herauszufinden, ob er das Mädchen erkennt, wenn er sie erblickt.«

Man fuhr Óengus in einem Streitwagen nach Síd ar Femuin. Der König hatte ein großes Fest bereitet, um ihn willkommen zu heißen. Drei Tage und drei Nächte verbrachten sie auf dem Fest. »Komm jetzt mit mir«, sagte Bodb, »um das Mädchen zu erkennen, wenn du sie erblickst. Aber erkennst du sie, kannst du sie nur betrachten, denn es ist nicht in meiner Macht, sie dir zu geben.« Dann begaben sie sich an den See und sahen dreimal fünfzig Jungfrauen, und die gesuchte Jungfrau war unter ihnen. Die (anderen) Mädchen reichten ihr nur bis zur Schulter. Zwischen jedem Paar der Mädchen hing ein silbernes Kettlein. Óengus' Mädchen jedoch trug einen silbernen Halsschmuck und ein Kettlein aus glänzendem Gold. Da sagte Bodb: »*Kannst du das Mädchen dort erkennen?*« »*Wahrhaft erkenne ich sie*«*, sagte Óengus.* »*Ich kann nicht mehr für dich tun*«*, sagte Bodb.* »*Wie auch immer*«*, sagte Óengus,* »*denn sie ist es, die ich gesehen hatte. Ich kann sie dieses Mal nicht mit mir nehmen. Wer ist dieses junge Mädchen, Bodb?*« »*Ich kenne sie natürlich*«*, sagte Bodb.* »*Es ist Cáer Ibomeith Tochter des Ethal Ambúail, aus Síd Famuin in der Provinz Connachta.*«

Danach kehrten Óengus und sein Volk in ihr eigenes Land zurück. Bodb begleitete sie und sprach mit dem Dagdæ und Bóand in Bruig ind Maicc Óic [Newgrange im Tal des Boyne-Flusses, County Meath, wo Dagdaes Residenz war]. Sie erzählten, was vorgefallen und wie das Mädchen in Gestalt und Erscheinung beschaffen war, ganz wie Óengus sie (einst) erblickt hatte. Sie nannten den Namen des Mädchens und den Namen ihres Vaters und Großvaters. »*Leider können wir sie nicht mit uns nehmen*«*, sagte der Dagdæ.* »*Du solltest dich zu Ailill [König von Connaught] und Medb [*»*Trunkenheit*«*, seine Frau] begeben, o Dagdæ, denn das Mädchen verweilt in ihrer Provinz*«*, sagte Bodb.*

Da brach der Dagdæ nach Connacht auf, mit einer Eskorte von dreimal zwanzig Streitwagen. Der König und die Königin hießen sie willkommen. Eine volle Woche feierten sie über dem Bier, das man ihnen auftischte. »*Was hat dich zu uns gebracht?*«*, sagte der König (Ailill).* »*Auf deinem Gebiet befindet sich ein Mädchen, in das sich mein Sohn verliebt hat und nach der er sich nun verzehrt. Ich bin gekommen, um zu erfahren, ob du sie dem Jungen geben kannst.*« »*Wer ist sie?*«*, sagte Ailill.* »*Die Tochter von Ethal Anbúail.*« »*Wir besitzen keine Macht über sie*«*, sagten Ailill und Medb,* »*wenn wir könnten, würden wir sie ihm geben.*«
»*Am besten wäre es, wenn ihr nach dem König des Síd [Ethal] senden würdet*«*, sagte der Dagdæ. Der Diener von Ailill suchte Ethal Anbúail auf.* »*Ailill und Medb fordern dich auf, zu kommen und mit ihnen zu reden.*« »*Ich werde nicht kommen*«*, sagte er,* »*und ich werde meine Tochter dem Sohn des Dagdæ nicht geben.*« *Diese Antwort wurde Ailill überbracht.*

»Er wird nicht kommen, denn er weiß, warum er gerufen wurde.« *»Wie auch immer«*, sagte Ailill, *»er wird kommen, zusammen mit den Köpfen seiner Krieger.«*

Daraufhin erhoben sich Ailills Mannen und das Volk des Dagdæ gegen den Síd und zerstörten den Hügel. Dreimal zwanzig Köpfe brachten sie heraus, und den König führte man als Gefangenen nach Crúachu. Da sagte Ailill zu Ethal Anbúail: »Gib dem Sohn des Dagdæ deine Tochter.« *Sprach der:* »Ich kann nicht, denn ihre Macht ist größer als die meine.« »Über welch große Macht gebietet sie denn?«, *sagte Ailill.* »Das ist ganz einfach: In dem einen Jahr nimmt sie die Gestalt eines Vogels an, in dem anderen Jahr die Gestalt eines Menschen.« »In welchem Jahr ist sie in Vogelgestalt?«, *sagte Ailill.* »Ich werde sie nicht verraten«, *sagte ihr Vater.* - »Den Kopf schlage ich dir ab, wenn du es nicht sagst«, *sprach Ailill.* »Nun, ich werde es nicht länger verschweigen, sondern es dir verraten, weil du so hartnäckig bist. Zum nächsten Samain-Fest [zu Winteranfang] wird sie die Gestalt eines Vogels haben und sich am Loch Bél Dracon befinden. In ihrer Begleitung wird man wunderbare Vögel sehen, dreimal fünfzig Schwäne. Ich werde mich für sie vorbereiten.« *Der Dagdæ sprach:* »Das kümmert mich nicht, da ich jetzt weiß, in welcher Wesensform sie zu finden ist.«

Dann schlossen Ailill, Ethal und der Dagdæ Frieden. Ethal wurde freigelassen. Der Dagdæ nahm Abschied und kehrte nach Hause zurück, um seinem Sohn von den Neuigkeiten zu berichten. »Begib dich zu Samain an den Loch Bél Dracon und rufe sie vom See zu dir.« *Der Mac Óg [Óengus] begab sich zum Loch Bél Dracon. Er sah dreimal fünfzig weiße Vögel auf dem See, mit silbernen Kettlein und Goldlocken auf den Häuptern. Óengus stand in menschlicher Gestalt am Seeufer. Er rief das Mädchen zu sich:* »Komm, sprich mit mir, Cáer!« »Wer ruft mich«, *sagte Cáer.* »Óengus ruft dich.« »Ich werde kommen, wenn du mir dein Ehrenwort gibst, daß ich morgen zum See zurückkehren kann.« »Ich verspreche es«, *sagte er.*

Da kam sie zu ihm. Er nahm sie in die Arme. Sie vereinigten sich in Gestalt zweier Schwäne und umkreisten den See dreimal. Auf diese Weise wurde sein Versprechen nicht gebrochen. In der Gestalt weißer Vögel brachen sie auf und kamen nach Bruig ind Maicc Óic. Gemeinsam sangen sie, so daß die Menschen dort für drei Tage und drei Nächte in Schlaf fielen. Danach blieb das Mädchen bei Óengus. Auf diese Weise entstand die Freundschaft zwischen dem Mac Óc [Óengus], Ailill und Medb. Deshalb nahm Óengus seine Dreihundertschaft mit auf den Raub der Rinder des Cúlainge. Und das ist das Traumgesicht des Óengus mac Dagdæ.

Im Gegensatz zu unserm Eddalied, welches die Götterbezüge noch erhalten hat, wirkt die celtische Form ungleich jünger, da auch alle Orte mit tatsächlichen Orten verbunden sind. Wären die Götternamen (z. B. Dagdæ) nicht, könnte man meinen, einen mittelalterlichen höfischen Roman vor sich zu haben. Aber der stammt aus dem 8./9. Jh. Man kann nun vielleicht ermessen, wie viel älter dagegen unser Lied sein muß.

Auch bei Saxo Grammaticus (Lib. IX, 301f bzw. 405) kommt Gerðr vor, allerdings in einem etwas anderen Zusammenhang. Hier ist es der schwedische König Frö (= Freyr), der den norwegischen König erschlägt und die Frauen der Hofleute in ein Hurenhaus weist. Schon Jan De Vries hat dies als eine ursprüngliche kultische Tempelprostitution im Dienste des Fruchtbarkeits- und Liebesgottes Freyr gedeutet. Regner (Ragnar Loðbrók) kommt nun, um seinen Großvater (den norwegischen König) zu rächen, und viele Frauen schließen sich ihm an, um nicht als Huren entehrt zu werden. Eine davon ist Lathgertha (Lað-Gerðr). Der Namensteil »Lað« bedeutet »die aus Steinen und Erde erbaute Wohnung«. Sie wird bei Saxo so beschrieben (IX, 406):

Unter diesen war auch Lathgertha, eine kriegserfahrene Frau, die mit männlichem Mute in der jungfräulichen Brust, mit ihrem auf die Schultern fallenden Haare voran unter den tüchtigsten Streitern kämpfte. Alle bewunderten ihre unvergleichliche Kampfeshilfe.

Regner wollte sie nun heiraten, und sie stimmte zum Scheine zu. In ihrem Palast aber ließ sie zur Wache gegen Regner einen Bären mit einem Hunde zusammen anbinden. Regner aber tötet die Tiere und gewinnt so die Lathgertha. Zusammen bekommen sie zwei Töchter und den Sohn Fridlewus (Friðleifr).

In dieser Mythenfassung stimmen nur noch der Bezug zu Freyr und die schwierige Brautgewinnung zu unserm Lied.

Der Mythos lebt fort im Märchen vom treuen Johannes, welches bei den Brüdern Grimm überliefert ist (KHM 6, 1919). Hier trägt der sterbende alte König seinem Diener, dem treuen Johannes auf, nach seinem Tode das ganze Schloß dem jungen Königssohn zu zeigen, nur die eine, verschlossene Kammer darf er ihm nicht zeigen. Der Königssohn aber merkt, daß eine Kammer vor ihm verschlossen wird und verlangt, daß sie ihm geöffnet werde. Darin findet sich ein Bild der wunderschönen Königstochter vom goldenen Dache. Der Prinz verliebt sich in sie und geht zusammen mit Johannes daran, sie zu entführen, was auch gelingt. Sie müssen dann noch Anschläge von Verfolgern überstehen, wobei Johannes versteinert wird. Am Ende aber wird er erlöst und alle sind glücklich.

Hier ist der Thronsessel Hliðskjálfr durch eine verbotene Kammer ersetzt, der alte König entspricht Óðinn, der Prinz entspricht Freyr und Johannes entspricht dem Skírnir. Der Tabubruch ist vorhanden, denn Freyr darf Sich nicht auf Hliðskjálfr setzen und der Prinz genauso nicht in die Kammer gehen. Die Königstochter vom goldenen Dache kann sowohl als Sonnenbraut, wie auch als Frühlingserde gedeutet werden.

Das Lied Skírnisfǫr gliedert sich in die folgenden Abschnitte. Nach einer Prosaeinleitung folgen zwei Strophen (1-2), die Skaði und Skírnir sprechen. Die Strophen 3-10 werden von Freyr und Skírnir gewechselt. Ein Prosaeinschub unterbricht die Folge und leitet die Strophen ein, die in Jǫtunheimr gesagt werden, wobei Skírnir zuerst mit einem Hirten spricht (11-13), dann Gerðr mit Ihrer Magd (14-15). Erst in Strophe 16-39 sprechen Skírnir und Gerðr. Diese Strophen gliedern sich in den Versuch des Brautkaufs (19-22), der Gewaltandrohung (23-25) und des Zaubers (26-31), der sich dabei jeweils steigert. Nach einem Prosaabschnitt folgen von Freyr und Skírnir gesprochene Schlußstrophen.

Das Versmaß des Ljóðaháttr (Spruchton) wechselt, und es finden sich einige Strophen im Galdralag, dem »Zauberton«, also dem Versmaß für Zaubersprüche. Dabei finden wir die formelhafte Parallelisierung einzelner Halbzeilen und ihre Wiederholung.

Unser Lied enthält natürlich auch wieder einen alten Naturmythos. Freyr (Abb. 1) symbolisiert hierbei die Sonne eines neuen Frühlings. Der Himmelsthron Hliðskjálfr ist das Himmelsfenster des alten Himmelsgottes, Óðinn, auf den Sich Freyr in Anmaßung gesetzt hat. Von diesem Sonnenhöchststand erblickt der Gott die sich in der Gewalt des winterlichen Meeres (Gymir, der Winterliche) befindende Wintererde, Gerðr. Sie ist Tochter Gymirs (des Winters) und der Aurboða. Gerðr ist entweder das Kind des Wintermeeres, oder die Gefangene desselben (unter Gymirs neun Wellentöchtern wird Sie nicht aufgezählt). Ihre weißleuchtenden Arme wurden als beschneite Höhen gedeutet. Freyr als Sonne schickt Seinen Diener Skírnir, der den Sonnenstrahl bedeutet, zur Erde: Diese wird durch den Strahl langsam erwärmt und bereit, sich mit der Sonne (Freyr) zu vereinigen. Da der Mythos nicht nur ein Jahresmythos, sondern zugleich auch ein Tagesmythos ist, setzt Sich Freyr also täglich auf den Thron; das geschieht am Vorabend, und bis zum morgendlichen Sonnenaufgang wirbt Skírnir um die Erde, Gerðr. Die Vafrlogi (Waberlohe), die er durchreiten muß, symbolisiert auch die Morgenröte. Der Viehhirt, der vor Gymirs Burg wacht, ist der Sonnengott des alten Jahres oder vergangenen Tages, Óðinn Selbst, dessen Hunde sind Óðins Wölfe. Das Schwert, mit dem Skírnir Gerðr bedroht, und das Freys Schwert ist, symbolisiert auch wieder den Sonnenstrahl, der die gefrorene Erde auftaut. Dieses Schwert fehlt Freyr beim Ragnarǫk (Winter), also hat die Sonne ihre Kräfte der Erde gegeben und hat nun zur Bekämpfung des Winters nicht mehr ausreichend Kraft. Die Schätze Gymirs sind die Saat, die dann dereinst mit der Kraft der Sonne zum reifen kommt.

Wolzogen faßte die Mythendeutung so zusammen: Der Sohn (junge Sonne) freit um die Tochter (Erde); er muß um sie zu erlangen den gemeinschaftlichen Vater (Winter) besiegen.

Man hat Gerðr auch als das eingehegte Saatfeld gedeutet, so daß dann aus der Erde (Aurboða), die eben noch in den Armen des Winters (Gymir) lag, das frische Grün (Gerðr) im Frühjahr entsproßt.

L. Uhland[2] schrieb:

> »Erwägt man nun, daß Frey, der Brautwerber, es ist, der als Gott des Erdsegens angerufen wird, und daß die Beschwörung seines Boten hauptsächlich dahin geht, Gerd solle, wenn sie der Werbung sich sträube, unvermählt, unfruchtbar und nahrungslos in kalter Tiefe wie eine Distel verdorren, so legt es sich nahe, in Gerd, der Tochter des Meerjǫtuns und der Erdriesin, das meerumgürtete, baufähige Land zu erkennen, das von dem

Abb. 1: Kleine bronzene Freysfigur aus Södermannland, Schweden, 11. Jh.

Geber allen Wachstums zu fruchtbarem Stande berufen wird. Man kann im Skirnislied allgemein den Bund des Luft- und Lichtgottes mit der tragbaren Erde zur Erschließung derselben dargestellt finden.«

Uhland lokalisiert dann diese Geschichte in Mittelschweden.

Auch zur römischen Mythologie scheint eine uralte Verbindung zu bestehen. Hier entspricht dem Freyr der Gott Saturn. Ähnlich wie der Vanengott Freyr, der kein Ase ist, ist auch Saturn kein olympischer Gott, sondern gehört zu den Titanen. Nachdem Saturn von Jupiter gestürzt wurde, reiste Er nach Latium und fand beim doppelköpfigen Schutzgott Janus freundliche Aufnahme. Er ließ sich auf dem Capitol nieder, gab den dort lebenden Menschen Gesetze, und begründete so zusammen mit Janus eine neue Herrschaft - Saturnia regna, das neue goldene Zeitalter. Von dem Kampf mit Jupiter um die Herrschaft berichtet auch die Tróamanna saga:

Jupiter fand das Leben der Bevölkerung zu bequem und das Reich seines Vaters zu groß. Er beneidete ihn darum und bot den Fürsten Geld, damit sie den König stürzten. Sie nehmen das Geld an und ergriffen Partei für Jupiter, der seinen Vater vor die Wahl stellt, entweder auf die Herrschaft zu verzichten, oder zu kämpfen. Jupiter hatte sich schon zuvor einen großen Teil des Reiches unterworfen. Saturn meint, seine Söhne seien zu unabhängig gewesen und er habe ihnen zu große Lehen überlassen. Er flieht bis nach Italien und unterweist dort zunächst die Leute im Ackerbau.

Die Parallele besteht darin, daß hier Saturn auf dem Himmelsthron saß und von Jupiter gestürzt wurde, während in unserm Liede Freyr sich auf den Himmelsthron setze. Er wird zwar nicht gestürzt, aber es wird doch als »Vermessenheit« bezeichnet. Möglicherweise wurde Freyr durch Óðinn dort vertrieben, doch wird dies in der Edda nicht gesagt. Er wird nur mit dem großen Liebeskummer bestraft. Ähnlich ist auch der Sturz Satans durch Gott in der Offenbarung zu deuten, denn hier nimmt Satan klar die Stellung des gestürzten Saturn ein, der ja dem Freyr entspricht.

Man hat angenommen, daß unser Lied auch die mythische Vorlage einer kultischen Frühlingsaufführung gewesen ist, nämlich der »Heiligen Hochzeit« (hieros gamos), bei der ein Mädchen als Erde im Spiel von einem Burschen als Sonnenvertreter erweckt wird, wobei die beiden sich geschlechtlich vereinigen. Skirnisfǫr wäre demnach ein Kultlied, das bei Freysfesten im Frühling szenisch aufgeführt wurde.

Zwei Szenen (bei den Göttern, bei Gerðr) müssen dann dargestellt worden sein. Es kommen jedenfalls die nötigen Vorstellungen vor (Str. 1, 3, 11). Die Vereinigung von Freyr und Gerðr mag dann der Höhepunkt am Ende gewesen sein; man vermutet, daß statt Skírnir in der Urfassung Freyr direkt als Werber auftrat (und das Schwert dann dadurch verlor, daß Er es als Brautkaufgabe abgab).

Freyr, der Sohn Njǫrðs, hatte sich einst auf Hlíðskjálfr gesetzt und sah über alle Welten. Da sah er nach Jǫtunheimr und sah eine schöne Jungfrau aus ihres Vaters Haus in das Vorratshaus gehen. Daraus erwuchs ihm große Gemütskrankheit.

Skírnir hieß Freyrs Schuhbursche. Njǫrðr bat ihn, Freyr zum Reden zu bringen. Da sprach Skaði:

In der Gylfaginning 37 wird Freys Sitzen auf dem heiligen Thron Óðins, Hlíðskjálfr, als Vermessenheit bezeichnet. Die Strafe erfolgt sofort, denn Freyr wird nun von der Sehnsucht zu Gerðr ergriffen. Gerðr ist die Tochter Gymirs und Aurboðas, also eine Riesin. Sie geht von dem Haus ihres Vaters in das Vorratshaus. Gedacht ist hier an ein größeres Gehöft mit mehreren einzelnen Häusern. Eins davon ist das Haus, in dem die Nahrungsvorräte aufbewahrt wurden. Früher wurden solche Häuser auch auf Pfosten hochgebaut, damit Mäuse usw. nicht an die Vorräte gelangen konnten.

Skírnir bedeutet »der Strahlende« (altnord. skírr = rein, klar), er ist Freys »skutilsveinn« (»Schuhbursche«, also »Diener«). Ich will das Wort hier nicht mit »Diener« übertragen, da die Schuhe auch ein altes Fruchtbarkeissymbol sind und daher hier beim Fruchtbarkeitsgott Freyr auf diesen Aspekt hingewiesen ist. Hlíðskjálfr bedeutet »Öffnung über einem Gerüst«, also eine Art Aussichtsturm, wo sich Óðins Hochsitz befindet, von dem der Gott alle Welten überblicken kann. Hlíðskjálfr wird auch in der Einleitung zu den Grímnismál genannt, und dort setzen Sich Frigg und Óðinn auf diesen Thron.

Skáði ist Njǫrðs zweite Ehefrau; doch beide trennten sich wieder. In diesem Lied aber sind Sie noch zusammen.

1. »Steh' nun auf, Skírnir, ob du unsern Sohn
Magst zu reden vermögen
Um das zu erkunden, wem der Kluge wohl
So bitterböse sei.«

Skáði spricht hier von Ihrem Sohn. Freyr ist aber nur Skaðis Stiefsohn, Seine leibliche Mutter ist Njǫrunn (Nerthus). Die Bezeichnung »der Kluge« in dieser und der folgenden Strophe lautet im Original »inn fróði« (der Kluge, Kundige, Weise, Reiche) und ist ein Beiname Freys. Auch für Menschen wurde dieser Zusatz gebraucht, z. B. dem Überlieferer der Älteren Edda, »Sæmundur Sigfusson inn fróði«. Wahrscheinlich muß man hier »inn fróði« mit »der von Lebenskraft Erfüllte« und »der körperlich Starke« übersetzen. Jedenfalls hat sich von diesem Beinamen die Vorstellung eines eigenen Königs Fróði (bei Saxo: Frotho) gebildet, der dem Gott Freyr entspricht oder der sich nach Freyr benannte.

Skírnir sagte:
2. »Übler Worte verseh' ich mich von euerm Sohne,
Wenn ich gehe, mit dem Mann zu reden.
Um das zu erkunden, wem der Kluge wohl
So erzürnt sei.

Skírnir weist darauf hin, daß er den Auftrag nur ungern vollführt, da er sich die üblen Worte von Freyr sparen will. Aber er geht doch, denn als Diener muß er natürlich derartigen Aufträgen nachkommen.

*3. Sage mir, Freyr, volkwaltender Gott,
Was ich zu wissen wünsche:
Was weilst du allein im weiten Saal,
Herr, den heilen Tag?«*

Skírnir fragt also nicht direkt danach, was Freyr fehlt, sondern indirekt: Warum bleibst Du allein? Interessant ist die Bezeichnung »Volkwaltender Gott« (fólkvaldi goða); die doch eher kriegerisch zu deuten ist (Fólk = Gefolgschaft); möglicherweise aber ist der Begriff »fólk« auch zu einem alten Wort für »Wolke« zu stellen. Der »fólkwaltende Gott« wäre dann ein Gott, der im himmlischen Reich der Wolken waltet. Ähnlich kann so auch Freyjas Palast Fólkvangr auf die Wolken bezogen werden. Jan De Vries übersetzt die Bezeichnung mit »Schirmherr der Götter«. In angelsächsischen Stammtafeln stehen Freá (Freyr) und Vóden (Óðinn) in Verwandtschaft. Von einem Finn wurde danach Freáláf erzeugt, von diesem dann Vóden. Finns Vater aber heißt bald Godvulf, bald Folcvald. Dieser Name, der mit unserem Beinamen übereinstimmt, heißt im Codex Exon. 320, 10 »Fin Folcvalding«.

Die Anrede »Herr« in unserer Strophe lautet im Original »Dróttinn« (Scharführer, Herr), vgl. Drost, Truchseß.

Daß Freyr den »Tag« allein weilt, nicht die Nacht, liegt daran, daß Er eben zuerst ein Gott des Lichtes ist.

Freyr sagte:
4. »Wie soll ich sagen dir jungem Gesellen
Den großen Gram?
Die Álfrǫðull leuchtet alle Tage,
Doch nicht zu meinem Verlangen.«

Aus Freys Antwort ergibt sich, daß Skírnir im Gegensatz zu Freyr jünger ist. Wie wir aus der celtischen Mythenparallele von Óengus wissen, hat Óengus die ewige Jugend, ähnlich wie die Götter durch das Essen der Äpfel der Íðunn. Skírnir ist also ein Knabe, der sich bei Freyr bewähren muß, um zum vollgültigen Krieger zu werden. Deswegen besitzt er auch noch kein eigenes Schwert, denn das Recht, ein Schwert zu führen, wurde den jungen Burschen erst feierlich in einem Ritual verliehen, wenn sie ihre Initiation beendet hatten. Allerdings kann der Altersunterschied von Freyr und Skírnir nicht so groß sein, wie sich aus der folgenden Strophe ergibt.

Álfrǫðull bedeutet »Alfenstrahl« und ist ein Name der Sonne, der darauf bezug nimmt, daß die Sonnenstrahlen die Alfen zu Stein verwandeln.

Skírnir sagte:
5. »Dein Gram mag so groß nicht sein,
Daß du ihn mir nicht sagen solltest.
Teilten wir doch die Tage der Jugend:
So mögen wir zwei uns Zutrau'n schenken.«

Freyr und Skírnir wuchsen also zusammen auf. Das ist bei den Germanen so üblich gewesen, daß die Kinder von Edlen, Freien und Unfreien gemeinsam aufwuchsen und erst später ihren unterschiedlichen Aufgaben getrennt nachkamen. Hier spricht Skírnir ihre Jugendzeit an, um dem Freyr zu sagen, daß Er zu ihm Vertrauen haben kann. Schließlich muß Freyr, wenn Er von seinem Liebeskummer erzählt, auch zugeben, daß Er Sich unerlaubt auf den heiligen Thron Óðins gesetzt hatte.

Freyr sagte:
6. »In Gymirs Gehöft sah ich gehen
Mir liebe Maid.
Ihre Arme leuchteten, und davon
Alle Luft und Meer.

Freyr erzählt nun Sein Liebesleid. Die leuchtenden Arme der Gerðr sind das germanische weibliche Schönheitsideal. Nicht braune Haut, sondern strahlend weiße Haut galt als schön. Weiß ist die heilige Farbe der Götter.

Man hat auf Grund der etwas ausführlicheren Darstellung des Mythos in der Gylfaginning 37 angenommen, daß hier eine Strophe ausgefallen ist.

7. Mehr lieb' ich die Maid als je ein Jüngling
In den Urtagen.
Von Ásen und Álfen will es nicht einer,
Daß wir beisammen seien.«

Freyr sagt, daß Er die Maid mehr liebt, als je irgendein Mann eine Frau geliebt hatte seit der Urzeit. Da Freyr ein Gott der Liebe ist, ist das auch verständlich. Daß von den Ásen und Álfen es nicht einer will, daß Freyr die Maid bekommt, liegt daran, daß Gerðr ja riesischer Abkunft ist, und Abkunft und adäquate Partnerwahl sehr wichtig ist in der göttlichen und heidnischen Wertewelt. Daß Freyr Sich in eine Riesin verliebt hat, war sicher auch mit ein Grund, warum Er außer mit Skírnir mit niemandem darüber gesprochen hat. Offenbar aber haben die Götter dennoch eine Ausnahme gemacht, denn daß Freyr und Gerðr zusammenkamen, erzählt Gylfaginning, und daß Sie sogar einen gemeinsamen Sohn, König Fjǫlnir hatten, erzählt die Ynglinga saga 11. Auf Freyr führen daher einige Königshäuser auch ihren Stammbaum zurück.

Skírnir sagte:

8. »Gib mir dein Roß, das mich durch die dunkle
Berüchtigte Vafrlogi trägt;
Und das Schwert, das von selbst sich schwingt
Gegen der Jǫten Geschlecht.«

Die Übergabe des Pferdes und des Schwertes (letzteres eindeutig als Geschenk, denn Freyr bekommt es nicht wieder und hat es daher beim Ragnarǫk nicht) bedeutet, daß Freyr hier den Skírnir zu einem vollgültigen Krieger macht (Schwertleite). Als zu lösende Aufgabe wirbt Skírnir für Freyr um Gerðr.

Das Roß ist natürlich im mythischen Sinne das Sonnenroß. In den Sagas kommen mehrere heilige Pferde »Freysfaxi« (Freysmähne) vor, die dem Freyr geweiht waren.

Die Vafrlogi ist die »Waberlohe«, eine Art magischer Feuerwand, die Skírnir durchreiten muß. Sie wird als dunkel (myrqvan) bezeichnet.

Freyr sagte:
9. »Nimm denn mein Roß, das dich durch die dunkle
Berüchtigte Vafrlogi trägt;
Und das Schwert, das von selbst sich schwingt
In des Klugen Hand.«

Das Schwert schwingt sich also von selbst, aber nur in der Hand des Kundigen. Da das Schwert im Naturmythos den Sonnenstrahl bedeutet, der auch von alleine das Eis des Winters schmelzt, ist dies nicht verwunderlich.

Da der 2. Strophenteil fast identisch ist mit der 2. Hälfte der Strophe 8 hat man vermutet, sie müßten einst völlig identisch gewesen sein.

Skírnir sprach zu dem Pferd:
10. »Dunkel ist's draußen: wohl dünkt es mich Zeit
Feuchte Berge zu fahren.
Durchs Volk zu fahren.
Wir beide vollführen's, oder uns fängt beide
Jener kraftreiche Jǫtunn.«

Daß Skírnir auch mit dem Pferd redet, ist ein typischer heidnischer Zug. Tiere gelten nicht als Sachen, sondern als Wesen, die sogar noch einen besseren Zugang zur spirituellen Welt haben, als etwa Menschen.

Das »duchs Volk fahren« meint wahrscheinlich das Volk der Riesen.

An der Formulierung sehen wir, daß Skírnier diesen Ritt durchaus als eine Art Bewährungsprobe (des jungen Kriegers) versteht.

Diese Strophe steht bereits im Versmaß des Galdralag, was man an der veränderten Wiederholung der 2. Zeile erkennen kann.

Skírnir fuhr gen Jǫtunheimr zu Gymirs Gehöft. Da waren bissige Hunde an die Türe des hölzernen Zaunes gebunden, der Gerðs Saal umschloß. Er ritt dahin, wo ein Viehhirte auf dem Hügel saß und sprach zu ihm:

Der Viehhirt und die Hunde deuten auf Óðinn, den Sonnengott des alten Jahres, der hier zum Winterwächter geworden ist. Daß Er auf einem Hügel sitzt, wie die Könige, zeigt noch Seine herausragende Stellung. Daß Vieh vor der Unterwelt weidet, ist eine alte Vorstellung. Die Hunde wurden auch auf die heulenden Äquinoktialstürme gedeutet, es sind die Totenhunde, die wir auch in den Fjǫlsvinnsmál finden (siehe Kommentar zu Fjǫlsvinnsmál 14).

11. »Sage mir, Hirt, der auf dem Hügel sitzt
Und die Wege bewacht,
Wie mag ich sprechen die schöne Maid
Trotz Gymirs Grauhunden?«

Der alte Sonnengott (Óðinn) hat das Wissen, das der junge Sonnengott (Freyr) benötigt, um die Erde aus der Wintergewalt zu befreien, wie es der alte Sonnengott im alten Jahre ja selbst getan hatte.

Der Hirt sagte:
12. »Bist du dem Tode nah' oder tot bereits
Zu sprechen ungegönnt bleibt dir immerdar
Mit Gymirs guter Tochter.«

Nach der ersten Zeile dieser Strophe vermutet man eine Lücke. Manche Eddaübersetzungen haben die Strophe daher frei wieder zu einem Vierzeiler ergänzt.

Statt »Gymirs guter Tochter« ist auch die Übersetzung »Gymirs göttliche Tochter« möglich, aber wohl nicht passend, da Gerðr riesisch, nicht göttlich ist.

Skírnir sagte:
13. »Kühnheit steht besser als Klagen ihm an,
Der da fertig ist zur Fahrt,
Bis auf einen Tag ist mein Alter bestimmt
Und meines Lebens Länge.«

Auf den Hinweis, daß Skírnir wohl todverfallen oder schon tot ist, da er es wagt, Gymir entgegenzutreten, antwortet Skírnir mit einer heidnischen Aussage: Die Länge des Lebens ist uns genau bestimmt, daher wird er hier nur fallen, wenn es ihm auch bestimmt ist. Ist es ihm aber bestimmt, dann nützt es auch nichts, zu fliehen und zu Hause zu sitzen, denn dann wird er auch dort sterben. Die Bestimmung wird sich immer erfüllen. Diese Strophe erinnert an Strophen der Hávamál.

Gerðr sagte:
14. »Welch getösendes Getön ertönen hör' ich
Hier in unsern Hallen?
Die Jǫrð bebt davon, und es erzittert
Ganz Gymirsgarð.«

Weil nun gleich Gerðr spricht, hat man nach der Strophe 13 eine Lücke vermutet. Das in der Zeile dreifach genannte Getöse deutet vielleicht auf einen Kampf zwischen Skírnir und Gerðs Bruder oder dem Hirten hin, von dem im Lied aber nichts mehr erhalten ist. Geht man von einer Lücke aus, was ich nicht unbedingt annehme, muß dort erzählt worden sein, daß Skírnir von dem Hirten erfuhr, wie man in die Halle gelangt oder wie Skírnir mit dem Hirten oder mit Gerðs Bruder kämpft. Jǫrð ist die Erde, die von diesem Kampfe erbebt.

Aber es ist auch möglich, daß gar keine Lücke besteht und Skírnir einfach nur so laut hereinritt.

Die Magd sagte:
15. »Ein Mann ist hier außen von der Mähre gestiegen
Und läßt sie im Grase grasen.«

Auch die Magd erwähnt keinen Kampf, sondern Skírnir steigt direkt vom Pferde ab und ist vor der Halle.

Manche Eddaausgaben haben diese Strophe frei ergänzt, da sie von Zeilenverlust ausgingen.

Gerðr sagte:
16. »Bitt' ihn einzutreten in unsere Halle
Und den berühmten Met zu trinken,
Obwohl mir ahnt, daß hier außen sei
Meines Bruders Totschläger.

Hier gibt es mehrere Deutungen. Der getötete Bruder Gerðs könnte nach einigen Deutern der Riese Beli (»Beller«) sein, doch wurde dieser durch Freyr erschlagen, nicht durch Skírnir. Deswegen hat man vermutet, das Lied hätte ursprünglich von der Werbefahrt Freys erzählt, und Skírnir sei erst später an Seine Stelle getreten. Beli symbolisiert einen Winter-, Sturm- und Todesriesen. Und Freyr erschlug ihn in Ermangelung des Schwertes mit einem Hirschhorn. Somit läge die Erschlagung zeitlich hinter der Schwertgabe an Skírnir; Freyr müßte also noch nach Skírnir aufgebrochen sein, im Zustand der Liebeskrankheit, um Gerðs Bruder zu töten, was ihm seine Werbung unnötig erschwert hätte Das ist sehr unwahrscheinlich.

Nach einer anderen Deutung bezieht sich die Angabe Gerðs auf die vermutete Lücke, und Skírnir hätte also dort in einem Kampfe Gerðs Bruder, der Sie vielleicht bewachte, getötet. Allerdings ist es auch recht unwahrscheinlich, daß der Brautwerber den Bruder der Braut tötet. Das würde seine Werbung erschweren oder gar unmöglich machen, Gerðr würde vielleicht auf Rache sinnen.

Schließlich ist es auch möglich, daß hier nur eine allgemeine Umschreibung für einen Feind vorliegt. Diese Deutung halte ich für am Wahrscheinlichsten. Hätte Skírnir tatsächlich Gerðs Bruder getötet, würde sie ihm wohl kaum einen Willkommenstrunk anbieten und es wäre eindeutige Feindschaft zwischen ihnen.

17. Wer ist es der Álfen oder Ásensöhne,
Oder weisen Vanen?
Durch flackernde Flamme, was fuhrst du allein
Unsre Säle zu schauen?«

Gerðr will wissen, um wen es geht. Es ist schließlich ungewöhnlich, daß ein Besucher den beschwerlichen und gefährlichen Weg macht und u. a. durch die Vafrlogi (Waberlohe) reitet.

Skírnir sagte:
18. »Bin nicht von den Álfen noch den Ásensöhnen,

Noch den weisen Vanen;
Durch flackernde Flamme doch fuhr ich allein,
Eure Säle zu schauen.

Skírnir zählt sich als Diener Freys nicht zu den Vanen, aber auch nicht zu den Ásensöhnen. Eigentlich gehören die Diener der Götter mit zum »Volk der Ásen«, sind allerdings keine göttlichen Ásen. Mit »Ásensöhnen« sind hier also offenbar nur die göttlichen Ásen gemeint. Skírnir nennt aber nicht seinen Namen, weil er zunächst von einer bestehenden Feindschaft ausgeht und die Kenntnis des Namens dem Gegner eine gewisse Macht gegeben hätte.

Diese Strophe fehlt in der Handschrift des Codex Arnamagnäanus.

19. Der Äpfel elf hab' ich allgolden,
Die will ich, Gerðr, dir geben,
Frieden zu kaufen, daß du Freyr sagst,
Er sei dir am unleidigsten.«

Skírnir fängt nun gleich mit seinem Versuch an, Gerðr als Braut zu kaufen, wobei die elf goldenen Äpfel auch als Bußzahlung für den getöteten Bruder Gerðs verstanden werden können. Totschläge konnten auch durch Zahlung eines Wergeldes gesühnt werden.

Die elf goldenen Äpfel sind natürlich aus dem Bestande von der Göttin Iðunn, die diese Äpfel hütet und den Göttern zu essen gibt. Deswegen haben die Götter ewige Jugend. So auch Freyr, was ja auch im celtischen Mythos von Óengus gesagt wird. Mit dem Angebot dieser 11 Äpfel bietet Skírnir der Gerðr indirekt also auch ewige Jugend, also Unsterblichkeit an. Gerðr würde werden, wie die Götter. Sicherlich erhält Gerðr die Äpfel am Schluß (auch wenn es nicht extra gesagt wird), und Sie wird ja auch als Freys Gemahlin unter die Götter aufgenommen. S. Grundtvig hatte die Schreibweise des Originals (»epli ellifo« – »elf Äpfel«) geändert zu »epli ellilyf« und diese Äpfel deswegen als Heilmittel gegen das Alter gesehen. Das Ändern des Textes ist aber gar nicht nötig, die Symbolik stimmt auch so.

Die Elfzahl der Äpfel hat man als Zahl der 11 Tagesstunden bzw. 11 Monate gedeutet, wobei die Zahl 12 dann die Siegeszeit des Sonnengottes über Nacht und Winter wäre. Daß es gerade Äpfel sind, liegt auch daran, daß Äpfel Symbole der Fruchtbarkeit sind.

Am »unleidigsten« meint, Freyr solle der Gerðr am wenigsten leidig sein, also ihr Geliebter werden.

Gerðr sagte:
20. »Der Äpfel elf nehm' ich nicht an
Um eines Mannes Minne,
Noch mag ich und Freyr, solange wir beide leben,
Je zusammen wohnen.«

Gerðr ist gegen die Verbindung und lehnt die Äpfel als Brautkaufschatz ab (ob Sie sie als Bußzahlung für einen möglichen Totschlag annimmt oder angenommen hätte, wird nicht erzählt).

Skírnir sagte:
21. »Den Ring geb' ich dir dann, der in der Glut lag
Mit Óðins jungem Erben.
Acht entträufeln ihm ebenschwere
In jeder neunten Nacht.«

Skírnir bietet nun Óðins Ring Draupnir (»der Tropfer«), der so heißt, weil ihm in jeder neunten Nacht acht ebensoschwere Ringe enttröpfeln. Dieser Ring wurde bei Baldrs Bestattung diesem mitgegeben als Herrschaftszeichen. Doch später schickte Baldr den Ring wieder zu den Göttern zurück. Nun muß ihn Freyr von Óðinn erhalten haben, um damit Gerðr zu gewinnen. Das beweist, daß Óðinn von der Werbefahrt weiß und diese sogar unterstützt, indem Er den Ring dazugibt. Dieser Ring ist schon auf Brakteaten des 4. Jh. bildlich dargestellt.

Der Ring ist ein Fruchtbarkeitssymbol, Symbol der Sonne in den acht Tagen der Woche bzw. in den neun nicht strengwinterlichen Monaten des Jahres. Auf dem Höhepunkt der Sonnenmacht, zur Sommersonnenwende (Baldrs Tod), kommt dieses Symbol vom Herrn der Sonne des alten Jahres, Óðinn, zu dem toten Baldr, d. h. Óðinn verliert die sommerliche Macht. Die neunte Nacht ist entweder Herbstbeginn oder Frühlingsgleiche. Jedenfalls deutet man Draupnir als Symbol der ganz alten, neuntägigen Woche.

Gerðr sagte:
22. »Den Ring nehm' ich nicht, auch wenn er in der Lohe lag
Mit Óðins jungem Erben.
Mir fehlt es nicht an Gold in Gymirsgarð,
Ich teile die Schätze des Vaters.«

Auch dieses wertvolle Geschenk lehnt Gerðr ab und verweist auf die Schätze ihres Vaters, von denen sie einen Teil besitzt. Diese Schätze sind das Gold, welches in der Hut des Wassers sich befindet, und symbolisieren die Saat, die sich noch in der Erde und Gewalt des Winters befindet. Ohne die Wärme und Fruchtbarkeit sind diese Schätze aber natürlich nutzlos.

Im Codex Arnamagnäanus fehlt die 2. Hälfte der Strophe 21 und die erste Hälfte von 22.

Skírnir sagte:
23. »*Siehst du, Mädchen, das Schwert, das schmale, malbunte,*
Das ich halt' in der Hand?
Das Haupt hau' ich vom Hals dir ab,
So du mir keine Einwilligung sagst.«

Nachdem nun die Versuche, Gerðs Einwlligung mit Schätzen zu erkaufen (was auch an einen Mahlschatz zum Brautkauf erinnert, der allerdings dem Vater gegeben werden müßte), fehlgeschlagen sind, beginnt Skírnir, Gerðr zu bedrohen. Hierzu nutzt er das von Freyr erhaltene Schwert, welches mit eingefärbten Zauberzeichen versehen ist und deswegen »malbunt« genannt wird. Diese bunten Zauberzeichen in der Klinge waren wahrscheinlich mit Blut gefärbt.

Gerðr sagte:
24. »*Zu keiner Zeit wird' ich Zwang erdulden*
Um Mannesminne.
Wohl aber wähn' ich, gewahrt dich Gymir,
Daß ihr Kühnen zum Kampfe kommt.«

Gerðr bleibt standhaft, was ein Zeichen von Charakterstärke ist. Wer von den heutigen Menschen wäre bereit, etwas abzulehnen, wenn ihm der Tod droht? Jedenfalls warnt Gerðr Skírnir vor Ihrem Vater Gymir, der offenbar nicht anwesend ist.

Skírnir sagte:
25. »*Siehst du, Mädchen, das Schwert, das schmale, malbunte,*
Das ich halt' in der Hand?
Seine Schneide erschlägt den alten Riesen,
Weiht deinen Vater dem Tode.

Skírnir sagt also indirekt: Ich fürchte Gymir nicht, sollte er kommen, werde ich ihn mit dem Schwert töten. Gymir kommt allerdings nicht.

*26. Mit der Zähmungsrute zähmen werd ich dich,
Maid, zu meinem Willen.
Dahin sollst du kommen, wo Kinder der Menschen
Dich nie mehr sollen sehen.*

Mit der Strophe 26 beginnt der Zauber. Skírnir setzt einen starken Fluchzauber ein, um Gerðr zu zwingen. Zuerst erwähnt er dabei eine magische Zähmungsrute (Tams-vǫndr), die bewirkt, daß Gerðr in eine Einöde kommen wird. Die Strophen sind alle nur Drohungen, Skírnir hat nichts davon wirklich umgesetzt.

*27. Auf des Aaren Erdhöcker in der Frühe sollst du sitzen,
Weg von der Welt gewandt zu Hel.
Speise sei dir ekliger als einem Menschen
Die glänzende Schlange bei den Geborenen.*

»Erdhöcker des Adlers« ist eine Umschreibung für »Felsen«, wo Gerðr zur Hel gewandt sitzen soll. Gemeint ist sicher der Felsen, wo der Riesenadler Hræsvelgar (»Leichenschwelger«) sitzt, der mit seinen Fittichen den Sturm erzeugt. Dort geht es auch zur Hel in die Unterwelt.

Gerðr soll sich nicht mehr an der Speise erfreuen können, sondern Essen soll ihr noch unangenehmer sein, als einem Menschen eine glänzende Schlange. Da aber Schlangen als kultische und segensbringende Tiere sogar im Hause gehalten wurden, ist es wohl wahrscheinlich, daß die Strophe die Miðgarðschlange meint, die natürlich allen Menschen verhaßt ist.

Mit dieser Strophe bricht der Codex Arnamagnäanus ab.

*28. Ein scheußliches Wunder wirst du draußen,
Daß Hrímnir dich angafft, dich alles anstarrt.
Weitbekannter wirst du als der Wächter der Götter:
Gaffe denn hervor am Gitter.*

Gerðr soll also als Attraktion hinter einem Gitter ausgestellt werden, so daß alle Sie anstarren, auch Riesen wie Hrímnir (»der Bereifte« oder/und »der Berußte«). Er wird auch im Hyndluljóð 33 erwähnt (siehe Kommentar dort). Sie wird dadurch im schlechten Sinne überall bekannt, bekannter noch als der Wächter der Götter, nämlich der bei Tag und Nacht wachende Gott Heimdallr (der den Mond symbolisiert).

29. Raserei und Geschrei, Zwang und Ungeduld
Mehren dir Trübsinn und Tränen.
Sitze nieder, so werde ich dir sagen
Des Leides schwellenden Strom,
Den zweischneidigen Schmerz.

Weitere Unheilswünsche werden aufgezählt. Skírnir fordert Gerðr auf, Sich zu setzen, denn er will Ihr die Qualen noch genauer beschreiben und ausmalen.

30. Tramar sollen dich ängsten all' den Tag
Hier im Gehege der Jǫten.
Zu der Hrímþursen Hallen sollst du den heilen Tag
Kriechen wahlberaubt,
Kriechen wahlentbehrend.
Leid für Lust wird dir zum Lohn,
Mit Tränen trägst du dein Unglück.

Tramar sind Unholde, Trolle. Die als Zauberformel wiederholte Zeile 4 ist unklar. Gerðr soll aber wohl jeden Tag zu den Riesen gekrümmt schleichen oder sich schleppen, ohne die Wahl für ein besseres Los zu haben.

Diese Strophe steht im Versmaß des Galdralag (formelhafte Wiederholung der 4. Zeile).

31. Mit dreiköpfigem Þursen teilst du das Leben
Oder unvermählt bleiben.
Sehnsucht ergreift dich;
Auszehrung lasse dich schwinden
Wie die Distel dorrst du, die gedrückt wurde
Am Ende der Ernte.

Der dreiköpfige Þurse ist offenbar besonders häßlich. Daß Riesen vielgehäuptet sein können, sagt auch Hymisqviða 35 oder Vafþrúðnismál 33. Mit dieser Strophe enden die reinen Flüche.

Die erwähnte Distel kommt auf Island nicht vor, deswegen glauben Forscher, das Lied stamme aus Norwegen. Im Runenzauber aber kommt der Begriff (distil, Distel) als Schadensbegriff häufiger vor.

32. Zum Wald ging ich, zum frischen Baum,

Gambanteinn zu finden:
Gambanteinn ich fand.

Skírnir erzählt nun von einem Zauber, den er bereits begonnen hat: Er war zu einem Wald gegangen, um den Gambanteinn (»Zauberzweig«) zu finden. In den Hárbarðzljóð 20 bekommt Óðinn einen Gambanteinn vom Riesen Hlébarðr. Ich vermute, daß es frisch geschnittene Zauberzweige sind und also sich beide Gambanteinr unterscheiden. In der Lokasenna 8 wird der Begriff Gambansumbl (Zaubergelage) verwendet, hier in unserm Lied kommt noch (Str. 33) Gambanreiði (Zauberzorn) vor. »Gamban« bedeutet also etwas wie »magische Potenz« oder »Zauber«.

Auch in dieser Strophe finden wir die Halbzeilenwiederholung, die typisch für das Versmaß des Galdralag ist.

33. Gram ist dir Óðinn, gram ist dir Ásabragr,
Dich soll Freyr hassen.
Frevelhaft schlechte Maid, du sollst bekommen
Der Götter Gamban-Zorn.

Hier wird der Gerðr gesagt, daß Óðinn ihr zornig ist, desgleichen Ásabragr (»Ásenhaupt«). Damit ist nicht Bragi gemeint, aber auch nicht Óðinn, sondern es ist ein Beiname Þórs. Beide sind Gerðr zornig, was uns zudem zeigt, daß die Götter von Skírnirs Werbung für Freyr wissen. In Zeile 2 wird Freyr genannt, doch Er liebt Gerðr und haßt Sie nicht, ist auf Sie auch nicht zornig. Deswegen benutzt Skírnir hier die Zukunft: Er wünscht, daß Freyr Gerðr in Zukunft hassen solle.

Der Zorn der Götter hängt mit dem Zauber des Gambanteinn zusammen; Skírnir beschwört diesen Zorn also herauf, um die Zauberrute so aufzuladen. Deswegen wird hier der Begriff »Gamban« (»Zauber«) im Zusammenhang mit dem Zorn der Götter genannt.

34. Hört es, Jǫten, hört es, Hrímþursen,
Suttungs Söhne, ihr Ásen selber!
Wie ich verbiete, wie ich banne
Mannes Freude der Maid,
Mannes Genuß der Maid.

Skírnir ruft die Riesen als Zeugen für seinen Fluch auf den Plan, wobei er unterscheidet zwischen Jǫten, Hrímþursen und Suttungssöhnen. Alle diese sind Riesen. Suttung (»Trankbeschwert«) ist der Riese, von dem Óðinn den Óðrœrirmet zurückholte.

Durch den Fluchzauber soll Gerðr nie mehr Verkehr mit Männern haben.

Diese Strophe steht wiederum im Galdralag (Versmaß für Zauberstrophen).

35. Hrímgrímnir heißt der Þurse, der dich haben soll
Hinterm Totenzaun,
Wo verworfene Knechte an Baumwurzeln
Dir Geißenharn gießen.
Anderer Trank wird dir nicht eingeschenkt,
Maid, nach deinem Willen,
Maid, nach meinem Willen!

Hrímgrímnir (»Reif-Verhüllter« oder »der mit Reif Umhüllende«) ist ein Riese, der hinter dem Totenzaun Nágrindr (»Totenzaun«) haust. Dieser Totenzaun wird auch in der Lokasenna 63 erwähnt. Der Riese ist also ein Riese der Unterwelt und des Totenreiches, ja vielleicht eine Personifikation des Todes selbst. Dort soll Gerðr leben und nur Ziegenurin trinken.

Auch hier wieder die formelhafte Wiederholung der letzten Zeile mit leichter Abwandlung, also das Versmaß des Galdralag.

Alle Fluchstrophen drohen der Gerðr eigentlich immer dasselbe an: Tod, Winter, Unterwelt. Denn ohne die Vereinigung der Erde mit dem Sonnen- und Fruchtbarkeitsgott bleibt die Herrschaft des Winters bestehen und die Erde in seiner Gewalt. Das, was in den Fluchstrophen gesagt wird, erfüllte sich dann also von alleine.

36. Ein Þurs schneid' ich dir und drei Stäbe:
Argheit und Wut und Ungeduld.
Wie ich es ritz, so schneid ich es ab,
Wenn es dessen bedarf.

Diese Runen will Skírnir offenbar in den Gambanteinn schneiden. Man hat über diese Strophe viel spekuliert, dabei ist sie völlig klar. Es ist hier die Rune þurs (»Þurse, Riese«) gemeint, die Skírnir einmal ritzen will. Diese Rune bedeutet auch Tod und Erstarrung. Dazu will Skírnir drei Stäbe ritzen. Hier hat man an drei einzelne Runen gedacht, da mit »Stäben« in späterer Zeit einzelne Runenzeichen gemeint wurden. Ursprünglich aber waren die hölzernen Stäbchen gemeint, die natürlich auch mehrere Zeichen tragen konnten. Man konnte jedenfalls keine drei einzelnen Runen finden, die genau diese Begriffe wiedergeben. Ich denke an 12 Runen in drei Wörtern. Denn im Original lauten die drei Begriffe der 2. Zeile: ergi, œði, óþola. Setzt man diese Wörter in jüngere Runen, ergibt sich: arki, oþi, oþola. Mit der þ-Rune zusammen sind es also genau 13 Runen.

Es sind also wirklich drei Stäbchen gemeint, was auch ein Zeichen für ein höheres Alter unseres Liedes ist, denn in der Endzeit des Heidentums war ein Stab (stafr) ein einzelnes Runenzeichen.

Die Runenwörter habe ich wörtlich übertragen, nur daß »Argheit« (ergi) nicht unsere harmlose Bedeutung von »arg« hat, sondern mit »argr« und »ragr« (weibisch, transsexuell, homosexuell, pervers) identisch ist (siehe meinen Kommentar zu den Hárbarðsljóð 27). »Wut« (œði) bedeutet auch Raserei, Irrsinn, Wahnsinn und Ungeduld (óþola) bedeutet Rastlosigkeit.

Man hat vom Namen der þ-Rune aus geschlossen, das Lied müsse jünger sein. Tatsächlich aber ist diese Schreibweise des Runennamens auch im Codex Sangallensis 878 (9. Jh.) und Codex Leidensis 84 (10. Jh.) zu finden.

Der Þurs ist dann im späteren skandinavischen Volksglauben kein bloßer Riese mehr, sondern ein Krankheitsdämon.

Die zweite Strophenhälfte bezieht sich auf das Abschneiden. Alle Flüche und Zaubersprüche sind getan, die Runen geritzt. Nun muß Skírnir sie nur noch abschneiden, dann kann der Zauber wirken. Entweder muß der ganze Zweig vom Baume geschnitten, oder die Runen vom Zweig abgeschabt werden. Dazu kommt es aber nicht, denn nun gibt Gerðr nach.

Es ist auch die Deutung möglich, daß Skírnir den Zauber schon aktiviert hat, aber bereit ist, diese Runen wieder wegzuschneiden, wenn Gerðr einlenkt. Allerdings halte ich diese Möglichkeit für weniger wahrscheinlich, denn ein schon begonnener Zauber kann nicht einfach wieder ohne weiteres gelöst werden.

Gerðr sagte:
37. Heil sei dir vielmehr, Held, Bursche und nimm den Hrímkelch Alten Metes voll.

Ahnte mir doch nie, daß ich einen würde
Vom Stamm der Vanen wählen.

Gerðr benutzt wiederum den Begriff Sveinn (Bursche, junger Krieger, Gefolgsmann) für Skírnir. Der Hrímkelch ist der Reifkelch und wird auf die Schmelzwasser des Frühlings und die aus dem Eise befreiten Flüsse und Seen gedeutet. Skírnir als Sonnenstrahl war lange genug bei Gerðr und hat mit seiner Kraft das Eis geschmolzen und die Wintererde erweicht. Die Winterriesen sind vergangen, besiegt. Da Freyr auch im früheren Jahr mit Gerðr zusammen war, ist immer auch eine Erinnerung daran vorhanden.

Man hat auch vermutet, daß unser »Hrímkalki« aus dem mißverstandenen Fremdwort »Crystallkelch« entstanden sei.

Skírnir sagte:
38. Meiner Werbung Erfolg wüßt' ich gesichert gern,
Eh' ich heim reite von hier.
Wann wirst du im Þing dem mannlichen Sohn
Des Njǫrðr nahen?

Mit Þing ist hier keines der formellen Jahresþinge gemeint, sondern ein persönliches Treffen von Freyr und Gerðr. Wäre ein bekanntes Jahresþing gemeint, müßte Skírnir ja nicht nach dem Termin fragen.

Gerðr sagte:
39. Barri heißt, den wir beide wissen,
Windstiller Wald:
Nach neun Nächten will Njǫrðs Sohne da
Gerðr Freude gönnen.

Der Name Barri wurde verschieden gedeutet. Er kann »Kornfeld« (altnord. barr = Getreide) oder auch »Nadelwald« (altnord. barr = Nadelbaum) bedeuten. Auch als »der Knospende« oder »Blütenhain« hat man den Namen gedeutet. Die Deutung als »Nadelwald« ist am passendsten, denn ein Wald wird ja in der Strophe erwähnt. In der Gylfaginning heißt der Hain Barrey wie die Hebrideninsel Barrey (heute Barra), aber eine Insel kann nicht gemeint sein (zumal Inseln meist nicht windstill sind). Mythologisch ist mit Barri die ganze erblühte Erde gemeint.

Freyr muß aber noch neun Nächte warten, nämlich bis zur Frühlingsnacht.

Da ritt Skírnir heim. Freyr stand draußen, grüßte ihn und fragte nach der Zeitung:
40. Sage mir, Skírnir, eh' du den Sattel abwirfst
Oder vorrückst den Fuß,
Was du ausgerichtet hast in Jǫtunheimr
Nach deinem oder meinem Wunsch?

Freyr will nun sofort alle Neuigkeiten erfahren. Die letzte Zeile ist etwas unklar.

Skírnir sagte:
41. Barri heißt, den wir beide wissen,
Windstiller Wald:
Nach neun Nächten will Njǫrðs Sohne da
Gerðr Freude gönnen.

Hier noch einmal die Strophe 39 unverändert. Daß alle den Hain kennen liegt daran, daß dieser Mythos sich jährlich wiederholt.

Zu der 2. Zeile in dieser Strophe und Str. 39 ist noch etwas zu sagen. Für »Windstiller Wald« steht im Original »lundr lognfara«, in den Handschriften finden wir auch die Schreibweisen »logafara« oder »lofafara«. Ludwig Uhland lokalisierte diesen Ort in Schweden, wo ja das Hauptkultgebiet Freys lag. Er schreibt[3]:

> *Nun lautet der alte Name des Mälarsees Lögrinn, Acc. Löginn (Dat. Leginum); das Substantiv lögr m., Wasser, Meer, See ist mit angehängtem Artikel für den besondern See gebräuchlich und zum Eigennamen desselben geworden; mit dem Logen hängt der Hielmarsee zusammen, weitere Nachbarn sind Wener- und Wettersee; die Bewohner dieses seenreichen Landes überhaupt, insbesondere die Befahrer des Mälar- und des angrenzenden Hielmarsees, konnten, nach der Weise von »sæfari« u. s. w., füglich laga- farar, lög- oder löginfarar heißen, und so gelesen würde sich »lundr lognfara« zum Haine der Upsalschweden, zur heiligen Stäte des fortan dem Freysdienste geweihten Landes umgestalten.*

Freyr sagte:
42. Lang' ist eine Nacht, länger sind zweie:

Wie mag ich dreie dauern?
Oft daucht' ein Monat mich minder lang
Als diese halbe Wartenacht.

Statt »Wartenacht« (hýnótt) könnte auch mit »Ehenacht« übersetzt werden. Gemeint ist die Nacht vor der Hochzeit.

Diese letzte Strophe findet sich leicht abgewandelt auch in der Jüngeren Edda.

Es ist möglich, daß Gerðs Vater Gymir (Aegir) zu den Ásen kam um die Hochzeit festzumachen. Dieser Besuch ist in der jüngeren Edda erwähnt. Drei Monate später zur Zeit der Leinernte besuchten dann die Götter den Aegir (siehe Lokasenna).

In der Jüngeren Edda (Skáldskaparmál Kap. 27) wird Frigg »Nebenfrau der Jǫrð, der Rindr, der Gunnlǫð und der Gerðr« genannt. Mithin müßte auch Óðinn ein Verhältnis mit Gerðr gehabt haben. In der mythischen Deutung ist Gerðr wie Frigg oder Jǫrð die Erde, Óðinn der Himmel. Aus beider Liebesvereinigung entsteht das Wachstum. Aber ich vermute dennoch, daß »Gerðr« hier ein Schreibfehler ist. Man hat es daher verändert und setzte z. B. den Namen Griðr an die Stelle Gerðs.

Kapitel 2
Grógaldr

Die beiden Eddalieder Grógaldr und Fjǫlsvinnzmál finden sich nicht in den Kónungsbók der Älteren Edda, sondern nur in jüngeren Papierhandschriften. Da beide Lieder zusammengehören, wurden sie seit Sophus Bugge auch unter dem neuen Namen Svipdagsmál (»Merklied von Svipdagr«) zusammengefaßt

»Grógaldr« bedeutet »Gróas Zaubergesang« und ist der Anfang der Geschichte, die dann in den Fjǫlsvinnsmál (»Merklied von Fjǫlsviðr«) fortgesetzt wird.

Beide Lieder können wegen ihrer Titel als Offenbarungen der Götter angesehen werden. Daß es sich um einen weitverbreiteten Mythos handelt, wird schon allein dadurch deutlich, daß Fassungen davon noch in dänisch-schwedischen Volksliedern (Svendalsvise) fortleben, zu denen auch Melodien erhalten sind. Eine bekannte dänische Fassung heißt »Ungen Svejdal« (»der junge Svejdal«), eine Fassung aus Schweden heißt »Hertig Silverdal« (»Herzog Silverdal«), weitere handeln von »Swepder« oder »Swefdeg«.

Die handelnden Personen in unserem Eddalied sind Gróa, die tote Mutter und Svipdagr, der Sohn, der die Braut Menglǫð gewinnen will.

Gróa ist die verstorbene Mutter Svipdagrs. Sie kommt auch in der Jüngeren Edda (Skáldskaparmál 17) als Frau Aurvandils vor. Ihr Name stellt man zu altnord. gróa (= Wachsen) und übersetzt mit »die Wachsende, Gedeihende«. Schon die Celten auf der Insel Man kannten eine »Caillagh ny Groamagh«, der Name bedeutet »Alte Frau der Dunkelheit«, weil sie im dunklen Erdinnern, im Totenreich wohnt. Zu Imbolc (Februar) kommt sie heraus, sofern es warm genug ist.

Bei den Celten in Schottland ist sie Tochter der Wintersonne, die im Winter alt geboren wird. Sie verjüngt sich im Frühjahr. Ihr Gesicht ist blau.

Es ist möglich, daß der Name »Gróa« einfach nur als ein für Zauberweiber typischer Name verwendet wurde. Auch in der Gǫngu-Hrólfs saga (Kap. 2) wird eine Zauberin einfach »Gróa« genannt.

Aurvandill, altenglisch Earendel, Mhd. Orendel, ahd. Orentil, langobardisch Auriwandalo, bei Saxo (III, 85-87) Horwendillus, bedeutet »Glanz, Morgenstern«. Aus dem Jahre um 750 stammt ein altenglisches Gebet an Earendel, welches sich in Cynewulfs Dichtung »Krist« findet:

Heil Earendel, der Engel glänzendster,
Über Mittelgart dem Menschen gesandt,
Du wahrer Strahl der Sonne, über die Sterne scheinend,
Du, der Du allzeit aus Dir selber leuchtest.

Aurvandill ist also der Morgenstern. Er wird allerdings in unserem Lied nicht erwähnt.

Svipdagr (»der plötzlich hereinbrechende Tag« oder »Beschleuniger des Tages«, vgl. svipa = beeilen) ist Sohn des Sólbjártr (»der Sonnenhelle«). In der Ynglinga saga 34ff heißt Óðinn »Svipdagr blindi« (»der blinde Svipdagr«). Bei Saxo Grammaticus (VI, 186) kommt Svipdagr als Held Svibdavus vor, und in der Hrólfs saga kraka wird erzählt, wie Svipdagr sein Auge verliert, was an Óðinn erinnert.

Aber in den Fórmáli der Jüngeren Edda (Prolog 4) erscheint Svipdagr unter den Nachkommen Óðins und es heißt:

»*Dort nun setzte Óðinn seine drei Söhne zur Landeshut ein; der eine hieß Veggdegg, er war ein mächtiger König und saß über Ostsachsen. Sein Sohn war Vitrgils, dessen Söhne waren Vitta, der Vater des Heingestr, und Sigarr, der Vater des Svebdegg, den wir Svipdagr nennen. Der zweite Sohn Óðins hieß Beldegg, den wir Baldr nennen.*«

In den mythischen Stammtafeln anglischer Königshäuser, unter den Ahnen des Königsgeschlechts von Deira, erscheint Swæfdæg als Urenkel Wodens. Bei Saxo Grammaticus erscheint ein norwegischer

König Svipdagerus im Zusammenhang mit Gróa, deren Mann er hier tötet (I, 18).

Der Name Svipdagr wurde auch gedeutet als »Dagr der Sueben«. Svipdagr ist also wohl der Gott Dagr, der ja auch in einem Gebet im Eddalied Sigrdrifúmál 3f genannt wird, und zwar im Zusammenhang mit der Nótt (»Nacht«) und einer Dunkelnorne Nipt (»Nichte«):

Heil Dagr, heil Dags Söhne
Heil Nótt und Nipt!
Mit gütigen Augen schaut auf uns
Und gebt uns Sitzenden Sieg!

Der Name Menglǫð bedeutet »die Halsbandfrohe«, und da Freyja den Halsschmuck Brisingamen trägt, hat man Menglǫð mit Ihr identifiziert. Aber auch andere Göttinnen tragen Schmuck, z. B. Frigg (wie Saxo Grammaticus berichtet). Für die Gleichsetzung von Menglǫð und Freyja gibt es aber kein weiteres Indiz außer einer Überlieferung in einer späteren Ballade, wo die Jungfrau die Schwester des Helden ist. Man deutete das als Geschwisterehe, die es bei den Vanen gibt und folglich interpretierte man Menglǫð als Freyja und Svipdagr als Freyr.

Nach meiner Deutung kann der Name »Svipdagr« nur den Gott Dagr bedeuten, denn Er wird ja als ein Nachkomme Óðins beschrieben. Óðinn Selbst kann es nicht sein, da Óðinn schon der Wächter Fjǫlsviðr ist, mit dem Svipdagr das Zwiegespräch hat. Auch in unsern beiden Liedern ist Svipdagr eher ein junger Gott, den die Stiefmutter fortschickte. Sein Vater Sólbjártr muß demnach Dellingr sein. In der Jüngeren Edda, Gylfaginning 10, hat Dagr einen eigenen Stammbaum. Hier werden die Nachkommen der Nótt (Nacht) genannt, und es heißt da:

»Ihr letzter Gemahl war Dellingr, der vom Ásengeschlecht war. Ihr Sohn Dagr war schön und licht nach seiner väterlichen Herkunft. Da nahm Alfǫðr [Allvater Óðinn] die Nótt und ihren Sohn Dagr und gab ihnen zwei Rosse und zwei Wagen und setzte sie an den Himmel, daß sie damit alle zweimal zwölf Stunden um die Erde fahren sollten.«

Offenbar also müssen sich der Áse Dellingr und Sólbjártr entsprechen. Nótt ist Mutter Dagrs und müßte demnach mit Gróa identisch sein, aber Gróa trägt eindeutig Züge einer Erdgottheit und paßt daher nicht zu Nótt, der Nacht.

Menglǫð ist also Dagrs Frau. Nun ist interessant, daß in einer Fornaldarsaga (II, 7) folgender Stammbaum enthalten ist:

»*Finnúlfr der Alte freite Svanhildar, welche Gullfjöðr genannt wurde. Sie war die Tochter von Dagr, dem Sohne Dellings und der Sól, der Tochter Mundilfǫris. Beider Sohn war Svanr der Rote, der Vater Sæfaras, des Vaters Úlfs, des Vaters Álfs, Vater des Ingimunds und Eysteins.*«

Hier ist also Sól (»Sonne«) die Frau des Dagr (»Tag«), was ja mythologisch gut zusammenpaßt. Darauf deutet auch eine Stelle in den Fjǫlsvinnsmál (Str. 31, 32) hin, wonach die Wohnung der Menglǫð von der Vafrlogi umschlungen ist und auf der Spitze eines Speeres sich beständig im Kreise dreht. Dieser Speer ist der Sonnenstrahl und zugleich eine Himmelsumschwungsachse, der Schmuck der Menglǫð aber sind die Sonnenstrahlen. Der Name bedeutet zwar wörtlich »die Halsbandfrohe«, »Men« (Halsschmuck) kann aber hier auch als Kenningar für Schmuck und Gold stehen. Menglǫð wäre dann »die Goldfrohe« und somit als Sonne gut zu erkennen.

Eine Verbindung von Dagr und Sól findet sich auch auf dem schwedischen Felsbild von Ingelstad (9. Jh.). Hier ist u. a. eine Sonne dargestellt und in der Runeninschrift als »Sul« genannt. Daneben steht die d-Rune als Begriffsrune. Sie trägt den Namen *dagaz und kann hier für den Gott Dagr stehen, allerdings könnte sie auch als Abkürzung für den Namen Runenritzers stehen, der dann aber einen Götternamen trug, was unüblich war.

In unseren Liedern hätten wir also einen Mythos der Sól, die in der älteren heidnischen Zeit stärker verehrt wurde, als in der Vikingerzeit. Somit wären unsere Lieder gerade recht alt. Nur die Namen sind durch Beinamen ersetzt, was uns die Deutung erschwert.

In der Hymisqviða wird allerdings angedeutet, daß Óðinn mit der Sonne ein Verhältnis gehabt hatte. Der Wächter vor Menglǫðs Burg ist nämlich Óðinn und vielleicht erzeugte Er mit Menglǫð den Gott Týr (siehe Kommentar zu Hymisqviða 31).

Auch die Tochter von Dagr und Sól (Svipdagr und Menglǫð), Svanhildr Gullfjǫðr (»Schwanenhild Goldfeder«) hat einen Bezug zur Sonne. Es heißt in der Edda (Váfþrúðnismál 47), daß die Sól eine

Tochter bekommt, bevor der Wolf Sie tötet. Diese wird auf den Wegen ihrer Mutter als neue Sonne fahren. Also wäre unsere Svanhildr Gullfjǫðr diese Sonnentochter und neue Sonne. Sie ist auch eine Personifizierung der Sonnenstrahlen. In den Heldenliedern der Älteren Edda kommt Svanhildr als Tochter des ursprünglichen Lichthelden Sigurðs vor, und sie wird ausdrücklich in den Gúðrúnarhvǫt 15 mit dem Sonnenstrahl verglichen:

Mägde saßen um Svanhildr;
Der Erzeugten liebt ich zärtlicher keinen.
So schien Svanhildr in meinen Sälen,
Wie ein Sonnenstrahl, die Sinne labend.

In Strophe 16 wird dann vom Tode Svanhilds erzählt, die von Rossen zu Tode getrampelt wurde. Dieser blutige Tod deutet auf die Abendröte hin, die der Sonne Ende ist.

Was wir also haben: Gróa als Erde im Totenreich des Winters (Wintererde), Svipdagr/Dagr (Tag) als Tagesgott und Menglǫð/Sól (Sonne) als dessen Gemahlin. Sólbjártr ist Vater Svipdagrs und könnte schon selbst ein Lichtgott des vergangenen Jahres oder Tages sein. Aber Er kann auch als personifizierter Morgenstern verstanden werden, denn Gróas Mann ist ja sonst Aurvandill. Aurvandill und Sólbjártr können sich also entsprechen.

Der Mythos hier nennt Gróa die Mutter Svipdagrs. Also die Wintererde, die den Tag gebiert, der Sich nun aufmacht, die Sonne zu gewinnen. Der Tag ist ohne die Sonne Sól/Menglǫð, die er freit, nicht denkbar. Als erster Künder des Lichtes gilt der Morgenstern, der Mann der Gróa, nämlich Aurvandil oder Sólbjártr. Das Auftauchen des Morgensternes leitet auch den Tag, Dagr/Svipdagr ein. Die Stiefmutter ist die kalte Winterzeit, die herrscht, während die eigentliche Mutter Gróa (die Erde) im Totenreich weilt. In dem Volkslied von Svendal verweigert die Stiefmutter dem Svendal die Herausgabe des Schwertes, welches hier den Sonnenstrahl bedeutet.

Jedenfalls deutet der Name »Svipdagr« (»Beschleuniger des Tages«) darauf hin, daß er einen Gott des Frühjahres darstellt, wo die Tage früher anbrechen.

Es gibt Deutungen, die unser Lied als Erweckung der Frühlingserde (Menglǫð) durch einen Licht- und Sonnengott (Svipdagr) ansehen, der der Sohn der Wintererde (Gróa) ist, oder eben auch als

Gewinnung der Sonnenbraut (Menglǫð) durch den Tagesgott (Svipdagr), wobei dieser dann der Sohn der Nacht (Nótt/Gróa) ist.

Das Lied ist sicher ein altes Mysterienspiel, leicht darzustellen (Svipdagr und Gróa, ein Grabhügel oder eine Höhle, Dunkelheit), es spielt nur an einem Ort und die Handelnden werden vorgestellt (Str. 1 und 2). Es bildet die Grundlage der 1. Szene, die 2. Szene sind die Fjǫlsvinnsmál. Da die Abenteuer auf dem Wege zu Menglǫð nicht gut im Spiel darstellbar sind, fehlen sie auch in den beiden Liedern. Der Höhepunkt am Schluß ist die Vereinigung von Svípdagr und Menglǫð, auch die Vafrlogi ließ sich sicher gut und effektvoll darstellen.

Hier noch einmal der Übersichtlichkeit wegen die Personen. Die sich entsprechenden stehen jeweils untereinander:

Gróa	Aurvandill	—	—
Gróa	Sólbjártr	Svipdagr	Menglǫð
Nótt	Dellingr	Dagr	Sól
Frigg	Óðinn	Baldr	Nanna

In der späteren Sichtweise entspricht Dagr dem Gott Baldr. Schon in wendischen Sagen wird Dac-Bog (Gott Dagr) mit Bel-Bog (Gott Bel/Baldr) gleichgesetzt, und der angelsächsische Name Bældæg oder Beldeg (»der leuchtende Tag«) legt die Identität von Baldr und Dagr nahe. In der Chronik des Aethelweard findet sich statt »Bældæg Wodening« (Bældæg, Wodens Sohn) der Name Balder, so daß also Bældæg dem Balder entspricht. Nanna, Baldrs Gemahlin, würde dann der Sól entsprechen.

Unser Lied umfaßt 16 Strophen im Versmaß des Ljóðaháttr. Neun Strophen behandeln Zauberlieder, die aber nicht genannt werden. Es gibt zwei Möglichkeiten: Entweder sollen sie gar nicht bekannt werden und es handelt sich einfach nur um die Nennung unbekannter und ungenannter »Galder«, oder aber die Strophen können entschlüsselt werden, so daß diese Galder nachvollziehbar sind. Ich glaube das letztere, allerdings ist mir noch keine überzeugende Entschlüsselung bekannt. Es wäre aber z. B. möglich, daß jeder der 9 Galder-Strophen zwei Runen zugeordnet werden müssen, so daß die um zwei Runen erweiterte nordische Runenreihe der Übergangszeit zugrunde liegen würde. Auch wäre die Deutung in Bezug auf die neun Welten oder auf Tierkreissymbolik denkbar.

In den Handschriften steht als Titel die Zeile: »Gróugaldr er hón ól syni sinom dauð« (Grogaldr ist die Tote, die ihrem Sohn singt).

1. Wache, Gróa, erwache, gute Frau,
Ich wecke dich am Tor der Toten.
Gedenkt dir des nicht? Zu deinem Grab
Hast du den Sohn beschieden.

Der Sohn Svipdagr kommt also zum Grab seiner gestorbenen Mutter Gróa, die ihn einst also offenbar dazu geladen hatte. Das »Tor der Toten« (dauðra dura) meint also: Den Friedhof. Die Strophe spricht Svipdagr, und sie ist als eine Art Toten-Erweckungszauber zu deuten.

In der Volksliedfassung »Hertig Silverdal« ist es der tote Vater, den Silverdal erweckt.

Eine ähnliche Erweckung finden wir auch in der Vegtamsqviða.

2. »Was kümmert nun mein einziges Kind?
Welch' Unheil ängstet dich,
Daß du die Mutter anrufst, die in der Erde ruht,
Die Lichtwelten verließ?«

Die Erweckung war erfolgreich, Gróa fragt nun, was Svipdagr denn von ihr wolle. Sie hat die Lichtwelt (der Lebenden) verlassen und ruht in der dunklen Erde, was ja zu ihrem Namen durchaus paßt (siehe Einleitung).

3. »Ein übeles Spielbrett stellte mir die Unglückselige:
Die mein Vater umfing
Lud an den Ort mich, den kein Lebender kennt,
Wo Menglǫð wartet mein.«

Die Stiefmutter Svipdagrs hatte ihm also auferlegt, die ihm versprochene Braut Menglǫð zu gewinnen. Das war quasi ein Fluch.

Wer die Stiefmutter aber ist, wissen wir nicht. Vielleicht eine Vertreterin des Winters (im Erderweckungsmythos), oder eine Vertreterin des vergangenen Tages (im Sonnenerweckungsmythos).

Die Strophe spricht Svipdagr. Das Spielbrett, das gestellt wurde, ist wie eine Aufgabe zu sehen.

In den Volksliedfassungen ist der Gedanke des Fluches noch gut zu erkennen, wenn die Stiefmutter zu Svejdal sagt:

»*Sollst nie schlafen einen Schlaf,*
Sollst keine Ruh' erlangen,
Bis die Jungfrau hast erlöst,
Die liegt um dich gefangen.
Und führe wohl die Worte.«

Allerdings beginnt es auch damit, daß der Held seinen Ball in der Jungfrau (der Stiefmutter) Saal warf, woraufsie ihn mit dem Fluch losschickt, Menglǫð zu gewinnen. Oder er sieht im Schloß der Stiefmutter das Bild der Menglǫð und verliebt sich in Sie.

4. »*Lang ist die Wanderung, die Wege sind lang,*
Lang ist der Menschen Verlangen.
Wenn es sich fügt, daß sich erfüllt dein Wunsch,
So schafft dir Skuld günstiges Glück.«

Gróa antwortet hier und weist ihren Sohn darauf hin, daß es ein langer und schwieriger Weg zu Menglǫð ist. Skuld (»Zukunft, Geschuldetes, Gesolltes«) ist die dritte, jüngste Norne, die Todesnorne, die das Schicksal zuteilt. Es ist eine Redewendung, denn die Nornen schaffen nicht das Schicksal der Götter.

5. »*Heb' an ein Galdr, der heilsam ist,*
Kräftige, Mutter, dein Kind.
Unterwegs fürcht' ich den Untergang,
Allzujung eracht' ich mich.«

Svipdagr bittet die Mutter um heilenden Zauber, Galdr (gesungener Zauber), der ihm auf seiner Fahrt helfen kann.

6. »*So heb' ich zuerst an ein'n heilkräftig Galdr,*
Den der Rind sang Rani:
Hinter die Schultern wirf was du beschwerlich wähnst,
Du selbst führe dich selber.

Hier spielt Gróa auf den Mythos an, bei dem Óðinn die Rinda (Rindr), Vális Mutter, eroberte. Der Mythos findet sich bei Saxo grammaticus (III, 78-82). Óðinn eroberte Rinda dort, indem Er als Vitki (Zauberer) Rinda heilte. Rind bedeutet vielleicht »Rinde, Bast« und meint die Erde. Der Mythos wird auch noch beim Skálden Kormakr[4] angedeutet, wo es heißt:

»Yggr verzauberte die Rind«

Rindr als Mutter von Baldrs Rächer nennt auch Vegtamsqviða 11. Rani ist ein Beiname Óðins, den man mit »Schnauze« übersetzt und der an die von Óðinn eingeführte eberförmige Kampfaufstellung erinnert. Bekannt ist der Name auch, da er auf der Speerspitze von Dahmsdorf, Provinz Brandenburg, 3. Jh. in Runen zu finden ist: »ranja«, was auch »der Anrenner« bedeuten kann. Der Eigner des Speeres hat ihn also dem Gott Wodan/Óðinn geweiht.

Man wollte den Namen hier in unserer Strophe auch weiblich verstehen und hat ihn auf die Meeresriesin Rán bezogen, doch ist das unpassend.

Svipdagr soll sich selbst führen, also auf sich selbst vertrauen.

Die Strophen 6-14 ähneln Strophen der Hávamál (147-165)

7. Zum andern sing' ich dir, da du irren sollst
Auf weiten Wegen wonnelos:
Der Urðr Riegel sollen dich allseits wahren,
Wo du weilst unterwegs.

Urðr (»Gewordenes«) ist die älteste der drei Nornen. Ihr Riegel oder Schloß (Urðar lokkor) bedeutet: Unter ihrem Schutz stehen, ein gutes Schicksal haben.

8. Zum dritten sing' ich dies, wenn das Volk
Fällt auf deine Lebensneigung,
Horn und Ruðr, rinnen der Hel zu,
Und vergehen für immer von dir.

Der Anfang ist Unklar. Was genau fällt auf die Lebenskraft (fiǫrlokom), die sich neigt, also schwindet? In den Handschriften steht nicht »þjóta« (Rauschen), was man auf einen Fluß deuten könnte, sondern das Wort þjóðar oder þjóðir, was man wohl eher zu »Volk, Volksschaar« stellen muß (siehe Vafþrúðnismál 49). Aber welches »Volk« ist gemeint? Gegnerische Krieger? Oder vielleicht das Volk der Kleinen Leute, Huldrufolk, also Kobolde, Alfen, die Krankheiten bringen können?

Horn (»Horn«) und Ruðr (vielleicht »der Rote«, wobei es aber richtiger »Rauðr« heißen müßte) sind Flüsse, die vor Svipdagr schwinden und zur Hel ins Totenreich sich wenden sollen. Mit diesen Namen konnten Eddaübersetzer nichts anfangen und haben daher geändert: Aus »Horn« wurde »Hrǫnn« (»Welle«, ein Fluß in den Grímnismál 28 und eine der Töchter Aegirs), aus Ruðr wurde »Uðr« (»Welle«, eine der Töchter Aegirs) oder »Hríð« (»Unwetter«, Fluß in den Grimnismál 28).

Ich deute diese Flüsse anders: »Ruðr« weist auf einen Fluß mit rotem Wasser hin oder auf ein Geschwür. Damit scheint ein Fluß gemeint zu sein, der Blut enthält oder ein regelrechter Blutfluß ist. Dieser bedeutet natürlich Unheil; vielleicht ist an einen der Todesflüsse zu denken, viel eher ist aber wohl der Blutfluß nach einer Verwundung gemeint. Somit wäre dieser Galdr ein Zauber zur Blutstillung, und dann wäre »Horn« auch in diesem Sinne z. B. als Eiterfluß bei einer zuwachsenden Wunde, zu deuten, wo die Haut also verhornt. Germanisch »Ruda« bedeutet auch »Geschwür« (vgl. die Krankheit Räude).

Es ist nach meiner Deutung hier also ein Heilgaldr gegen Krankheiten, gegen Blutung und Eiter gemeint.

9. Dies sing ich zum vierten, so Feinde dir dräuend
Am Gänseweg begegnen,
Ihre Gesinnung wandle sich dir zu,
Und der Sinn wandle sich zur Versöhnung.

Ein Galdr um den Sinn der Feinde zu wandeln. Aber warum wird der »Gänseweg« genannt? »Gagl« (Gans) kann allgemein auch als Kenningar für den Vogel der Valkyren, den Raben, stehen. Der »Rabenweg« ist wiederum ein Bild für den Totenweg. In Handschriften steht auch statt »gaglvegi« (Gänseweg) »gálgvegi« (Galgenweg). Vielleicht sind hier mit »Feinden« böse Geister (Geister von gehenkten Verbrechern) gemeint.

10. Dies sing' ich zum fünften, so Fesseln sich dir
Um die Gelenke legen,

*Lösendes Feuer sprech ich dir über die Beine,
Das Band springt von den Gliedern.*

Interessant ist hier das »lösende Feuer« (leifins elða), was man allerdings meist zu »lösenden Galdr« verändert. Es ist aber wohl an ein magisches Verbrennen der Fesselschnüre gedacht. Auch der bekannte erste Merseburger Zauberspruch dient dazu, Fesseln zu lösen.

In Óðins Runenlied (Hávamál 149) zur 4. Rune wird ein ähnlicher Befreiungszauber genannt.

*11. Dies sing ich zum sechsten, stürmt die See
Wilder, als Menschen wissen,
Luft und Flut gehen in der Lade zusammen,
Daß sie friedliche Fahrt gewähren.*

Das Wort für »Flut« ist »lǫgr«, der Name der L-Rune. Mit »Lade« ist wohl ein Boot gemeint (siehe zu Vafþrúðnismál 35).

In Óðins Runenlied (Hávamál 154) wird zur 9. Rune auch ein Sturmbannungszauber genannt, in den Sigrdrífumál 10 werden Runen ähnlich verwendet.

*12. Dies sing' ich zum siebenten, wenn dich schaurig umweht
Der Frost auf Felsenhöhen,
Leichenkälte verletze dir kein Fleisch
Und behalte lebend die Glieder.*

»Leichenkälte« ist wohl schneidender Frost, die Kälte, die die Toten haben oder Kälte, die einen erfrieren läßt. Man könnte wohl auch »Todeskälte« sagen.

*13. Dies sing' ich zum achten, überfällt dich draußen
Die Nótt auf dem Niflweg,
Nichts desto minder mag dir nicht schaden
Eine tote Christenfrau*

Nótt ist die Nacht, also eigentlich die Mutter Svipdagrs, der »Niflweg« ist der Nebelweg. Ein Anklang an das Totenreich Niflheimr ist möglich. Es ist also nicht nur Nachtdunkel, es ist auch noch dichter Nebel. Das ist die Welt, in der sich Dämonen wohlfühlen, aber durch Gróas Galdr wird Svipdagr so sehr geschützt, daß ihm auch kein totes Christenweib schaden kann. Diese Strophe ist übrigens ein klares Indiz, daß unser Lied (wenigstens aber diese Strophe) aus heidnischer Zeit stammt, denn eine tote Christenfrau als schlimmste Vorstellung eines schädigenden Dämons zu nehmen, hätte ein christlicher Dichter sicher nicht gewagt, auch dann nicht, wenn er seiner Dichtung den Anschein eines hohen Alters aus heidnischer Zeit hätte geben wollen. Das hätte er auch mit anderen, weniger extremen und sein christliches Seelenheil weniger belastenden Formulierungen erreichen können.

Vor Wiedergängern hatte man Furcht, und eine Wiedergängerin mit dieser fremden Religion mußte als besonders unberechenbar gelten. Diese Strophe ist also frühestens entstanden, als man bereits von einzelnen Christen gehört hatte, aber sie noch nicht aus eigener Anschauung kannte. Unserer Mythos aber wird noch älter sein und hier dann ursprünglich einen andern Dämon genannt haben, vielleicht eine Gygja.

*14. Zum neunten sing' ich dir, wenn du mit dem waffenreichen
Jǫten Worte wechselst,
Wissen und Witz seien Mund und Herz
Genügend gegeben.*

Hier geht es um Klugheit. Das Original hat »mál ok manvit« (Rede, Menschenwitz oder –wissen, Sprache), eine Formulierung, die wir auch in Sigrdrífumál 4 finden. Es ist vielleicht ein ähnliches Wortduell gemeint, wie wir es aus den Vafþrúðnismál kennen. Auch der Volksglaube ging davon aus, daß man in die Verlegenheit kommen kann, auf einen Troll zu treffen. Ähnlich scheint auch die Strophe Sigrdrífumál 13 zu sein, wo Geistrunen für Klugheit genannt werden.

Mit dieser Strophe enden die neun Galdr der Gróa, es folgen zwei Abschlußstrophen.

Wir wollen aber zuvor noch einmal in die Volkslieder sehen, die diesen Mythos behandeln. Im Lied »Ungen Svejdal« erhält der Held Svejdal (Svipdagr) keine Zauberlieder, sondern regelrechte Zaubergegenstände: Ein Fohlen, das sowohl über Land, als auch über die See reiten kann, und ein Schwert, das in Drachenblut gehärtet ist und im dunklen Wald wie eine Fackel leuchtet. In anderen Fassungen bekommt der Held zuerst einen Ball, eine Kugel einen Apfel oder ein Zwirnknäuel, mit dessen Hilfe er Menglǫð finden kann, ein

Roß zum Überspringen der Mauer, ein Siegschwert, ein Tüchlein deck ich, das also auf Befehl Speisen aufträgt, Trinkhörner und ein Schiff, daß in der Luft und auf der Erde fahren kann.

15. Fahre nun nirgends wo Gefahr droht,
Kein Unheil mindre deine Wünsche!
Auf erdfestem Stein stand ich am Tor,
Und ließ meinen Galdr dir erklingen.

Das Tor ist wieder die Türe des Totenreiches, der Friedhof, wo Gróa und Svipdagr sich befinden. Der »erdfeste Stein« soll besagen, daß dieser Galdr fest und erprobt ist. Um die Ernsthaftigkeit eines Gelübdes zu unterstreichen, trat man auch auf einen Stein. So fest, wie der Stein, sollte das Gelübde sein. So fest, wie dieser Stein, so beständig ist Gróas Zauber. Und es kann zusätzlich der Stein des Grabes gemeint sein, da wir natürlich an ein Großsteingrab denken.

16. Nimm mit dir, Sohn, der Mutter Worte
Und bewahre sie im der Brust!
Heils genug wirst du immer haben
Wenn mein Wort dir gedenkt.«

Der Abschluß. Wenn sich Svipdagr an diese Sprüche erinnert, wird er immer Heil haben.

Kapitel 3
Fjǫlsvinnsmál

Da dieses Lied direkt an das vorige, Grógaldr, anschließt, hat Sophus Bugge beide Lieder unter dem Namen »Svipdagsmál« zusammengefaßt. Tatsächlich aber heißt unser Lied in den Handschriften Fjǫlsvinnsmál (»Merklied von Fjǫlsviðr«).

Zu den handelnden Personen habe ich bereits in der Einleitung zu den Grógaldr alles gesagt. Nur Fjǫlsviðr hatte ich noch nicht vorgestellt. Der Name bedeutet »Vielwisser« oder »sehr Weise«, weil Er ja Auskunft über alle Vorrichtungen der Burg geben kann. In unserm Lied erscheint er wie ein riesischer Wächter vor Menglǫðs Burg. Ohne Zweifel aber handelt es sich um den Gott Óðinn (Abb. 2); in den Grímnismál 47 wird »Fjǫlsviðr« nämlich als ein Beiname Óðins genannt. Somit kann Fjǫlsvinnsmál auch als eine von Óðinn stammende Offenbarung angesehen werden, freilich erst in jüngeren Handschriften (17. Jh.) enthalten.

Zu Fjǫlsviðr dringt nun Svipdagr vor, um Menglǫð zu gewinnen. Der Tag dringt zum winterlichen Wächter vor und bringt das Licht. Doch benutzt Svipdagr vorerst einen Decknamen: »Vindkaldr« (»Windkalt«). Der Tag oder der Sommer beginnt mit dem kühlen Morgen oder Frühling. Als Ahnen gibt Svipdagr an: »Várkaldr« (»Frühlingskälte«) und »Fjǫlkaldr« (»Sehr kalt«). Diese Namen stehen für den Frühling und den Winter und sind deutliche Indizien, daß man unser Lied auch naturmythologisch verstehen muß. Svipdagr als Gott des Tages oder Sommers herrschte natürlich auch schon am vergangenen Tag oder Sommer des vorigen Jahres. Dann kam der Winter Fjǫlsviðr, Svipdagr verlor Seine Herrschaft, um sie nun zurückzufordern und Menglǫð, die Sonne, zu gewinnen. Menglǫð wird auch selbst in Str. 42 »die Sonnenglänzende« genannt. Deswegen kennt der Wächter Fjǫlsviðr natürlich Svipdagr aus dem vorigen Tag oder Jahr und läßt Ihn am Ende ein. Es ist möglich, daß dieser Wächter Fjǫlsviðr (Óðinn) sogar ein Verhälnis mit Menglǫð hatte, denn wenn Menglǫð die Sonne ist und damit der Göttin Sól entspricht, dann ist Sie auch Týrs Mutter (siehe Kommentar zu Hymisqviða 8) und muß mit Týrs Vater Óðinn ein Verhältnis gehabt haben.

Fjǫlsviðr ist auch mit Svipdags Ahn Fjǫlkaldr identisch, und da Svipdagr im bekannten Göttermythos dem Baldr entspricht, ist Fjǫlsviðr-Fjǫlkaldr Sein Vater Óðinn. Menglǫð/Sól entspricht hier der Göttin Nanna.

Das Lied mit 50 Strophen im Versmaß des Ljóðaháttr ist ein Frage- und Antwortspiel zwischen Svipdagr und Fjǫlsviðr, wobei es zuerst um Menglǫðs Gefolgschaft und Wohnort geht, danach um mythologische Themen, schließlich um den Verlobten der Menglǫð, Svipdagr selbst, der nun eingelassen wird.

Grógaldr endet mit den Ratschlägen der Mutter, in unserem Lied nun ist der Held bereits vor der Burg. Es fehlen also Strophen, die von der abenteuerlichen Fahrt des Helden berichten, wo er dann auch die Wunderdinge einsetzen kann. Das liegt daran, daß unser Lied von Darstellern aufgeführt wurde, und lange Reisen und Zauberkämpfe lassen sich schwer darstellen. Immerhin sind noch Strophen in den Balladen von Svejdal erhalten, die seine Reise behandeln. Hier die Strophen, die zwischen beiden Liedern stehen müßten:

»*Das war der jung' Svejdal*
Er band sich an sein Schwert,
Setzt sich auf sein gutes Roß,
Zu säumen nicht begehrt.

Das war der jung' Svejdal,
Er spornt sein Rößlein kühne,
Reitet übers breite Meer
Und durch die Wälder grüne.

Er ritt übers wilde Meer
Und tief im Waldesgrunde,

Kam er vor dasselbe Schloß,
Sein Bräutlein schlief gebunden.«

In dem Lied von Herzog Silverdal muß Silverdal die Braut ganze zwei Jahre suchen. Doch nun zu den Fjǫlsvinnsmál.

1. *Vor dem Gehege sah er einen heraufkommen*
Auf des Þursenvolkes Sitz.

Das Gehege (garðr) oder Gatter ist die Burg, der Hof oder Garten Menglǫðs. Da dieser Ort als Sitz des Þursenvolkes beschrieben wird, befindet sich Menglǫð also in der Gewalt der Þursen (Riesen). Die Sonne in der Hut oder in Gefangenschaft der Winterriesen. Die Burg ist am Rande des östlichen Himmels belegen, also im Riesenreich. In den Balladen von Svejdal ist die Mauer von Marmelstein und das Tor von Stahl. In wendischen Überlieferungen liegt die Jungfrau hinter neun oder hinter dreimal neun Mauern, hinter neun Türen oder 30 Stahlschlössern und in neun Ketten gebunden. Die Burg liegt auf dem Glasberge und Glocken auf den Mauern oder ein tönender Draht verraten jede Berührung. Nur das Wunderroß, welches der Held bekommt, kann die Mauern überspringen, die Fesseln und Schlösser zerreißen. Dieses Roß ist aber ein verzauberter Mensch, der Stiefbruder des Helden oder der rechte Bruder der Jungfrau. Den Weg weist dem Helden ein Zwirnknäuel, eine rollende Kugel oder ein Apfel; in den nordischen Balladen ist es der Ball.

Fjǫlsviðr («Vielweise«), also Óðinn, der hier Wächter ist, sieht Svipdagr (»der plötzlich hereinbrechende Tag«) heraufkommen. In unserem Liede erscheint der Wächter als Untergebener der Menglǫð.

S. Bugge vermutete, daß ein Strophenteil, in dem Fjǫlsviðrs Name enthalten war, hier ausgefallen ist. Das »er« in der Strophe erscheint etwas ohne einen klaren Bezug, doch wird der Name ja in Strophe 4 genannt, so daß man nicht von einer Lücke ausgehen muß.

Fjǫlsviðr:
»Auf feuchten Wegen hebe dich weg von hier,
Hier ist deines Bleibens nicht, Schutzloser!«

Das ganze Lied ist (außer der ersten Hälfte der ersten Strophe) ein Wechselgespräch, und wir können daher vermuten, daß es einst bei kultischen Festen von Darstellern aufgeführt wurde. Dafür spricht

Abb. 2: Óðinn reitet den Sleipnir. Handschrift des Ólafr Brynjólfsson von 1760.

auch die genaue Vorstellung der handelnden Personen in Str. 4 und 6, die ja zum Verständnis für die Zuschauer notwendig ist.

»Schutzloser« meint einen, der wie ein Bettler umherreist und nirgends Unterkunft findet, nämlich einen geächteten Verbrecher. Daß dieser auf »feuchten Wegen« gehen soll, deutet darauf hin, daß es eben noch Winter bzw. früher Morgen ist, wo Schmelzwasser oder Nachttau die Wege befeuchtet. Erst wenn Svipdargr Sich mit Menglǫð vereint, herrscht Sonne, Tag und Sommer und die Wege sind trocken.

Svipdagr:
2. *»Welch Schlagegeist ist's, der im Vorgehege steht,*
Die gefährliche Lohe umwandelnd?«

Fjǫlsviðr:
»Wess' verlangt dich hier, was erlauerst du?
Was willst du, Freundloser, wissen?«

Mit »Schlagegeist« (flagða) ist ein Riese oder Unhold gemeint. Der Begriff hängt mit flagella = Geißel zusammen und meint in späterer Deuitung eine Hexe, ein blutgieriges, leichenfrohes Wesen. Der Begriff findet sich auch in den Hamðismál 15. Die Lohe ist wiederum die Vafrlogi, die »Waberlohe«, nämlich das Feuer, welches die Burg umgibt, und das man auf die Sonnenstrahlen deuten kann.

Svipdagr:
3. *»Welch' Schlagegeist ist's, der im Vorgehege steht,*
Und weigert dem Wanderer Gastrecht?«

Fjǫlsviðr:
»Ohne Ehrenworte, hast du, Jüngling, gelebt:
Hebe dich heim von hinnen.

Noch einmal wird in der 1. Zeile der Anfang der Strophe 2 wiederholt. Diesmal weist Svipdagr auf das Gastrecht hin, das ja heilig ist. Doch Fjǫlsviðr weist ihn mit der Begründung ab, er habe sich noch keine Ehre verdient, Worte der Ehre würden über ihn nicht gesprochen. Ein Ehrloser ist ein Verbrecher, ein Geächteter; so einen kann bzw. muß man abweisen. Wahrscheinlich bedeutet die Zeile 3, daß Svipdagr bislang keine ehrenvollen Taten vollbracht hat und daher dem Fjǫlsviðr unbekannt ist.

4. *Fjǫlsviðr heiß' ich und habe klugen Sinn,*
Bin mit meinem Mahl nicht freigebig.
In diese Gehege magst du nicht eingeh'n:
Wolf, hebe dich von hinnen.«

Fjǫlsviðr stellt Sich nun vor, was ein wenig als Gegensatz zu verstehen ist: Hier der bekannte Wächter Fjǫlsviðr, dort der unbekannte Svipdagr, von dem keiner ehrenvolle Taten zu erzählen weiß. Er nennt Ihn »Wolf«, was bedeutet, daß Er in Ihm einen friedlosen Geächteten, einen Verbrecher, sieht.

Svipdagr:
5. *»Zur Augenweide treibt es den zurück*
Der Liebes sehen will.
Das Gehege scheint zu glühen um gold'ne Säle:
Hier möcht' ich Heimstatt finden.«

Svipdagr äußert nun zum ersten Male, daß es Ihm um die Liebe geht, daß Er also gekommen ist, um Menglǫð zu sehen. Daß die Burg glüht und goldene Säle erwähnt werden, weist wiederum auf Menglǫð als Sonnengöttin hin. Hier möchte Svipdagr »Heimstatt«, also ein Zuhause, finden. Im Original steht œðli, das ist auch der Name der entsprechenden Rune *oþala (Erbbesitz, Heimat).

Fjǫlsviðr:
6. *»Sage mir, wem du, Bursche, geboren bist;*
Und welcher Männer Nachkomme?«
Svipdagr:
»Vindkaldr heiß ich, Várkaldr hieß mein Vater,
Des Vater war Fjǫlkaldr.

Nachdem also Svipdagr Seine Absichten angedeutet hat, scheint Sich Fjǫlsviðr für ihn mehr zu interessieren und fragt nach Name und Abkunft. Die Abkunft war bei unsern Ahnen noch wichtiger, als der eigentliche Name. Denn an der Abstammung erkennt man den Stand des Betreffenden.

Svipdagr nennt nun Seine Vorfahren, nämlich Vindkaldr (»Windkalt«), Várkaldr (»Frühlingskalt«) und Fjǫlkaldr (»Vielkalt«). Diese Namen beziehen sich auf den Naturmythos, und Svipdagr nennt sie hier auch, um bei dem Wächter den Eindruck zu erzeugen, Er sei auch ein Riese; Er hofft, so leichter Einlaß zu finden. Sein richtiger Vater ist ja (siehe Strophe 47) Sólbjartr.

*7. Sage mir, Fjǫlsviðr, was ich dich fragen will
Und zu wissen wünsche:
Wer schaltet hier die Gewalt besitzend
Über Eigentum und reichen Saal?«*

Nachdem Er sich nun vorgestellt hat, fragt Er umgekehrt, mit wem Er es denn hier zu tun hat. Offenbar weiß Er noch nicht, daß Er bereits vor der Burg der Braut steht.

*Fjǫlsviðr:
8. »Menglǫð heißt sie, die Mutter zeugte sie
Mit Svafrþorins Sohne.
Die schaltet hier die Gewalt besitzend
Über Eigentum und reichen Saal.«*

An der Antwort nun erkennt Svipdagr, daß Er am Ziele ist, denn daß es Menglǫð ist, die Er sucht, ergibt sich schon aus der Strophe Grógaldr 3. »Svafrþorin« ist relativ ungeklärt, man übersetzt þorinn mit »tapfer«, svafr aber mit »Schwätzer«. Das ergibt wenig Sinn, ich glaube eher, daß »Svafrþorinn« von »Schlafdorn« abzuleiten ist und somit hier wiederum der Tod, das Dunkel oder der Winter gemeint ist. Svafrþorinn ist nach dieser Strophe der Großvater der Menglǫð, die Eltern werden nicht namentlich genannt. Da aber Menglǫð der Sól entspricht, muß Ihr Vater Mundilfǫri (»der sich nach bestimmten Zeiten bewegt«) sein.

Daß Menglǫð über den Reichtum der Burg schaltet, zeigt, daß Sie weder in einem Zauberschlaf ist, noch auch einer Erlösung bedarf. Zumindest behauptet das der Wächter Fjǫlsviðr, es muß nicht der Wahrheit entsprechen.

*Svipdagr:
9. »Sage mir, Fjǫlsviðr, was ich dich fragen will
Und zu wissen wünsche:
Wie heißt das Gitter? Nie sah'n bei den Göttern
Menschen eine größere Gefahr.«*

Nach dem Anfangsgespräch und der Vorstellung der beiden Hauptpersonen beginnt nun ein neuer Abschnitt. Svipdagr fragt Fjǫlsviðr aus, um die Burg genau zu erforschen und eine Möglichkeit zu finden, hineinzukommen. In den Balladen verspricht der Held Svejdal dem Wächter ein gutes Hofamt, wenn er erst König werde.

Fjǫlsviðr:
10. »Þrymgjǫll heißt es, das haben gemacht drei
Söhne Sólblindis.
Die Fessel faßt jeden Fahrenden,
Der es hinweg will heben.«

Þrymgjǫll bedeutet »Lärmgellend« oder »laut Schallend«. Der Name zeigt uns, daß Menglǫð tatsächlich im Totenreich der Riesen und des Winters gefangen ist, denn Þrymr ist auch ein Riese (dieser wird im Eddalied Þrymsqviða von Þórr erschlagen), und »gjǫll« ist der Name des Flusses, der das Reich der Lebenden von dem der Toten (der Hel), trennt. Gedacht ist hier also an ein Tor ins Totenreich, welches von selbst zuschlägt und den Eintretenden die Fersen quetscht wie das Tor der Hel (vgl. Sigurðarqviða in skamma 66). Man hat es auf das Eis des Winters gedeutet.

Sólblindi (»der Sonnenblinde«) ist ungeklärt, man hat ihn als Zwerg deuten wollen, und da Zwerge bei Sonnenlicht in Stein verwandelt werden, schien das passend. Es ist aber doch wohl eher an einen Riesen zu denken, der den Winter symbolisiert, wo keine Sonne ist. Ich denke an Óðins riesische Eltern. Die drei Söhne Sólblindis wären dann die drei Schöpfergötter Óðinn, Vili und Vé. Sie haben die Welt geschaffen und es so eingerichtet, daß das Reich der Lebenden von dem der Toten getrennt ist. Einer dieser drei Söhne Sólblindis ist Fjǫlsviðr (Óðinn) selbst.

Wer dieses Gitter entfernen will, wird erfaßt und gefesselt. Denn es ist die magische Grenze zwischen Diesseits und Jenseits, die unverrückkbar ist.

Svipdagr:
11. »Sage mir, Fjǫlsviðr, was ich dich fragen will
Und zu wissen wünsche:
Wie heißt das Gehege? Nie sah'n bei den Göttern
Menschen eine größere Gefahr.«

Mit Gehege (garðr) ist wiederum die Burg der Menglǫð gemeint, die eigentlich eine Burg der Winterriesen ist, in der Menglǫð sich aufhält.

Fjǫlsviðr:
12. »Gastropnir heißt es, ich habe es selber

Aus Leirbrimirs Gliedern erbaut
Und so stark gestützt, daß es stehen wird
Solange Leute leben.«

Gastropnir (vielleicht: »der die Lücken Verschließende«) ist also der Name des Geheges, des Burgwalles. Leirbrimir bedeutet »Lehm-Brímir«. Brimir (zu brim = Meer) ist ein Name des Urriesen Ymir in der Vǫluspá 9 und 37. Da der Urriese Ymir in den Vafþrúðnismál 29f auch Aurgelmir (»brüllender Lehm«) heißt, ist der Name Leirbrimir für den Urriesen passend. Die Schöpfergötter Óðinn, Vili und Vé haben den Urriesen ja getötet und aus ihm die Welten geschaffen, auch die Burg der Menglǫð. Es war also wiederum Fjǫlsviðr (Óðinn) Selbst, der dies getan hatte.

Svipdagr:
13. »Sage mir, Fjǫlsviðr, was ich dich fragen will
Und zu wissen wünsche:
Wie heißen die beiden Garmr, die das Gehege umkreisen,
Mit gierigem Schlund?«

Auch wenn Menglǫð die Sonne ist, so ist die Burg, in der Sie Sich befindet, doch auch zugleich die Unterwelt, das Totenreich. Wenn die Sonne am Abend unter den Horizont sinkt, geht Sie ja symbolisch in dieses Reich der Unterwelt, um am nächsten Morgen wieder aufzusteigen. Deswegen finden wir in unsern Strophen deutliche Bezüge zur Unterwelt.

Die beiden Garmr sind die Hunde am Totenreich. Der ursprüngliche Eigenname des Höllenhundes, »Garmr« (vielleicht zu altnord. gryma = besudelt) ist bereits zu einem Begriff für »Hund« geworden. Die Bezeichnung ist mit dem griechischen Kerberus verwandt.

Fjǫlsviðr:
14. »Gifr heißt einer und Geri der and're,
Wenn du das wissen willst.
Elf Wachten müssen sie wachen
Bis die Reginn vergehen.«

Gifr bedeutet »der Gierige«, Geri »der Gefräßige«. Auch einer der Wölfe Óðins heißt Geri, und im mythischen Verständnis sind diese Wölfe natürlich mit Óðins Wölfen Geri und Freki identisch. Daß sie wachen, »bis die Reginn (Götter) vergehen« bedeutet: Für alle

Zeiten, ewig. Es ist eine häufige Formulierung für »ewig«, da die Götter nie vergehen werden.

Daß sie gerade 11 Wachten (Zeitabschnitte) wachen, und nicht etwa 12, liegt daran, daß in der 12. Stunde der junge Tag kommt, den sie einlassen müssen.

Svipdagr:
15. »Sage mir, Fjǫlsviðr, was ich dich fragen will
Und zu wissen wünsche:
Ob einer der Menschen ist, der eingeh'n möge
Dieweil die Angriffskühnen schlafen.«

Vermutlich geht Svipdagr davon aus, daß die Hunde eine Wacht schlafen und 11 Wachten wachen, deswegen fragt er hier nach.

Fjǫlsviðr:
16. »Abwechselnd zu schlafen war ihnen auferlegt
Seit sie hier Wächter wurden:
Einer schläft nachts, der and're tags,
Und so mag niemand hinein.«

Die Bewachung ist so organisiert, daß es keine Möglichkeit gibt, hineinzukommen.

Zu diesen Hunden ist aber noch mehr zu sagen. Sie finden sich bereits bei den alten Indern und den Parsen. So heißt es in der Avesta (Vid. 19, 30. 13, 9):

»Zwei Hunde zerren die Seelen der Bösen von der Brücke [der Cinvatbrücke] in den Abgrund.«

Nach Vid. 8, 8, 16ff sind es ein weißer und ein schwarzer Hund, beide sind vieräugig. Einer wacht am Tage und der andere in der Nacht.

Auch im Rigveda finden sich diese beiden Hunde vor dem Totenreich. Im Rigveda X, 14, 10 heißt es:

»Eile an den beiden saramaischen Hunden, den vieräugigen, gefleckten, auf dem richtigen Wege vorbei und gelange zu den Vätern, die leicht zu finden sind, die mit Yama in gemeinsamem Gelage schwelgen!
Deine beiden Hunde, Yama, die vieräugigen Wächter, die den Weg bewachen, die mit dem Herrscherauge, denen vertraue ihn an, o König, und verleih ihm Glück und Gesundheit.«

Rigveda VII, 55, 2:

»*Wenn du weiß-brauner Sarama-Sohn die Zähne fletschest, so blinken sie wie Speere im Gebiß des Schnappenden. Schlafe fein ein. Bell den Dieb an oder den Räuber, du zurücklaufender Sarama-Sohn! Du bellst des Indra Lobsänger an. Was bedrohest du uns? Schlaf fein ein.*«

Rigveda I, 29, 3 [5]:

»*Die wechselnd wachen, schläfre ein, laß schlafen, nie erwachen sie.*«

Yama hat also zwei Hunde, der eine heißt Kerbura (vgl. griechisch Kerberos) und Sabala (»verändert«), auch Trisiras (»dreiköpfig«) der andere Syama (»schwarz«). Der erste hat auch das Attribut Kalmasha, Kitra und Kirmira, was jeweils »besudelt« oder »befleckt« bedeutet, ähnlich wie Garmr auch in den Vegtamsqviða als blutbefleckt bezeichnet wird. Bringt man noch Rigveda I, 29, 3 mit hinzu, wäre auch noch eine Andeutung des abwechselnden Wachens vorhanden.

Es wurde behauptet, die Vorstellungen der Höllenhunde wären durch antiken Einfluß in unser Lied gelangt. Irgendein Dichter kannte also griechische Sagen von Kerberus und nahm diese als Vorlage für seine Dichtung Fjǫlsvinnsmál. Aber bei den Griechen gibt es (wie bei den Römern) nur einen Hund, nicht zwei. Zwei Hunde finden wir nur bei den Parsen und im Rigveda. Daß aber ein Isländer des Mittelalters oder der frühen Neuzeit die Zend-Avesta oder den Rigveda auch nur gekannt haben könnte und als Vorlage benutzt hat, können wir hundertprozentig ausschließen. Die Tatsache, daß unser Lied die beiden Hunde des Rigveda und der Avesta kennt, ist ein Beweis, daß diese Vorstellungen nicht von Griechen oder Römern übernommen worden sein können; und es ist der unumstößliche Beweis, daß auch unser Lied, welches erst in Handschriften des 17. Jh. erhalten ist, uralte indogermanische Vorstellungen recht getreu bewahrt hat.

Svipdagr:
17. »Sage mir, Fjǫlsviðr, was ich dich fragen will
Und zu wissen wünsche:
Gibt es keine Kost, sie ihnen zu geben
Um einzugeh'n, derweil sie essen?«

Es beginnt nun ein neuer Versuch. Svipdagr will herausbekommen, ob man die Hunde irgendwie einschläfern könnte. Die Antwort wird über mehrere Strophen verteilt (Strophe 18, 23-30). Man braucht Flügelbraten des Hahns Vidofnir. Um den Hahn aber zu erlegen, braucht man den Zauberzweig, den Sinmara birgt. Um ihr diesen abzunehmen, braucht man wiederum eine Feder des Hahns. Man braucht also den Hahn, um den Hahn zu erlegen: Es ist also unmöglich. Die Strophen 19-22 unterbrechen diese Geschichte allerdings, da sie sich auf den Weltbaum beziehen. Doch auf diesem Weltbaum sitzt der Hahn, so daß sie durchaus auch einen Bezug haben.

Fjǫlsviðr:
18. »Zwei Flügelbraten sind an Vidofnirs Gliedern,
Wenn du das wissen willst.
Das ist die Kost, die man ihnen gibt
Um einzugeh'n, derweil sie essen.«

Vidofnir wurde verschieden gedeutet. Bei viðr-ofnir würde er »Baumschlange« bedeuten (viðr = Baum, Wald, ofnir=die sich Windende, Schlange) und an den Weltbaum erinnern, wo der Hahn sitzt. Aber auch »við-opnir« (»der weit Schreiende«) oder Viðófnir (váfa = flackern, »der Baumglüher«) ist möglich. Er ist vermutlich mit dem Hahn Gullinkambi (Vǫluspá 43) oder Fjalar (Vǫluspá 42) identisch.

Svipdagr:
19. »Sage mir, Fjǫlsviðr, was ich dich fragen will
Und zu wissen wünsche:
Wie heißt der Nadelbaum, der breitet über
Alle Länder Zweige?«

Es beginnt hier ein Einschub von 4 Strophen, die sich auf den Weltbaum beziehen. Interessant ist, daß der Weltbaum, der ja eine Esche ist, hier als »Nadelbaum« (barr) bezeichnet wird. Das hat voreilige Deuter zu der Theorie geführt, es handele sich um eine Eibe. Auch eine Erwähnung des heiligen Baumes von Upsala bei Adam von Bremen (siehe Kommentar zu Vǫluspá 19) bringt man damit zusammen, da dort auch gesagt wird, er wäre immergrün, was man sich nur mit einem Nadelbaum erklären konnte. Tatsächlich bedeutet das Wort »barr«, was man üblicherweise mit »Nadelbaum« übersetzt, eigentlich nur etwas spitzes, starrendes (got. bariz-eins);

daher kann »barr« im Altnordischen auch die Gerste oder das Korn bezeichnen. Auch die Blätter einer Esche sind spitz. In den Balladen von Svejdal wird eine Linde mit goldenen Blättern erwähnt, die dort in der Burg der Jungfrau steht. Als die Jungfrau erweckt wird, heißt es:

Und die goldverzweigte Lind'
Sie beugte sich zum Grunde,
Auf stand da die Maid, die einst
Im Schlummr lag gebunden.

Wir sehen, selbst in den verschiedenen Fassungen unseres Mythos kann die Baumart wechseln. In der Vǫluspá 20 findet sich für den Weltbaum der Begriff þollr, der wörtlich auch Föhre bedeuten kann, obwohl ja in den andern Vǫluspá-strophen von einer Esche die Rede ist. Solche Variationen sollte man nicht überbewerten.

Aber wie dem auch sei, der Weltbaum ist ein Bild für den Kosmos. Und es sind ganz verschiedene Baumarten als Symbole für den Weltbaum überliefert. So ist der Maibaum meist eine Birke, der Weihnachtsbaum aber eine Tanne. Beide aber symbolisieren auch den Weltbaum. Die Baumart kann also wechseln ohne daß dies ein Widerspruch sein muß.

Fjǫlsviðr:
20. »Mimameiðr heißt er, Menschen wissen selten
Aus welcher Wurzel er wächst.
Niemand erfährt auch wie er zu fällen ist,
Da Feu'r noch Eisen ihm schadet.«

In unserm Eddalied heißt der Weltbaum Mimameiðr, das bedeutet »Mimirs Baum«, da am Fuße der einen Wurzel des Baumes der weise Zwerg oder Riese Mímir haust. Der Name ist übrigens alt und auch im Süden bekannt gewesen, wie ein Kinderlied aus Hessen beweist, welches die Form »Mimameide« hat. Den Text habe ich bereits in meinen Kommetar zu Vǫluspá 20 im 1. Band vollständig abgedruckt.

Mímir wird auch in den Vafþrúðnismál 45 mit dem Weltbaum in Verbindung gebracht in der Bezeichnung »Hoddmímirs Holt« (»Schatz-Mímirs Holz«).

Der Baum ist natürlich den meisten Menschen unbekannt, da es ein Baum ist, der sich in den spirituellen Welten befindet. Deswegen kann er auch nicht durch Feuer (das Feuer des Ragnarǫk) oder Eisen vernichtet werden.

Svipdagr:
21. »*Sage mir, Fjǫlsviðr, was ich dich fragen will*
Und zu wissen wünsche:
Was wird aus dem Samen des vielberühmten Baumes,
Da Feu'r noch Eisen ihm schadet?«

Diese Strophe ist unklar, deswegen übersetzt sie jeder anders. Einmal wird übersetzt »Nutzen« des Baumes, ein anderes Mal wird »Früchte« geschrieben oder es wird nach dem Tod (Ende) des Baumes gefragt. Das Original hat »a moði«, was ich, Hjalmar Falk folgend, mit »Samen« übersetze. Dann ergibt sich ein nachvollziehbarer Sinn der Strophen. Ansonsten müßte man hier von einer Lücke im Text ausgehen, was ich für unbegründet halte.

Fjǫlsviðr:
22. »*Mit seinen Früchten soll man feuern,*
Für kranke Frauen.
Aus ihnen geht dann was innen bliebe:
So wird er der Menschen Mjǫtuðr.«

Offenbar wirkt die Räucherung mit den Früchten des Weltbaumes geburtserleichternd. Gemeint sind wohl Eschennüsse – oder, falls man hier von einem Nadelbaum ausgehen will: Kienäpfel, Tannenzapfen oder Eibenbeeren (-kerne).

Der Weltbaum steht als Lebensbaum natürlich auch mit Geburt und Wiedergeburt in Zusammenhang; aus ihm kommen die ersten Menschen und genauso die neuen Menschen nach dem Ragnarǫk.

Mjǫtuðr, angelsächs. meotud, altsächs. metod bedeutet »Schicksal, Schicksalsmacht« (siehe Kommentar zu Vǫluspá 46), in Vǫluspá 2 findet sich die Bezeichnung »Mjǫtviðr« (»Maßbaum«) für die Weltesche.

Svipdagr:
23. »*Sage mir, Fjǫlsviðr, was ich dich fragen will*
Und zu wissen wünsche:
Wie heißt der Hahn auf dem hohen Baum,
Der ganz von Golde glänzt?«

Wir kommen nun, nach dem Einschub der Strophen, die sich auf den Weltbaum beziehen, wieder zum Hahn Vidofnir. Die Verbindung von beiden wird hergestellt, indem der Hahn »auf dem hohen Baum«, also dem Weltbaum beschrieben wird. Daß er dem Hahn Gullinkambi entspricht, verdeutlicht seine hier erwähnte goldene Farbe. Dieser Hahn ist sicher ein Symbol der Sonne.

Fjǫlsviðr:
24. »Vidofnir heißt er, und er steht im Wetter glänzend
Auf Mimameids Zweigen.
Einen großen Kummer schafft er
Surtr und der Sinmara.«

Für »groß« steht örófsaman (»über alle Maßen groß, unendlich«). Dieses Attribut könnte sich auch auf Surtr selbst beziehen, doch gehe ich davon aus, daß es sich auf den Kummer bezieht. Zu Surtr siehe meinen Kommentar Vǫluspá Strophe 52 (im 1. Band). Sinmara wird übersetzt mit »die fahle Mahr«, »die Schlacken-Mahr« oder »die gewaltige Mahr« (eine Mahr oder Mahrt ist ein Geist, der Menschen nachts bedrängt). Ich halte diese Deutungen für unpassend. Sin verbinde ich mit Sinthgunt und Sýn mit der Bedeutung »Schein«, mara kann entweder das Roß (marr, Mähre) oder »berühmt« (mærr) bedeuten, auch »trefflich, schön«. Da Sinmara mit Surtr genannt wird, wie sein Weib, und Surtr der Feuerriese ist, wird Sinmara vielleicht den Feuerschein symbolisieren. Man hat Sinmara aber auch als Name der Hel gedeutet. Warum nun schafft der (Sonnen-)hahn den Feuerriesen Kummer? Weil er nach Vǫluspá 43 die Einherjer weckt, wenn der Kampf des Ragnarǫk beginnt. D. h. er ruft die Gegner von Surtr und seinen Riesen auf den Plan. Und hier in unserm Lied ist er es, der verhindert, daß Surtr und Sinmara in die Burg eindringen können.

Svipdagr:
25. »Sage mir, Fjǫlsviðr, was ich dich fragen will
Und zu wissen wünsche:
Ist keine Waffe, die Vidofnir möchte
Zu Hels Behausung senden?«

Svipdagr versucht weiter, einen Weg zu erfragen, der ihm den Eingang zu Menglǫð ermöglicht. Es fragt sich, ob Svipdagr nicht eigentlich weiß, daß Er dort jederzeit Einlaß bekommen könnte, wenn Er nur Seinen Namen nennte, da Menglǫð Ihm ja als Braut versprochen ist. In diesem Falle wären Seine Fragen rein rhetorischer Art; Er würde Sich als damit nur erkundigen, ob Seine Braut auch sicher aufgehoben ist.

Zu »Hels Behausung senden« bedeutet: Töten.

Fjǫlsviðr:
26. »*Hævateinn heißt der, den Loptr gezaubert hat*
Tief unter dem Totengatter.
In Sægjarns Becher birgt ihn Sinmara
Unter neun schweren Schlössern.«

Hier wird ein Zauberzweig genannt, dessen Namen man meist als Lævateinn (»Schaden-Zweig«) interpretiert. Man ging dabei analog vor, der Heilberg heißt in Strophe 36 Hyfjaberg, in Strophe 49 aber Lyfjaberg. Also ersetzte man auch bei unserm Hævateinn das H durch das L. In den Handschriften steht aber Hævateinn, Hǫmateinn oder Hevia. Loptr (»der Luftige«) ist ein Beiname Lokis. Daß Loki einen Zauberzweig gezaubert hat, der bei Sinmara liegt, ist nicht verwunderlich, denn sowohl Loki, als auch Surtr und Sinmara gehören zu den Gegnern der Götter. Loki hatte auch den Mistilteinn gezaubert, mit dem Baldr (= Dagr, Svipdagr) getötet wurde. Deswegen kann man eine Verbindung zwischen dem Mistilteinn und dem Hævateinn sehen. Unklar ist die 3. Zeile: Sægjarn bedeutet »See-Begieriger« oder übertragen »Flüssigkeitsgierig«. Deswegen kann man »keri« (»Becher, Trinkgefäß«, aber auch »Schrein«) hier nur mit »Becher« übersetzen. In Grimnismál ist »skap-ker« eine Schöpfkelle. Die sonst übliche Übersetzung »eiserner Schrein« (járn keri) erklärt nicht die Vorsilbe »Sæg«. Also ein Becher, der nach Flüssigkeit giert. Offenbar ist er also leer, was im feurigen Element von Surtr und Sinmara nicht unpassend ist. Aber seine genaue mythologische Bedeutung ist unklar.

Man hat aber auch statt Sægjarn »Lægjarn« (»unheilgierig«) lesen wollen, eine Bezeichnung für Loki in der Vǫluspá 35.

In der Vǫluspá 52 wird »sviga læ« (»Unheil der Zweige«) genannt, ein Kenningar für Feuer. Dieses bringt Surtr, und deswegen kann man zwischen Lævateinn und diesem Feuer des Surtr eine Verbindung sehen. Und dann ist auch verständlich, warum gerade Loki den Hævateinn/Lævateinn geschaffen hatte. Loki ist bekanntlich der Gott des Wildfeuers.

Man hat den Namen Hævateinn auch als Schwert-Kenningar gedeutet, doch ist diese Deutung nicht überzeugend. In Strophe 30 wird der Hævateinn als »Waffe« bezeichnet, was aber nicht bedeutet, daß er ein Schwert sein muß. Auch ein magischer Zweig kann eine Waffe sein.

Das Totengatter ist das Nágrindr, der Zaun, der Lebende von Toten trennt.

Svipdagr:
27. »Sage mir, Fjǫlsviðr, was ich dich fragen will
Und zu wissen wünsche:
Mag lebend kehren, der nach ihm fährt
Und will den Zweig rauben?«

Svipdagr fragt, ob es überhaupt möglich ist, lebend den Zweig zu erwerben. Hier wird auch eindeutig von einem Zweig, nicht von einem Schwert, gesprochen.

Fjǫlsviðr:
28. »Lebend mag kehren, der nach ihm fährt
Und will den Zweig rauben,
Wenn das er schenkt was wenige besitzen,
Der Eir des Feuchtglanzes.«

Man muß also der Hüterin des Zweiges etwas schenken. Mit der »Eir des Feuchtglanzes« ist Sinmara gemeint, »Eir« (»Hilfe«) steht hier nur als Begriff für »Dise« (Geistfrau), aber daß gerade dieser Name verwendet wird, ist auch nicht ungewöhnlich, da Eir auch in Strophe 38 aufgezählt wird.

Mit »Feuchtglanz« (»aur-glasir«) ist das Gold gemeint, denn der »Glanz des Wassers« oder »Glanz der Feuchte« ist dem Mythos nach das im Wasser liegende Gold.

Svipdagr:
29. »Sage mir, Fjǫlsviðr, was ich dich fragen will
Und zu wissen wünsche:
Gibt's einen Hort, den man haben mag,
Der die fahle Gygja freut?«

Svipdagr fragt weiter, welches Geschenk, welchen Schatz man denn der Hüterin des Hævateinn geben könnte. Er nennt sie übrigens Gygja (Riesin, Unholdin) ganz im Gegensatz zu Fjǫlsviðr, der sie ja mit einer der Heil-Disen vergleicht.

Fjǫlsviðr:
30. »Die blinkende Sichel sollst du zur Lade tragen,
Die in Vidofnirs Schweife sitzt,
Gib sie Sinmara'n, bis sie dir gerne
Die Waffe für den Kampf borgt.«

Die Sichel in Vidofnirs Schweif ist eine der goldenen Federn. Die Sichelform könnte man auf den Mond beziehen, doch kann genauso ein Sonnenstrahl gemeint sein. Svipdagr erfährt also, daß man die Flügelbraten des Hahnes nur bekommen kann, wenn man die Hazhnenfeder hat. Deswegen gibt er diese Möglichkeit auf und erkundigt sich nach anderen Dingen.

Auch im deutschen Märchen kommt es vor, daß die Feder des Vogels Greif herbeigeschafft werden muß.

Svipdagr:
31. »Sage mir, Fjǫlsviðr, was ich dich fragen will
Und zu wissen wünsche:
Wie heißt der Saal, der umschlungen ist
Weise mit Vafrlogi?«

Er fragt nun also nach dem durch die Vafrlogi (waberndes Feuer) geschützten Saal.

Fjǫlsviðr:
32. »Hyrr wird er genannt, der lange muß
Auf der spitzesten Spitze beben.
Von dem reichen Hause sollen die Gebornen immerdar
Nur von Hörensagen hören.«

Der Name des Sales, Hyrr oder Hyr, wird meist als »Lýr« übertragen. Hyrr bedeutet »Glut« oder »die Glänzende«. Die Sonne ist von Glut und Feuer umgeben.

Mit der »spitzesten Spitze« ist eine Schwert- oder Speerspitze gemeint, und »beben« (bifaz) kann laut De Vries auch »drehen« oder »schwanken« bedeuten. Der Speer oder das Schwert, auf der sich die Sonnenhalle dreht, ist der Sonnenstrahl selbst. Dieser Saal kann natürlich von niemand Unberufenem betreten werden.

Da es sich wiederum um einen Ort in der spirituellen Welt handelt, kennen die Geborenen (also die Menschen) ihn nur aus Erzählungen. Man kann nicht direkt in die Sone sehen.

Svipdagr:
33. »Sage mir, Fjǫlsviðr, was ich dich fragen will
Und zu wissen wünsche:
Wer hat gebildet, was vor dem Gehege ist
Unter den Ásensöhnen?«

Vor dem Gehege oder Gatter, also dem Burgwall, befindet sich das Feuer der Vafrlogi (der Waberlohe).

Fjǫlsviðr:
34. »Uni und Íri, Bari und Óri,
Varr und Vegdrasill,
Darri und Uri, Dellingr, Atvarðr,
Líðskjálfr, Loki.«

Die Namen bedeuten: Uni oder Unni = der Zufriedene; Íri = der Ire; Bari oder Barri = Narr (dieser Name hängt auch mit barr = Nadelbaum oder Gerste/Korn zusammen); Óri = der Verrückte (der Name kommt als Zwergenname auch in der Gylf. 13 vor); Varr = der Vorsichtige (dieser Zwergenname wird auch in den Nefnaþulur genannt); Vegdrasill = der rühmliche Träger (das Pferd als Träger), Weg-Pferd oder berühmtes Pferd; Darri, Dari, Dorri, Dori oder Dörri = Speerkämpfer?; Uri oder Ori = der Schmied; Dellingr = der Glänzende oder der Berühmte. Dieser Name ist in den Þulur ein Zwergenname, in der Jüngeren Edda (Gylf. 10) ist Dellingr vom Ásengeschlecht, der dritte Gemahl der Nótt (Nacht) und Vater des Dagr. Somit wäre Dellingr der wahre Vater Svipdagrs. Er kommt auch in den Vafþrúðnismál 25, Hrafnagaldr 24 und Hávamál 160 im Zusammenhang mit dem Dagr (Tag) vor. Da in Strophe 33 von Ásensöhnen die Rede war, muß der Ásensohn Dellingr gemeint sein, nicht ein Zwerg dieses Namens. Atvarðr = der Abwehrer oder der Anverwandte. Einige Handschriften haben den Namen aber aufgelöst in »at var þar« »ok var þar« (»und war da«) oder »ok varðar«. Liðskjálfr = Gelenkschlenkerer. Auch diesen Namen lösen einige

Handschriften auf in: »liðski alfr«. Zuletzt wird Loki genannt. Ich gehe davon aus, daß die Zwölfzahl der Namen beabsichtigt ist und daher kein Name aufgelöst werden darf.

Der einzige Ásensohn in dieser Aufzählung ist also Dellingr und vielleicht kann man auch noch Loki dazuzählen. Die anderen Namen sind Zwergennamen. Vielleicht aber verbergen sich dahinter Namen von Göttern, etwa Óðinn hinter »Weg-Roß« usw. Dann wäre auch klar, warum Loki als letzter aufgezählt wird.

Svipdagr:
35. »Sage mir, Fjǫlsviðr, was ich dich fragen will
Und zu wissen wünsche:
Wie heißt der Berg, wo ich die Braut sehe,
Die volksberühmte, sitzen?«

Svipdagr ist Sich hier also bewußt, daß Er bei Seiner Braut ist. Sie sitzt (wie die schlafende Brynhild) in einem Saal auf einem Speer, der auf einem Hügel sich bewegt und von Vafrlogi umgeben ist. Wer diesen Saal sehen will, der mag die aufgehende Morgensonne ansehen. Die Bezeichnung »volksberühmt« (þjóðmæra) deutet darauf hin, daß Menglǫð allen bekannt ist. Das kann nur die Sonne sein.

Fjǫlsviðr:
36. »Lyfjaberg heißt er, lange war er
Der Siechen und Ungesunden Freude.
Gesund wird jede Frau, auch wenn sie schwer krank ist,
Die den Steilen ersteigt.«

Der Name des Berges wird wegen der weiteren Schreibvarianten (auch in Strophe 49) mit »Lyfjaberg« übertragen und bedeutet »Berg der Heilmittel«. In den Handschriften finden sich in unserer Strophe die Schreibweisen Hyfjaberg, Hjungaberg, Hjumaberg oder Hornberg.

Man hat behauptet, der Name des Heilberges stamme aus der Märchenwelt. Tatsächlich aber gibt es in der Gegend von Bonn (Meckenheim) einen Lüftelberg. Diesen bringt man mit einer fiktiven Heiligen Lüfthildis (Liuthildis, Luthilde, Leuchteldis, auf einer Glocke von 1538: Leuchtel) von Bonn zusammen, die zur Zeit Karls d. Gr. gelebt haben soll. Ihr Kult geht auf den Wunderbericht des Caesars von Heisterbach (um 1222) (Dial. VIII, 82), einer deutschen

Vita aus dem 14. Jh. sowie mehreren Darstellungen vom 15. bis 17. Jh. zurück.

Nach einer Sage bei Karl Simrock heilt Lüfthildis den auf der Jagd verwundeten Karl d. Gr., indem sie ihn mit ihrer Spindel berührt und die Wunde rasch vernarben läßt. Als Lohn erhält sie vom Kaiser so viel Land, wie sie mit hinter ihr herschleifender Spindel zu umkreisen vermag, während der Kaiser sich zu einem Schlummer niedergelegt hat. Dort wird das Kloster Lüftelberg errichtet. Die im Jahre 1623 aufgefundene Spindel aus Silber wurde zum Kultgegenstand, dessen Hilfe noch heute bei Ohren- und Augenleiden gesucht wird. Mit dieser Spindel soll sie auch bei einem Grenzstreit eine Grenze gezogen haben, die sich im Weiterschreiten hinter ihr als tiefer, noch heute vorhandener »Lüfthildis-Graben« öffnete. Lüfthildis hilft auch gegen böse Geister und erleichtert die Geburt.

Da der Lüfthildis auch der Ginster geweiht ist (der Ginster blüht gelb und scheint damit ursprünglich der Sonnengöttin geweiht gewesen zu sein), und dieser in der Gegend reichlich vorkommt, läßt man einen Strauß davon in der Klosterkirche am Grab segnen, um ihn zur Krankheitsabwehr mitzunehmen. Ihr Heiligentag ist der 23. Januar, der Spindelsegen findet vom 1. bis 8. Juli statt.

Der Lüftelberg war also in heidnischer Zeit eine Kultstätte und entspricht dem Lyfjaberg unseres Liedes. Man hat dann dort ein Kloster errichtet, um diesen Kult in das Christentum zu übernehmen und dazu die Heilige erfunden. Daß sie unsere Menglǫð, also die Sonne, symbolisiert, belegen nicht nur die Namensformen »Leuchteldis« (»leuchtende Dise«) und »Leuchtel«, sondern auch die ihr geweihte Spindel. Auch die Sonne wird als Spinnerin, die die goldenen Sonnenstrahlen spinnt, bezeichnet und es heißt, man könne in der Sonne eine Spinnerin sehen. Die Abbildung 3 zeigt die Tarockkarte »Le Soleil« (die Sonne) aus dem Tarockspiel des Jaquemin Gringonneur, das als ältestes erhaltenes Tarockspiel gilt und von 1392 stammen soll (manche Forscher datieren diese Karten jünger). Die Sonnengöttin ist hier mit einer Spindel dargestellt.

Svipdagr:
37. »Sage mir, Fjǫlsviðr, was ich dich fragen will
Und zu wissen wünsche:
Wie heißen die Mädchen, die vor Menglǫðs Knien

Abb. 3: Tarockkarte »Le Soleil« (Die Sonne), Tarock des Jaquemin Gringonneur von 1393. Bibliothek National, Paris.

Einig beisammen sitzen?«

Menglǫðs Mädchen sind die Heil-Disen, helfende Geistfrauen, die – so man ihnen im Sommer opfert – jedem seine Leiden nehmen. Man tat dies sicherlich auf dem Lüftelberg.

Fjǫlsviðr:
38. »Hlíf heißt eine, die andere Hlífþursa,
Die dritte Þjóðvarta,
Bjǫrt und Bleik, Blíðr und Frið,
Eir und Aurboða.«

Die neun Namen bedeuten: Hlíf = Schutz, Beschützerin; Hlífþursa = Schutzdurstig; Þjóðvarta = Volkswartin, Volkserretterin; Bjǫrt = die Strahlende, Glänzende; Bleik = die Blonde, die Weiße; Blíðr = die Freundliche; Frið = die Hübsche (oder: Die Friedliche); Eir = Hilfe, Gnade; Aurboða = Tau- oder Feuchtbotin (vielleicht auch: die Goldspenderin). Aurboða ist Gymirs Frau.

Eir kommt auch in der Jüngeren Edda als größte Ärztin vor, ist aber doch nicht als Göttin, sondern als Heil-Dise aufzufassen. Deswegen erscheint Ihr Name unter den Namen der Valkyren in den Nefnaþulur und der Skalde Kormak kann eine Frau als »Eyr des Goldes« anreden (Komaks saga Ögmundarsonar Str. 6).

Die Heil-Dise Eir ist wohl auch ursprünglich mit der celtischen Göttin Eire oder Eriu, Tochter von Delbath und Mutter des Bress, identisch. Im celtischen Mythos ist ähnlich wie in unserm Lied eine heilige Hochzeit und das Sommeropfer vorhanden. König Mac Gréine gelangte nämlich durch die heilige Hochzeit mit Eire auf den Thron, weil Eire als Symbolgöttin für das Land Irland (= Eire) gilt. Als Bile in Irland an einem 1. Mai landete, baten ihn die drei Göttinnen Banba, Fotla und Eire, die Insel nach ihm zu benennen, er entschied sich für Eire. Bile entspricht übrigens in einigen Zügen dem Baldr (und damit Dagr/Svipdagr). Eire erscheint hier zusammen mit zwei anderen Göttinnen in einer Dreiheit.

Bei den Griechen ist Eirene (römisch: Irene) eine der drei Horen (Göttinnen der Jahreszeiten). Eirene ist Tochter von Zeus und Themis und Schwester von Eunomia (Gesetzlichkeit) und Dike (Recht, Gerechtigkeit). Sie ist Göttin des Friedens, Ihre Verehrung reicht bis ins 5. Jh. v. u. Zt. zurück, nach dem Friedensschluß mit Sparta um

375 v. u. Zt. wurde der Kult der Friedensgöttin Eirene regelrecht eingerichtet.

Svipdagr:
39. »Sage mir, Fjǫlsviðr, was ich dich fragen will
Und zu wissen wünsche:
Bergen sie alle, die ihnen opfern,
Wenn sie des bedürfen?«

Für »opfern« wird hier und in der folgenden Strophe das Wort »blóta« verwendet. Es bedeutet »die Götter durch Opfergaben stärken«. Mit »Blut« hat es nichts zu tun.

Fjǫlsviðr:
40. »Im Sommer, so man ihnen opfert.
An altarheiliger Stätte,
Welche Gefahr überkommt die Heldensöhne,
Jeden nehmen sie aus Nöten.«

Das Opfer (Blót) im Sommer fand wahrscheinlich zum Maifest (Sigrblót) oder Mittsommer (Miðsumarblót) statt. »Altarheilige Stätte« meint wohl einfach nur eine Opferstätte mit einem Altar, einem »Stallr« (Altargestell). Die Formulierung »Heldensöhne« (hǫlða sonom) zeigt, daß die Heil-Disen nicht nur Frauen helfen. Mit »Nöten« (gebraucht ist der Runenname nauðr) sind Krankheiten und Leiden gemeint.

Die Strophen 39 und 40 fehlen in einer Handschrift.

Svipdagr:
41. »Sage mir, Fjǫlsviðr, was ich dich fragen will
Und zu wissen wünsche:
Gibt es einen Mann der kann in Menglǫðs
Sanften Armen schlafen?«

Svipdagrs Frage betrifft Menglǫðs Treue. Er hat Sich nun entschlossen, seine wahre Identität preiszugeben. Diese Strophe leitet Seine Offenbarung ein.

Fjǫlsviðr:
42. »Kein Mann gibt es der kann in Menglǫðs
Sanften Armen schlafen,
Als Svipdagr allein: Die sonnenglänzende Braut
Ist ihm als Frau versprochen.«

Im Naturmythos wird der Tag nun langsam immer heller und kann sich also zu erkennen geben. Die Sonne gehört natürlich dazu, ohne sie bliebe der Tag dunkel, also wäre gar nicht vorhanden. Bezeichnend ist, daß Menglǫð hier »sonnenglänzend« (sólbjarta) genannt wird. Auch diese Bezeichnung ist ein Indiz, daß wir hinter Menglǫð wirklich die Sonne sehen müssen.

Svipdagr:
43. »Auf reiß' die Türe, schaff' weiten Raum,
Hier magst du Svipdagr schauen.
Doch frage zuvor, ob noch erfreut
Menglǫð meine Liebe.«

Svipdagr hat Sich nun mit Seinem richtigen Namen vorgestellt. Er schickt den Wächter zu Menglǫð, während Er durch das Tor eintritt und vor der Halle wartet.

Fjǫlsviðr:
44. »Höre, Menglǫð! Ein Mann ist gekommen:
Geh' und beschaue den Gast.
Die Hunde freuen sich, das Haus erschloß sich selbst,
Ich denke, Svipdagr sei's.«

Fjǫlsviðr ist also zu Menglǫð gegangen und redet mit Ihr. Die beiden Hunde, die die Burg abwechselnd bewachen, freuen sich und das Haus (gedacht ist wohl an ein Haus innerhalb des Burgwalles, Svipdagr ist bereits in den Wall eingetreten) schloß sich von selbst auf. In einer der Balladen von Svendal sind die Wächtertiere ein grimmiger Löwe und ein Bär, die jeden zerreißen, außer Jung Svendal. Dieser setzt mit seinem Roß über die Mauer mitten in den Burghof, da legte sich das wilde Getier zu seinen Füßen. Die Jungfrau erwachte aus ihrem Todesschlaf, weil sie das Klirren der Sporen gehört hatte.

Menglǫð:
45. »Kluge Raben sollen dir am hohen Galgen
Die Augen ausreißen,
Wenn du das lügst, daß der Verlangte endlich
Zu meiner Halle heimkehrt.

Diese Strophe spricht Menglǫð zu Fjǫlsviðr. Die folgende aber richtet Sie direkt an Svipdagr. Fjǫlsviðrs Schicksal wird im Liede nicht weiter erwähnt, in den Balladen aber endet es oft anders. Da veranlaßt der Held seinen Gegner, sich umzuwenden und bewirkt dadurch dessen Versteinerung, oder seinen Tod, wobei keine metallenen Waffen verwendet werden.

46. Von wannen kommst du? Wo warst du bisher?
Wie hieß man dich daheim?
Namen und Geschlecht muß ich als Wahrzeichen wissen,
Bin ich als Braut dir versprochen.«

Daß Menglǫð Name und Abkunft erfragen muß, und den Bräutigam nicht direkt erkennt zeigt, daß Sie Sich doch in einer Art Todeszustand befunden hat, daß Ihre Erinnerung quasi aus einem früheren Leben nicht ausreicht, Ihn zu erkennen.

Svipdagr:
47. »Svipdagr heiß ich, Sólbjartr hieß mein Vater,
Von dort führten mich windkalte Wege.
Urðs Wort ändert kein Mann,
Auch wenn es ihm Laster beschert.«

Svipdagr nennt Seinen Vater, Solbjartr (»Sonnenglänzend«), den Sonnengott des vergangenen Jahres. Die windkalten Wege sind der Winter, durch den Er gehen mußte, um zu Menglǫð zu gelangen und einen neuen Sommer heraufzuführen. Urðr ist die Norne der Vergangenheit, des »Gewordenen« und »Urðs Wort« bedeutet allgemein: »Schicksal«. Auch in altdeutschen und altenglischen Dichtungen (Heliand, Beowulf) wird Urðr (als Wurt oder Wyrd) allein genannt, um das Schicksal zu bezeichnen. In dieser alten Tradition steht auch unsere Formulierung, ähnlich wie Grógaldr 7 der Riegel der Urðr das Schicksal bedeutet.

Man kann also nichts gegen sein auferlegtes Schicksal tun, auch wenn es einem Laster (lǫstr, lastar = Schande) bescheren sollte. In unserem Liede aber ist von einer Schande nichts zu entdecken.

Menglǫð:
48. »Willkommen seist du, mein Wunsch erfüllt sich,
Dem Gruß folge der Kuß.
Des Geliebten Schauen beseligt die meisten,
Wer zum anderen Liebe hat.

Menglǫð hat nun Svipdagr als den verheißenen Bräutigam erkannt und angenommen, was das Zeichen des Kusses andeutet. Es ist möglich, daß bei der Aufführung so eines Mythos durch Darsteller, auch eine »heilige Hochzeit« aufgeführt oder doch zumindest angedeutet wurde, bei der der Darsteller des Gottes sich mit der Darstellerin der Göttin geschlechtlich vereinigte. Zumindest deuten Aussagen von Klerikern darauf hin, daß bei heidnischen Festen »unzüchtige« Lieder und Darbietungen stattgefunden hatten.

49. Lange saß ich auf dem Lyfjaberg
Dich erharrend Tag um Tag;
Nun geschieht, was ich hoffte,
Da du kamst, Jüngling, in meinen Saal.«

Hier finden wir in den Handschriften eine etwas andere Schreibweise für den Berg: Ljúfoberg oder Lufúberg. Natürlich ist wieder unser Lyfjaberg von Strophe 36 gemeint. Die hier überlieferten Schreibweisen führten dazu, daß der originale Name des Berges als Lyfjaberg rekonstruiert werden konnte.

Svipdagr:
50. Sehnlich Verlangen hatt' ich nach deiner Liebe
Und du nach meiner Minne.
Nun ist gewiß, daß wir beide verbringen werden
Leben und Alter zusammen.

In den Balladen gibt es oft noch eine Fortsetzung, wonach der junge Held von seiner Gemahlin Urlaub erbittet und ihn erhält unter der Bedingung, daß er niemandem sagen darf, wo er geweilt hat. Er verrät es aber seiner Mutter, verliert dadurch die Gattin und gerät in Unglück. Aber endlich, nach harten Mühen, gewinnt er sie wieder. Eigentlich ist das wieder die Anfangssituation unseres Liedes, und wir sehen, daß es ein zyklischer Mythos von Tag-Nacht-neuer Tag usw. oder von Sommer-Winter-neuer Sommer usw. ist.

Kapitel 4
Rígsþula

Dieses Lied findet sich nicht in der Haupthandschrift der Edda, dem Konungsbók eddukvæði, sondern in einer Handschrift der Jüngeren Edda, dem Codex Wormianus (Codex Arnamagnäanus Nr. 242 fol., ca. 1350), nur die 1. Strophe ist auch im Codex Upsaliensis (Nr. 11) als Randeintragung des 15. Jh. zu finden. Aber es gibt Fassungen in jüngeren Papierhandschriften.

Das Lied heißt »Rígsþula« (Rígs Merkaufzählung), doch steht der Titel nicht über dem Text, sondern an anderer Stelle in dem Satz: »Þræle heißt ein Stand in der Rígsþula«. In den jüngeren Papierhandschriften heißt das Lied auch Rígsmál (Merklied von Rígr) und Rigsþáttr (Rígs Stück). Das Ende des Liedes fehlt.

In den 45 Strophen von unterschiedlicher Länge im Versmaß Fornyrðislag wird ein Mythos des Gottes Rígr, der laut Einleitung Heimdallr entspricht, erzählt. Der Gott zeugt nacheinander mit drei Elternpaaren Nachkommen, die zu den Ahnherren der drei Hauptstände werden. Daß die Germanen eine Ständegesellschaft waren und die Standeszugehörigkeit ihnen sehr wichtig war, habe ich bereits in meinem Kommentar zu Vǫluspá 1 (im 1. Band) ausführlich dargelegt.

In unserm Lied kommt übrigens auch der Name »Edda« in der Bedeutung »Urgroßmutter« vor.

Bevor ich den Mythos behandele, will ich etwas zu dem Gott Rígr/Heimdallr sagen. Der Name »Rígr« bedeutet »König« und soll vom irischen rí (Gen., Dat., Akk. ríg) abgeleitet sein. Zugrunde liegt das indogermanische Wort *reg- (aufrichten, recken, geraderichten, später: richten, lenken, führen, herrschen), lateinisch regere (geraderichten, lenken, leiten, herrschen), wie in der Bezeichnung für die Götter, Reginn. Ich persönlich folge aber J. Grimm, der den deutschen Iring auf Rígr bezogen hat. Das anlautende I fällt dabei genauso weg, wie im Wort »Idisen«, das im Norden »Dísir« lautet. Das altnordische n vor g und k fällt in vielen Wörtern aus (z. B. þacka, þánki). Aus dem deutschen Iring wird also im Norden Rígr.

Iring ist ein Name, der nur noch in vermenschlichter Form in Überlieferungen zu finden ist. Hier werden Ihm sogar Neidingstaten unterstellt, was ich als ein Indiz werte, daß es sich bei Iring ursprünglich um einen Gott handelte, den man nun (nach dem Sieg des Christentums) mit negativen Zügen darstellte. Auffällig ist jedenfalls, daß Iring im Zusammenhang mit Irmin(-frid) genannt wird und daß die Milchstraße nach Ihm benannt ist (Heimdallr wacht an der Himmlsbrücke, und die Milchstraße ist ein Bild für diese Brücke, ähnlich wie der Regenbogen). Auch handelt es sich offenbar um eine Sage, an die der Chronist Widukind selbst nicht so recht glauben kann. Es geht um den Krieg zwischen Sachsen und Thüringern. Widukind von Corvey schreibt in seiner um 965 verfaßten Sachsengeschichte (I, 22f)[6]:

Welches Ende aber die Könige nahmen, will ich nicht vergessen zu überliefern, da diese Sage erwähnenswert ist. Iring wurde nämlich an dem Tage, an dem die Burg erobert wurde, zu Thiadrich gesandt, von ihm in der folgenden Nacht aufgenommen und blieb im Lager. Aber als Thiadrich hörte, Irminfrid sei entkommen, versuchte er ihn mit List zurückzurufen, damit Iring ihn töte, zumal dieser von ihm hervorragende Geschenke erhalten hatte und mit großer Machtfülle im Reich geehrt worden war; Thiadrich selbst wollte an seinem Mord sozusagen unbeteiligt erscheinen. Obwohl Iring unwillig diesen Auftrag empfing, gab er schließlich, durch falsche Versprechungen bestochen, nach und erklärte sich bereit, dem Willen Thiadrichs zu gehorchen. Der zurückgerufene Irminfrid warf sich nun Thiadrich zu Füßen; Iring aber tötete – als königlicher Waffenträger mit entblößtem Schwert danebenstehend – seinen knienden Herrn. Sofort sprach der König zu ihm: »Durch ein solches Verbrechen, dem Mord an deinem Herrn, bist du allen Sterblichen verhaßt geworden, aber du sollst freien Weg haben, von uns wegzugehen; wir wollen keine Schuld und keinen Teil an deiner Frevelhaftigkeit haben«. »Zu Recht«, sagte Iring, »bin ich allen Sterblichen verhaßt geworden, weil ich deinen Listen gehorchte. Bevor ich nun weggehe, will ich mein Vergehen sühnen und meinen Herrn rächen«. Und wie er mit blankem Schwert dastand, metzelte er auch Thiadrich nieder, nahm den Körper des Herrn und legte ihn über Thiadrichs Leiche, damit der im Tode wenigstens siege, der im Leben überwunden worden war. Und mit dem Schwert einen Weg bahnend, ging er weg. Ob diesen Worten zu trauen ist, liegt beim Leser. Wir können uns jedoch nicht genug darüber wundern, daß die Sage so bedeutend war, daß nach Irings Name die sogenannte Milchstraße am Himmel bis heute bezeichnet wird.

Der Name Iringsweg für die Milchstraße findet sich auch in der Auersberger Chronik und in angelsächsischen Glossen. Iring und Irminfrid erscheinen im Nibelungenepos (1285, 1965-2009) als Irinc von Tenemarke und Irnvrit von Düringen. Damit ist bereits Dänemark (Tenemarke) als ein konkreter Ort des Iring genannt. Iring ist nach den Gedichten des 13. Jh. kein Verräter, sondern ein guter Freund von Irnvrit. In der Vilcina saga heißt Iring »Irung« und stirbt im Kampf mit Hǫgni bei »Irungs veggr« (Iringsweg).

Wenn wir also dieser Ableitung des Namens Rígr folgen, dann ist unser Mythos aus dem südgermanschen Bereich in den Norden gelangt und die Verbindung des Namens Rígr mit einer irischen Bezeichnung ist unwahrscheinlich.

Noch ein Nachtrag zur Himmelsbrücke, an der Heimdallr wacht, und über die die Seelen der Toten ins Götterreich oder zur Hel kommen (Abb. 4). Es gibt auch Berichte von Menschen, die zeitweilig klinisch tot waren, und die diese Brücke gesehen hatten. Im Kloster Melk (Niederösterreich) gibt es zahlreiche, von Mönchen aufgeschriebene derartige Berichte (ars moriendi) von Erfahrungen in der Nähe des Todes und Jenseitsreisen; die ältesten stammen bereits aus dem 6. Jh. In einer dieser alten Schilderungen heißt es[7]:

Stephanus sagte, da sei eine Brücke gewesen, unter welcher ein düsterer Strom dahinfloß und über der Brücke waren grünende Wiesen und wohlriechende Blumengebüsche, auf welchen weißgekleidete Menschen beisammen zu stehen schienen. Dort hatte jeder seine Wohnung, von Licht durchglänzt. Wenn ein Ungerechter über die Brücke gehen wollte, fiel er in den düsteren, übelriechenden Fluß.

Daß dort auch ein Gericht über den Toten stattfindet, belegt diese Schilderung:

Auch habe er alle seine Schandtaten gegen ihn schreien und ihn aufs Schrecklichste anklagen hören.

Damit ist nicht nur das mythische Bild der Jenseitsbücke auch für den Süden belegt, sondern auch der Wahrheitsgehalt dieser Schilderung als eine Offenbarung bestätigt. Im norwegischen Draumkvedet (13. Jh.) erzählt Olaf Åsteson davon, wie er das Jenseits besucht hatte (er war wahrscheinlich eine zeitlang klinisch tot). Eine Strophe in diesem Gedicht lautet:

Ich kam an die Gjallarbrücke.
In höchsten Windeshöhen hänget diese,
Mit rotem Gold ist sie beschlagen
Und Nägel mit scharfen Spitzen hat sie.

Es gibt in der italienischen Kirche San Maria in Piano, Loreto Aprutino bei Pescara ein Fresko, das um 1415 entstanden ist. Die Abb. 4 zeigt einen Ausschnitt des Freskos. Unterhalb eines großen Bildes des Weltgerichtes (nicht auf der Abb. zu sehen) findet sich eine Darstellung der Unterwelt. In der Mitte ist der Totenfluß (Gjǫll, Slíðr), über den die Totenbrücke (Gjǫllbrücke) geht. Sie ist in der Mitte so schmal wie eine Messerschneide. Die Toten gehen hinüber, einige fallen auch in den Fluß. Ganz rechts (nicht im Ausschnittbild) ist ein Untier, dessen Kopf ist nicht mehr erhalten ist, zu sehen, vielleicht ein Löwe. Es steht für den Höllenhund (Garmr). Der Engel links entspricht der Jungfrau am Totenreich, Móðguðr. Der Engel Michael mit einer Waage wiegt die Seelen ab. Ganz links (nicht mehr auf der Abbildung) befindet sich ein Turmgebäude, das wohl das Tor zum Himmel oder Paradies ist, mit einem Wächter (Heimdallr), hinten ist ein Paradieswald, wo die Guten herumschweben.

Heimdallr ist in der Rígsþula als ein Lenker oder Ordner aufgefaßt, es gibt keinen Grund, an der Identität von Rígr mit Heimdallr zu zweifeln, da auch in der Vǫluspá 1 die Menschen als Heimdalls Nachkommen bezeichnet werden. Daß der Gott hier als Rígr erscheint, liegt auch daran, daß »Rígr« ein Ehrentitel für Seine Nachkommen ist, und der direkte Göttername Heimdallr dazu nicht geeignet wäre.

Ich hatte Heimdallr bereits im 1. Band mehrfach als Mondgott bezeichnet. Hier ist nun der Ort, es etwas ausführlicher zu belegen.

Abb. 4: Fresko in der Kirche San Maria in Piano, Italien, um 1415, mit dem Totenfluß und der Totenbrücke.

Heimdallr bedeutet »Weltglanz« oder »der die Welt beleuchtet«. Das kann sich auf den Mond beziehen. Heimdallr hat ein Horn, das Gjallarhorn. Dieses ist ein Bild für die Mondsichel am Himmel. Er ruft damit die Kämpfer zusammen, wenn Ragnarǫk beginnt. Da Ragnarǫk im Tagesmythos der Sonnenuntergang und das Hereinbrechen der Nacht ist, wo die Mondsichel sich am Himmel zeigt, ist dies durchaus passend. Heimdallr wird »der weiße Áse« genannt, ist also weiß, wie der Mond. Der Mond aber steht mit dem Wasser in Verbindung, er bewirkt Ebbe und Flut. Heimdallr ist Sohn der neun Wellentöchter des Meerriesen. Der Mond herrscht in der Nacht, und in der Nacht entsteht der Tau. Deswegen heißt es von Heimdallr, er wache an der Himmelsbrücke mit feuchtem Rücken. Oder es wird gesagt, daß heilige Wasser von Himmelsbergen (Heimdalls Palast heißt Himmelsberg – Himinbjǫrg) rinnen würden. In einem Mythos verwandelt sich Heimdallr sogar in einen Seehund, um aus dem Meere die Steine für Freyjas Halsband zu besorgen. Heimdallr ist auch der Feind Lokis, da Loki das Feuer symbolisiert und Heimdallr den wäßrigen Mond. Heimdallr ist Gott der Ahnen, da sie an Ihm vorbei in das Jenseits gelangen, wenn sie über die Jenseitsbrücke gehen. Noch heute steht der Mond in der Astrologie auch für die Ahnen, Herkunft und Familie. Heimdallr ist der Gott, der für die Wiederverkörperung der Menschen sorgt, wie es auch unser Lied beinhaltet. Sterben und Wiedergeborenwerden aber hat man seit alters her mit dem Mondwechsel in Beziehung gesetzt, und der Mond herrscht astrologisch auch über das Volk, wie Heimdallr Ahnherr des Volkes ist. Heimdalls Haupt heißt ein Schwert, weil ein (verlorener) Mythos existierte, wonach er von einem Manneshaupt entzweigehauen wurde. Ganz eindeutig ist das wiederum ein Mythos von dem Wechsel der Mondphasen. Halbmond ist also, wenn Heimdalls Haupt entzweigehauen wurde. Daß der Mond im Horoskop auch für Sensibilität steht, und Heimdallr alles sieht und hört, ist eine weitere Übereinstimmung.

Wenn wir also einmal davon ausgehen, daß Heimdallr ein Gott des Mondes ist, dann können wir Ihn auch mit Máni (»Mond«) sowie den baltischen Menes gleichsetzen. Und dann ist es naheliegend, auch den bei Tacitus erwähnten Mannus (später Mennor genannt) sowie die Rune *mannaz auf den Mond und Heimdallr zu beziehen.

Der Mythos von Mannus ist uns in einer kurzen Nacherzählung bei Tacitus (Germania 2) erhalten:

In alten Liedern, der einzigen Art ihrer geschichtlichen Überlieferung, feiern die Germanen Tuisco, einen erdentsprossenen Gott. Ihm schreiben sie einen Sohn Mannus als Urvater und Gründer ihres Volkes zu, dem Mannus wiederum drei Söhne; nach deren Namen, heißt es, nennen sich die Stämme an der Meeresküste Ingävonen, die in der Mitte Herminonen und die übrigen Istävonen. Einige versichern – die Urzeit gibt ja für Vermutungen weiten Spielraum –, jener Gott habe mehr Söhne gehabt und es gebe demnach mehr Volksnamen: Marser, Gambrivier, Sueben, Vandilier, und das seien die echten, alten Namen.

Ich behaupte nun, daß unser Heimdallr mit Mannus identisch ist und der in der Germania vor 2000 Jahren skizzierte Mythos der gleiche ist, wie der in unserem Liede Rígsþula. Wenn dies zutrifft, wäre das nicht nur ein Beweis für das hohe Alter unseres Liedes, sondern auch allgemein ein Beispiel für die Genauigkeit einer mythologischen Überlieferung durch ein ganzes Jahrtausend.

Vergleichen wir also unsere Mythen: In der Edda ist es Heimdallr/Rígr, der mit drei Elternpaaren Nachkommen erzeugt, so daß also drei Söhne entstehen. In der Germania ist es Mannus, der drei Söhne hat. In der Edda ist Óðinn der Vater Heimdalls (Sksk. Kap. 8), in der Germania ist es Tuisco (so die meisten Handschriften, einige haben Tuisto, was ich als Lesefehler deute, da c und t damals sehr ähnlich aussahen). Tuisco muß also dem Óðinn entsprechen, und daran gibt es keinen Zweifel. Schon der Name ist ein Beleg dafür. »Tuisco« bedeutet »Zwitter«, »der Zweite« oder »der Zweifache«, je nach Interpretation (ndl. twist, altnord. tvistr = zwiefaches Wesen). Eindeutig ist nur der Bezug zur Zwei (Zwei = got. twai, schwed. två, engl. two). Da Óðinn kein Zwitter ist, können wir diese Bedeutung (die Forscher zu der falschen Gleichsetzung von Tuisco mit Ymir brachte) ausschließen. Genauso die schon von J. Grimm favorisierte Übersetzung »der Zweite«, mit Bezug zur Óðinsdreiheit (Hárr, Jáfnhárr und Þriði = Hoch, Ebenhoch, Dritter). Sie hat hier, wo der Gott ja gar nicht als Dreiheit erscheint, keinen Sinn. Bleibt also nur: »der Zweifache« oder »Zwifache«, auf das unterschiedliche Wesen des Gottes hinweisend: Er belebt mit Seinem Atem die Menschen, ist aber zugleich Totengott. Er ist Himmels- und Sonnengott, aber zugleich auch Wintervertreter, wie wir es in den Mythen ja bereits gesehen haben.

In der Vǫluspá 23, in den Nefnaþulur sowie im Gedicht Sonatorrek 25 des Skalden Egil wird Óðinn Tveggi genannt, was man gleichfalls mit »Zwitter« oder »der Zweifache« übersetzt. Somit hätten wir hier den gleichen Namen, den Tacitus uns schon ein Jahrtausend früher überliefert. Daß beide Namensformen etymologisch verwandt sind, läßt sich erkennen. Die Form »Tuisco« beinhaltet das u, welches bei den Römern mit dem v identisch war, sowie das c, welches mit dem g sehr nahe verwandt ist. Ein G war ursprünglich nur ein C mit einem Beistrich, der die Aussprache andeuten sollte. Deswegen ist im griechischen Alphabet der dritte Buchstabe das Gamma (G), der dritte Buchstabe im römischen Abece aber ist das C. Und wenn wir uns nun dem Namen Tveggi zuwenden, dann können wir annehmen, daß das doppelte G einst ein einfaches war, und das v genauso dem u entspricht. Wir dürfen nicht vergessen, daß über 1000 Jahre zwischen den Überlieferungen beider Namensformen liegen.

Tuisco ist ein »erdentsprossener Gott«. Óðins Mutter ist die Riesin Bestla. Die Riesen sind erdentsprossene oder in der Erdmaterie verhaftete Wesen.

Doch zurück zu unserem Mythos. Tacitus bezieht die drei Söhne des Mannus auf drei reale Stämme. Doch während man zwischen den Ingävonen und den Angeln sowie den Herminonen und den Hermunduren noch Verbindungen sehen könnte, entziehen sich die Istävonen jeder Einordnung. Daß es sich ursprünglich gar nicht um Stämme, sondern um Stände (Kasten) gehandelt hat, beweisen die erhaltenen Parallelfassungen, sowie unser Lied Rígsþula. Ich hatte bereits ausgeführt[8], daß es sich auch in der taciteischen Fassung ursprünglich um drei Stände gehandelt hatte. Danach sind die Ingävonen die »Kinder des Fruchtbarkeitsgottes Ing«, nämlich der Nährstand, die Herminonen sind »Kinder des Kriegsgottes Hermóðr (Tius)«, also der Wehrstand, die Istävonen sind »Kinder des Eschengottes (Wodan)«, also der Lehrstand. Schon zu Tacitus Zeit aber wurde der Mythos auf reale Stämme bezogen, und – da ja nur drei Söhne des Mannus und damit drei Stämme sind – um weitere Söhne des Mannus ergänzt.

In der Rígsþula jedenfalls entsprechen die drei Söhne des Heimdallr genau drei Ständen.

Heimdallr als Wächter an der Himmelsbrücke, die Himmel und Erde verbindet, ist auch für die Inkarnation von Seelen in Körpern zuständig. Wenn wir uns das Lied ansehen, fällt auf, daß die drei Stände eigentlich schon vor Heimdalls Eingreifen bestehen. Die unterschiedlichen Lebensumstände und –ziele der Menschen dieser drei Stände rühren also daher, daß es sich um Seelen mit unterschiedlich hoher Entwicklungsstufe handelt, die dort verkörpert sind. Für seine Standeszugehörigkeit (bzw. ethnische Zugehörigkeit) ist also jeder selbst verantwortlich. Weiterentwickelte Seelen werden in besseren Umständen inkarnieren, als niedere Seelen.

Ich will nun die außergermanischen Parallelmythen anführen, denn sie sind unumstößliche Beweise für das hohe Alter unseres Eddamythos.

Zunächst die Bedeutung des Namens. Er enthält die alte Buchstabenverbindung »m-n«. Diese bedeutet nicht nur »Mensch« (z. B. auch in »human« oder »Mann«), sondern bezeichnet auch die Fähigkeit des Denkens (lat. mens = Geist) und das Vermögen, etwas in Erinnerung zu behalten (gr. mneia = Gedächtnis, lat. manere = bleiben). Das Urwort findet sich auch im Deutschen »Mahnmal« und »mahnen« (erinnern), auch in »Monument«.

Der Stammvater der Germanen Mannus hat im vedischen Gottkönig Mánu, Mánus (»Mensch«), dem Stammvater aller Menschen, sein Gegenstück. Von Mánu wird gesagt, Brahma habe die vier Stämme der Menschen, und zwar aus (Mánus) Munde den ersten Brahman (Priester, Lehrstand), aus dem Arm den ersten Kshatrija (Krieger, Wehrstand), aus der Hüfte den ersten Vish (Händler und Bauer, Nährstand), aus dem Fuß den ersten Shúdra (Knecht und Handwerker, Hörstand) hervorgebracht. Die Tradition machte Mánu zum Verfasser des berühmtesten indischen Gesetzbuches, des Manavadharmacastra in 12 Büchern (Gesetzbuch des Mánu); welches unter anderem die Kastengesetze enthält. Es unterscheidet drei Arja-Kasten (Brahmanen, Lehrstand; Kshatrijas, Wehrstand; Waishjas, Nährstand) und die Kaste der Anarja, die Shúdrakaste (Unterworfene und Mischlinge). Es spricht (10, 3) von den »zweimal geborenen« Schichten (Brahmanen, Kshatrijas, Waishja) und der »einmal geborenen« Schicht der Shúdra. Auch hier also sind die höheren Kasten für Seelen, die schon mehrfach inkarniert waren, während die Erstinkarnationen sich in den unteren Kasten verkörpern müssen.

Übrigens gibt es auch von Mánu eine Sintflutsage, wo er sich in einem Schiff rettete.

In dem Bhágavatam heißt Mánu Satjavratas, und statt des Brahma finden wir Vischnu.

Auch iranische Spuren vom Urmenschen Manu sind bekannt. Die Parsen kennen Vohu-Mano (Vohu-Manah, »gutes Denken«) als Wächter an der Himmelsbrücke, setzen ihn aber mit Jupiter gleich. Er gehört zu den vorzoroastrischen Gottheiten, ist Schutzgeist der Tiere, besonders der Nutztiere, und wurde oft als Kuh dargestellt. Hier scheint der Mondstier Vorbild gewesen zu sein. Vohu-Mano begrüßte als Wächter am Himmelstor die aufsteigenden Seelen der Verstorbenen. Sein Widersacher war der Dämon Aka Manah. Der gute Urzwilling Spenta Mainyu verkörpert Vohu-Mano als Person, der 11. Monat ist ihm geweiht.

Mit ihnen identisch ist der phrygische Stammvater und zugleich Mondgott $Μάνης$ oder $Μήν$. Dem Mannus entspricht auch der griechisches Mondgott Men sowie Minos, der mythische Sohn des Zeus und König von Kreta, der von Zeus in der Gesetzgebung unterrichtet wurde, und der als König in der Unterwelt herrscht. Die Lyder kannten den Stammvater Manes. Bei den Balten ist es der Mondgott Menes, der unserem Mannus entspricht. Der doppelsichtige römische Gott Janus (ianua = Haustür, Tür), nach dem unser Monat Januar benannt ist, ist gleichfalls urverwandt mit Mannus. Die Ägypter betrachten König Menes als Gründer ihres Staats, die Celten kennen Manannán Mac Lir. Alle diese Namen gehen auf die Lautfolge »m-n« zurück, die vermutlich mit dem Urwort für »Mond« (indogerm. *menot = Mond, Mondwechsel, Monat) zusammenhängt. Dieses Wort bedeutet ursprünglich »überlegen denken, klug denkend«..

Wir haben also immer einen göttlichen Stammvater und zugleich ersten Menschen, der auch für die Toten zustänig ist (die »Manen« sind die Verstorbenen bei den Römern, die Griechen kennen die

»Eumeniden«, in deren Bezeichnung auch der Mondname »men« steckt) und der meist Mondgott ist.

Selbst in die Bibel fand dieser uralte Mythos Eingang, indem Noah nun an Stelle des Mondgottes getreten ist. Noah (der Name kann »Schiff« bedeuten) hat die »Arche« (arcus = Bogen), die »Arche Noah« ist also das gebogene Schiff, die Mondsichel am Himmel. Noah ist der Erfinder des Weinbaues (Genesis 9, 20f) und wurde trunken, wie Heimdallr Met trinkt und der Mond mit Flüssigkeiten in Verbindung steht. Noah hat drei Söhne, Sem, Ham, Japheth. Sie gelten in der Tradition der Christen, Juden und Moslems als Ahnherren der Seminten (Orientalen), Hamiten (Afrikaner) und Japhethiten (Indogermanen).

Einmal lag Noah trunken schlafend, so daß seine Blöße offenlag (der Mond ist auch für Zeugung zuständig). Weil nun Ham, Kanaans Vater, sie nicht zudeckte (und Japheth offenbar auch nicht), wird den Nachkommen Hams und Kanaans der Stand der Knechtschaft zugewiesen (Genesis 9, 25-27). Sems Nackommen sollen herrschen und das Land besitzen, Japheths Nachkommen sollen das Land bebauen (nicht aber besitzen), Hams Nachkommen sollen Knechte sein. Auch hier also eine klare Teilung in drei Stände, trotzdem zugleich auch drei Stämme oder Völker bezeichnet sind. Auch im Alten Testament findet sich also der ursprüngliche indogermanische Mythos.

Bei den Celten kennen wir Manannán Mac Lir, Sohn des Meerriesen Lir (Hlér) wie Heimdall Sohn der neun Töchter des Hlér (Ägirs) ist. Natürlich entsprechen sich auch die Namen Manannán und Mannus. Heimdallr und Manannán Mac Lir sind also Nachkommen des Meeres (der Wellen oder des Meeresriesen), der indische Mánu sowie Noah sind Überlebende einer Sintflut, kommen also auch aus dem Meer. Deswegen sind sie auch Stammväter der Menschen, da die Sintflut ja alle getötet hatte. Heimdallr ist Stammvater, ohne daß eine Sintflut eigens erwähnt wird.

Daß das Lied eine Offenbarung durch die Götter ist, ist schon daran zu sehen, daß auch die Inder das Gesetzbuch des Mánus als Offenbarung dieses Gottes ansehen. Da aber Mánus, Mannus und Heimdallr identisch sind und auch der Mythos der drei Söhne des

Gottes sich entsprechen, muß auch der Mythos selbst von dem Gott offenbart worden sein.

Der (von seiner Aufzeichnungszeit her betrachtet) jüngste Ausläufer dieses uralten Mythos, der schon aus indogermanischer Zeit stammen muß, stellt nun unser Eddalied Rígsþula dar, und ich kann mich nur über die Forscher wundern, die in diesem Lied nicht mehr sehen können, als eine von einem gelehrten Isländer des 13. Jh. verfaßte ätiologische Deutung vom Ursprung der Stände. Daß dieses Lied auch mit Island wenig zu tun hat, kann man an Einzelheiten (Jarle statt Goden) erkennen. Allerdings gibt es auch Forscher, die das Lied in das Ende des 10. Jhs. bezeiten.

Indiz für das hohe Alter unseres Liedes ist auch die Tatsache, daß hier nur drei Stände, nämlich Unfreie, Freie und Edle, erwähnt werden. Schon zu Tacitus Zeit gab es aber einen vierten Stand, den der Freigelassenen. Unser Lied ist also zeitlich noch vor Tacitus anzusetzen.

Die drei Stände waren ursprünglich der Nährstand, der Wehrstand und der Lehrstand. Später kam der Hörstand (Stand der Hörigen, Unfreien) hinzu. Unser Lied aber scheint den eigentlichen Lehrstand vergessen zu haben, hat aber dafür den Hörstand. Der oberste Stand ist hier der Stand der Edlen, der Jarle. Er ersetzt also den Lehrstand. Aber nur in Norwegen konnten die Jarle zugleich auch Priester sein, auf Island hingegen gab es keine Jarle und bildeten Goden den Lehrstand. Wäre unser Lied auf Island entstanden oder von einem Isländer gedichtet, dann hätte der oberste Stand aus Goden bestehen müssen.

Unser Lied endet mit der Entstehung des Königtums aus dem obersten Stand heraus (auf Island gab es nie Könige). Damit ist das germanische Sakralkönigtum gemeint, der König als Nachkomme der Götter und als Schützling einer Gottheit. Er erhält von der Gottheit oder deren Sohn eine Initiation. Leider fehlt der Schluß, kann aber durch andere Überlieferungen in etwa rekonstruiert werden (siehe Kommentar zur letzten Strophe).

Die drei Söhne des Mondgottes werden in den ältesten Mythen als drei Stände, aber zugleich auch als drei Völker unterschiedlicher Ethnie beschrieben. Auch unser Lied beschrieb ursprünglich nicht nur drei Stände, sondern auch drei unterschiedliche menschliche Phänotypen-Gruppen.

Das Lied gliedert sich in drei parallel aufgebaute Hauptabschnitte, nämlich die Strophen 1-13, 14-22, 23-39, in denen jeweils von der Entstehung des jeweiligen Standes erzählt wird, sowie die Strophen ab 40 bis zum verlorenen Schluß, wo die Entstehung des Königtums erzählt wurde.

Als Mysterienspiel eignet sich unser Lied nicht, es wurde also lediglich vorgesungen.

So wird gesagt in alten Sagen, daß einer der Ásen, der Heimdallr hieß, unterwegs war und an einem Meeresstrand entlangwanderte. Da fand er ein Haus und nannte sich Rígr. Und nach dieser Sage wird dies gesungen:

Auch in der Einleitungsprosa wird klar gesagt, daß dieser Mythos in »alten Sagen« erzählt wurde und daß das Lied nach dieser Sage gesungen (qvæðit = rezitierend vorgetragen) wird. Somit nimmt der Text selbst auf alte Sagen bezug und die Theorie, daß irgendein Isländer des 13. Jh. das Lied gedichtet hätte, wird völlig unwahrscheinlich. Wäre es erst in dieser Zeit gedichtet worden, würden wir wohl auch die skáldischen Versmaße finden müssen und der Dichter hätte sicher seinen Namen dazugesetzt.

An der Gleichsetzung von Heimdallr und Rígr (ursprünglich: Iring) gibt es keinen Zweifel.

*1. Einst, sagt man, ging auf grünen Wegen
Der machtvolle, alte, kundige Áse,
Kräftig und rüstig, Rígr gestiegen.*

Der »grüne Weg« erinnert an die irdischen Straßen, die dem Rígr geweiht waren, wie z. B. die Eriksgata in Schweden. Die auf dem jeweiligen Alþing gewählten Könige reisten auf derartigen Straßen durch alle Landesteile, um sich dem Volk vorzustellen. Auf der mythischen Ebene entspricht diesen Wegen die Milchstraße, Iringsweg.

Es beginnt hier der erste Hauptteil des Liedes, die Entstehung des Standes der Þræle (Unfreie, Knechte). Die weiteren Abschnitte (Entstehung der andern Stände) werden sehr ähnlich erzählt, so daß einzelne Strophen oder Zeilen in dem Liede wiederholt werden. Ich weise darauf nicht eigens hin.

2. Weiter wandelnd des Weges inmitten
Traf er ein Haus mit offener Tür.
Er ging hinein, Feuer war am Estrich;
Da saß ein Eh'paar, grauhaarig, am Herd,
Ái und Edda mit altertümlicher Haube.

Ái bedeutet »Urgroßvater«, Edda bedeutet »Urgroßmutter«. Diese Bezeichnung ist auch der Name für die gesamte Liedersammlung, »Edda«.

Die Menschen waren ja zuerst durch die drei Götter Óðinn, Vili und Vé aus einem Baum und einer Ranke geschaffen worden. Nun kommt Heimdallr und erzeugt die menschlichen Stände und wohl auch (im ursprünglichen Mythos) unterschiedliche Völker. Da der Stand der Þræle als ältester, also zuerst entstandener Stand gilt, sind seine Stammeltern auch die ältesten.

Die Türe des Hauses war offen. Bei den anderen Ständen ist sie halboffen bzw. fast geschlossen. Vermutlich weist das darauf hin, daß sich die höheren Stände von dem unteren Stand auch dadurch unterscheiden, daß sie sich mehr abschotten und nicht jeden an sich heranlassen.

3. Rígr konnte ihnen Rat sagen;
Er saß zu beiden der Bank inmitten,
Und an jeder Seite die Eheleute des Hauses.

Daß Heimdallr in der Mitte sitzt, deutet an, daß Er beiden nahe ist. Wahrscheinlich also saß Ái am Bankanfang, rechts von Ái saß Heimdallr, und rechts von Heimdallr saß Edda.

4. Da nahm Edda einen großen Laib,
Schwer und dick, der Kleien voll.
Trug ihn dann mitten auf den Tisch:
Sud in der Schüssel ward aufgesetzt,
Ein Kalb ward gekocht, bester Leckerbissen.

Das relativ einfache, aber gute Essen von Ái und Edda: Grobes Brot, Brühe und gekochtes Kalbfleisch.

5. Auf stand danach des Schlafes begierig
Rígr, der ihnen Rat sagen konnte,
Legte zu beiden ins Bett sich mitten,
Und an jeder Seite die Eheleute des Hauses.

Es war bei den Germanen Brauch, daß die Ehefrau des Hauses mit einem vornehmen Gast das Lager teilte. Dieser Gast mußte sich aber als würdig erweisen. Auf diese Weise konnten gute Erbanlagen in die Sippe gelangen und war einer Inzucht vorgebeugt (siehe z. B. Hallfreðar saga 9). In unserem Liede aber scheint nicht an diesen Brauch gedacht zu sein, sondern der Gott legt Sich zwischen beide Eheleute. Er geht also nicht mit der Frau allein eine Beziehung ein, sondern es ist wohl eher eine mythische Verbindung mit beiden Eheleuten gemeint.

6. Da blieb er dann drei Nächte lang,
Weiter wandelnd des Weges inmitten,
Danach vergingen der Monate neun.

Drei Nächte: Es ist wiederum die mythische Dreizahl, außerdem war es unhöflich, länger als Gast zu bleiben. »Dreitägiger Gast – Jedermanns Last« sagt das Sprichwort.

7. Ein Kind (Jóð) gebar Edda, genetzt mit Wasser,
Von schwarzer Haut sie hießens Þræl.

»Jóð« bedeutet »Kind«, kann aber auch Eigenname sein (z. B. in Str. 38). Hier ist allerdings die Bezeichnung Þræl der Eigenname, doch diese Bezeichnung ist Name des untersten Standes und bedeutet: »Knecht, Unfreier, Sklave«. Herren gab es allerdings noch nicht.

Daß er schwarze Haut hat, ist ein klares phänotypisches Merkmal und zeigt uns, daß hier ursprünglich auch die Entstehung der schwarzen Menschen erzählt wurde. Man hat es auch so erklärt, daß man sagte, daß die schwarze Haut daher komme, daß die Unfreien eben niedere Arbeiten, die auch mit Dreck verbunden sind, verrichten müßten. Aber es wird hier ein Neugeborenes beschrieben, welches noch gar keine Arbeit verrichten konnte. Auch benutzt unser Lied für Dreck ein anderes Wort, aurr, nicht svartr (in Str. 10).

Das Kind wurde mit Wasser genetzt, geweiht. Es ist die heidnische Form der Taufe gemeint. Man hat behauptet, hier sei nur die christliche Taufe als Vorlage übernommen worden. Das ist nicht richtig. Schon Aristoteles kennt bei vielen barbarischen Stämmen die Sitte, die Neugeborenen in kaltes, fließendes Wasser unterzutauchen. Der Arzt Galenus im 2. Jh. u. Zt. schrieb, daß die Germanen die Neugeborenen, heiß vom Mutterleibe, wie glühendes Eisen in kaltes

Flußwasser getaucht haben. Aus dem 4. Jh. stammt die griechische Fabel, daß der Rhein den nordischen Barbaren zur Kinderprobe diente, weil er die unechten sinken lasse. Gregor von Tours schrieb in seiner um 501 vollendeten Historia Francorum (2, 29-31), daß die Königin Chrodichilde ihr Kind mit Chlodwig gegen dessen Willen christlich taufen ließ. Das Kind starb. Es heißt weiter[9]:

Da schwoll dem König die Galle, und er schalt heftig die Königin und sprach: »Wäre der Knabe geweiht im Namen meiner Götter, gewiß lebte er noch; aber er konnte nicht leben, weil er im Namen eures Gottes getauft ist«.

Und Bonifazius bestimmte 732, daß die von den Heiden (heidnisch) Getauften von neuem im Namen der heiligen Dreieinigkeit getauft werden sollten. Eine heidnische Form der Taufe ist also recht gut in den Quellen bezeugt.

8. Er begann zu wachsen und wohl zu gedeih'n.
An den Händen die Haut war runzlig,
Die Knöchel knotig,
Die Finger feist, füllig das Antlitz,
Der Rücken krumm, lang die Hacken.

Auch hier werden äußerliche Merkmale beschrieben, aber die meisten davon rühren wohl daher, daß Þræl schwere Arbeiten verrichten muß. So die runzlige Haut oder der krumme Rücken.

9. In kurzem lernt' er die Kräfte brauchen,
Bast zu binden und Bürden schnüren.
Heim schleppt' er Reiser den heilen Tag.

Die gewöhnlichen Arbeiten der Þræle, Lasten von Brennholz zusammenbinden und ins Haus tragen.

10. Da kam in das Gehege die Gängelbeinige,
Dreck an den Fußsohlen, die Arme sonnverbrannt,
Niedergebogen die Nase nannten sie Þír.

Das Gehege ist der Zaun um das Gehöft. Gängelbeinig meint wohl krummbeinig, mit Dreck (aurr = feuchte Erde, Matsch) an den Füßen und von der Arbeit unter der Sonne verbrannten Armen. Nur die niedergebogene Nase, ein Kennzeichen der Vorderorientalen, ist ein eindeutiges phänotypisches Merkmal.

Þír bedeutet »Dirne, Magd«.

11. Mitten auf der Bank alsbald nahm sie Platz,
Ihr zur Seite des Hauses Sohn.
Redeten, raunten, ein Lager bereiteten,
Þræl und Þír den gedrängten Tag.
Der »gedrängte Tag« meint wahrscheinlich den Abend. Der Tag wird da von der Nacht verdrängt. Eine förmliche Hochzeit mit Brautschleier und Ringtausch kommt hier, bei diesen einfachen Menschen, nicht vor.

12. Sie zeugten Kinder und siedelten froh:
Geheißen, hört' ich, Hreimr und Fjósnir,
Klúrr und Kleggi, Kefsir, Fúlnir,
Drumbr, Digraldi, Drǫttr und Hǫsvir,
Lútr und Leggjaldi. Sie legten Gehege an,
Misteten Äcker, mästeten Schweine,
Hüteten Geißen und gruben Torf.

Die Namen bedeuten: Hreimr = Schreier; Fjósnir = Mann des Kuhstalls; Klúrr = der Derbe; Kleggi = die Viehbremse; Kefsir = der Kebser (derjenige, der mit einer Kebsfrau lebt); Fúlnir = der Stinkende; Drumbr = Klotz; Digraldi = der Wohlgenährte; Drǫttr = Faullenzer; Hǫsvir = der Dunkelbraune; Lútr = der Gebeugte; Leggjaldi = der mit Schienenbeinen oder: Mit großen Beinen. Die Namen sind redend und brauchen nicht weiter erläutert zu werden. Sie beziehen sich auf bei diesem Stand anzutreffende Eigenschaften.

Das Torfstechen ist seit 4-5 Jahrtausenden nachweisbar, in Mitteleuropa wurde seit Beginn der Bronzezeit Brenntorf gewonnen, der in Form von luftgetrockneten Stücken als Brennmaterial für die Kupfer- und Zinnschmelze verwendet wurde. An der Nordseeküste wird die Nutzung von Torf als Brennmaterial schon von Plinius (1. Jh. u. Zt.) beschrieben.

13. Die Töchter hießen Drumba und Kumba,
Økqvinkálfa und Arinnefja;
Ysja und Ambát, Eikintjasna,
Tǫtrughypia und Trǫnobeina,
Von ihnen entsprang der Þræle Geschlecht.

Drumba = die Klotzige; Kumba = die Stämmige; Økqvinkálfa = die Dickwadige; Arinnefja = Herdnase (also diejenige ihre Nase in den Herd steckt und deswegen eine rußschwarze Nase hat);

Ysja = die Lärmende; Ambát = Magd; Eikintjasna = die mit Eichenpflöcken sich beschäftigende (die also vielleicht Zäune ausbessert); Tǫtrughypia = die mit Lumpen Bekleidete; Trǫnobeina = Kranichbeine habend. Auch diese Namen sind sprechend und erklären sich von selbst.

Da es zu dieser Zeit noch keine höheren Stände gab, können diese nicht verantworlich gemacht werden für das kleinbäuerliche Tagewerk und die körperliche Häßlichkeit.

Forscher bezeiten unser Lied übrigens in die Mitte des 13. Jhs., wo die Leibeigenschaft im Norden allerdings schon erloschen war. Deswegen muß diese zeitliche Einordnung falsch sein.

14. Weiter ging Rígr gerades Weges,
Kam zu einer Halle, halboffen die Tür.
Er ging hinein, Feuer war am Estrich;
Da saß ein Eh'paar geschäftig am Werk.

Mit Strophe 14 beginnt nun ein neuer Abschnitt, der parallel zum ersten Teil aufgebaut ist. Hier ist die Türe (im Gegensatz zur Strophe 2) nur halboffen. Dieser Stand grenzt sich also mehr von Fremden ab, läßt nicht jeden Zugang finden.

15. Der Mann schnitzte die Weberstange,
Gepflegt war der Bart, vor der Stirne das Haar
Eng lag das Hemd an, die Kiste stand am Boden.

Die Weberstange ist eine Stange, die beim Webstuhl benötigt wird. Das enganliegende Hemd bedeutet, daß dieser Mann Afi auf sein Äußeres achtet und eigene Kleider (also für ihn genähte Kleidung) trägt. Die Kiste ist die Truhe mit den Kleidern und Stoffen oder den sonstigen Wertsachen. Diese Menschen leben also in einen gewissen Wohlstand.

16. Das Weib daneben bewand den Rocken
Und führte den Faden zu feinem Gespinst.
Auf dem Haupt ein Kopfputz, ein Brustlatz über der Brust,
Ein Tuch um den Hals, Nesteln an der Achsel:
Afi und Amma besaßen das Haus.

Afi = Großvater, Amma = Großmutter. Für »Nesteln« steht im Original »dvergar«, also »Zwerge«, aber »dverger« kann auch ein

Teil an der Tracht bedeuten. Nur was genau gemeint ist, ist unklar. Vielleicht Troddeln (Zipfel), die an die Zipfelmützen der Zwerge erinnern oder dort auch vorkommen und deswegen so genannt werden.

17. Rígr konnte ihnen Rat sagen;
Auf stand er vom Tische, des Schlafs begierig.
Legte zu beiden ins Bett sich mitten,
Und an jeder Seite die Eheleute des Hauses.

Wieder eine der wiederholten Strophen (vgl. Str. 3 und 5). Man vermutet hier zwei fehlende Strophen. Ich sehe das nicht.

18. Da blieb er dann drei Nächte lang,
Danach vergingen der Monate neun.
Ein Kind (Jóð) gebar Amma, genetzt mit Wasser,
Und Karl geheißen; das hüllte das Weib.
Rot war's und gerötet mit lebhaften Augen.

Man hat in dieser Strophe eine vermeintlich fehlende 2. Zeile nach Str. 6 und 30 ergänzt: *Weiter wandelnd des Weges inmitten...* Durch diese Ergänzung wird die Strophe länger und deswegen teilen manche Herausgeber diese Strophe in zwei Strophen, was bedeutet, daß das Gesamtlied dann 46 Strophen zählt. Auch hier vermutete man wieder eine ausgefallene Strophe, die »Karl« genauer beschrieb.

Das Kind wird als Jóð bzeichnet und heißt Karl (= Kerl, Mann, Bauer, ursprünglich: Geliebter). Es ist die ursprüngliche Bezeichnung des Gemeinfreien, der Freie ohne Erbgut, der als Pächter, Diener oder Handwerker lebt. Über den Stand der Hauskarle (Húskarlar) heißt es in der Jüngeren Edda (Sksk. Kap. 52 bzw. 63):

Könige und Jarle haben zu ihrer Begleitung Hirdleute (Hirðmenn) und Hauskarle; Lehnsmänner haben auch »handgegangene Mannen«, die in Dänemark und Schweden Hirdleute heißen, dagegen in Norwegen Hauskarle, obgleich sie auch hier den Königen den Treueid schwören wie Hirdleute. Die Hirdleute der Könige wurden in alter Zeit Hauskarle genannt.

In Norwegen hat sich also die ältere Bezeichnung erhalten. »Handgegangen« bedeutet, daß sie dem König oder Jarl den Treueid in die Hand geleistet haben.

Auch in unserer Strophe wird wiederum die Wasserweihe (heidnische Taufe) erwähnt (siehe Kommentar zu Str. 7). Karl hat gute, frische Hautfarbe und tatenlustige Augen. Dieses Kind ist also schon zu mehr fähig, als Þræl.

19. Er begann zu wachsen und wohl zu gedeih'n:
Da zähmt' er Ochsen, zimmerte Pflüge,
Schlug Häuser auf, errichtete Scheunen,
Fertigte Karren und führte den Pflug.

Die Arbeiten der freien Bauern, die hier den Stand des Karl charakterisieren. Für »Karre« steht kartr, ein Wort, das möglicherweise celtischen Einfluß aufweist.

20. Da fuhr in das Heim, mit Schlüsseln behängt
Im Geißenfell, die Verlobte Karls;
Snør geheißen, saß sie unterm Linnen.
Sie wohnten beisammen und teilten Ringe,
Breiteten Betten und bauten eine Wirtschaft.

Die Verlobte trägt Schlüssel als Zeichen ihrer Macht über ihren Besitz, über ihr Haus und ihre Vorratskammern und –truhen. Sie kommt also nicht aus einer armen Sippe, was auch an dem Mantel aus Ziegenfell zu erkennen ist. Snør bedeutet »Schnur, Schwiegertochter«. Daß sie »unterm Linnen« sitzt, bedeutet, daß sie einen Brautschleier trägt. Die Verschleierung der Braut ist uralt und als magische Schutzmaßnahme zu deuten. Damit unterscheiden sie sich klar vom unteren Stand. Daß sie Ringe teilten bedeutet, daß sie ihre Ringe tauschten. Der Ringtausch bei der Hochzeit ist noch heute üblich. Im Óttars þáttr svarta verschenkt Astrid einen Ring als Liebeszeichen an einen Skálden. In der Vǫlsunga saga 29 tauschen Sigurðr und Brynhildr Ringe als Verlobungszeichen[10]:

Da nahm er den Ring Andvaranaut von ihr und gab ihr einen andern
Ring aus dem Erbe Fáfnirs.

Der Ring ist immer ein Zeichen einer Bindung; der Goði (Priester) trägt einen Eidring als Zeichen seiner Bindung an eine Gottheit, und Eheleute tragen Ringe als Zeichen ihrer gegenseitigen Bindung.

21. Sie zeugten Kinder und siedelten froh:
Halr und Drengr, Hǫlðr, Þegn und Smiðr,

Breiðr, Bóndi, Bundinskeggi,
Búi und Boddi, Brattskeggr und Seggr.

Die Namen bedeuten: Halr = Mann; Drengr = tüchtiger Mensch; Hǫlðr (oder Haulldr) = Freibauer, Erbbauer; Þegn = Degen, Freibauer, Mann, Krieger, Vasall; Smiðr = Schmied, Handwerker; Breiðr = der Breite, Breitschultrige; Bóndi = Bonde, Bauer, Eigensaß; Bundinskeggi = Garbenbart; Búi = Bewohner, Bauer; Boddi = Bauer; Brattskeggr = Steilbart; Seggr = Mann.

Zu der Bezeichnung Hǫlðr heißt es in der Jüngeren Edda (Sksk. 52 bzw. 63):

Danach (nach den Bannerträgern) kommen die, welche man »Höldar« nennt. Das sind Bauern vollwertig an Sippe und Berechtigungen. Man nennt sie Geldspender und Pfleger und Versöhner der Mannen, Umschreibungen, die auch Häuptlingen zukommen.

22. Und sie hießen so mit andern Namen:
Snót, Brúðr, Svanni, Svarri, Sprakki,
Flióð, Sprund und Víf, Feima, Ristill.
Von daher entsprang der Karle Geschlecht.

Die erste Zeile scheint unklar, denn in der Strophe werden ja die Töchter aufgezählt. Die Namen bedeuten: Snót = Frau (vielleicht ursprünglich: »die Kluge«); Brúðr = Braut; Svanni = die Stolze; Svarri = die Übermütige; Sprakki = die Hochmütige; Flióð = Frau (vielleicht ursprünglich: »die Flinke«); Sprund = die Stolze; Víf = Weib; Feima = die Schamhafte; Ristill = die Energische.

Der Stand selbst ist der Stand der Karle, also der Freibauern.

23. Von dort ging Rígr gerades Weges;
Kam er zum Saal mit südlichem Tor.
Angelehnt war die Tür, ein Ring war am Türrahmen.

Es beginnt nun der dritte Hauptabschnitt. Wieder kommt Rígr in einen Saal, diesmal ist die Tür angelehnt, also zu, aber nicht verschlossen. Denn dieser Stand als höchster Stand grenzt sich natürlich von den unteren Ständen strikt ab, läßt sie nicht an sich heran.

Der Ring deutet auf Reichtum hin, könnte auch eine Art Heilsring sein, den man an Tempeltüren und später sogar an Kirchen hatte. Wer ihn berührte, durfte nicht verfolgt oder ausgeliefert werden, weil er sich unter den Schutz der Götter stellte. Die Halle der Vorfahren des Jarls ist also als eine Festhalle auch für kultische Feste zu verstehen. Die Jarle feierten für ihre Gefolgsleute ja auch die Feste des Jahres.

Daß die Tür südlich ist, ist nicht außergewöhnlich. Das war die übliche Anlage der Türen. Man trat in die Festhalle mit Blick gen Norden, der heidnischen Gebetsrichtung, und blickte auch auf den Hochsitz des Jarls, der von Götterbildern (den »Hochsitzsäulen«) umgeben war. Somit wird also hier auch angedeutet, daß wir uns nun in einer für Kultzwecke genutzten Halle befinden.

24. Er trat hinein, bestreut war der Estrich.
Die Eheleute saßen sahen sich in die Augen,
Faðir und Móðir mit den Fingern spielend.

Zwei Möglichkeiten kommen in Betracht: Entweder, Hausherr und Hausfrau saßen gemäß der alten nordischen Sitzordnungen jeweils in der Mitte einer der Seitenbänke, also der Hausherr auf dem Hochsitz gegenüber der Tür, die Hausfrau aber in der Mitte einer der Schmalseiten des Hauses, der Querbühne. Sie spielten dann jeweils alleine mit den Fingern auf dem Tisch und setzten sich später zusammen.

Oder sie saßen nebeneinander (was sie ja dann spätestens in Str. 27 tun) und spielten zusammen mit den Fingern. Das Spielen mit den Fingern bedeutet, daß sie nichts zu tun hatten. Sie sind ja bereits reiche, wohlhabende Menschen und haben für die gewöhnlichen Arbeiten ihre Leute. Völlig untätig waren sie natürlich auch nicht, wie die folgende Strophe zeigt.

Faðir bedeutet »Vater«, Móðir bedeutet »Mutter«.

25. Der Hausherr saß und wandt' die Sehne,
Spannte den Bogen, schäftete Pfeile;
Dieweil die Hausfrau die Hände besah,
Die Falten ebnete, am Ärmel zupfte.

Pfeil und Bogen waren als Waffe im Kampf verpönt und nur als Jagdwaffe zulässig. Der Hausherr bereitet also seine Jagd vor. Die Hausfrau ist mit ihrem Äußeren beschäftigt. Sie sind eigentlich schon vor Heimdalls Besuch höhergestellte Menschen.

26. Den Kopfputz richtete sie, ein Geschmeid' an der Brust,
Die Schleppe lang am blauen Gewand;
Die Braue glänzender, die Brust lichter,
Weißer der Nacken als frischer Schnee.

Die Hausfrau trägt ein blaues Gewand mit Schleppe. Blau war eine Farbe, die nur die höheren Stände (Adel) tragen durften. Überhaupt galten farbige Gewänder als Zeichen des Reichtums, während der normale Mensch meist ungefärbte Kleider trug. Das Kleid mit Schleppe soll ein Hinweis auf die späte Abfassungszeit des Liedes im 13. Jh. sein, da es solche Kleider erst in dieser Zeit gegeben haben soll. Aber besondere Brautkleider gab es schon früher, und ein »bräutliches Linnen« und ein Kopfputz, der ein Brautschleier ist, wird z. B. in der Þrymsqviða erwähnt, der es erst Þórr ermöglicht, sich als Braut zu verkleiden.

Die weiße Hautfarbe ist natürlich auch ein ursprüngliches phänotypisches Merkmal, gleichzeitig bedeutet sie, daß diese Menschen wenig körperliche Arbeit verrichteten. Weiße Haut ist auch eines der germanischen Schönheitsideale, weil weiß auch die Farbe der Götter ist. Der Vergleich mit frischem Schnee ist uns auch aus dem Märchen Sneewittchen bekannt. Weil die Adern auf weißer Haut blau aussehen, hat man später gesagt, der Adel habe »blaues Blut«. Das ist nur bei weißer Haut möglich. Der gewöhnliche Mensch aber hat gerötete Haut oder sonnengebräunte, da er viel im Freien arbeitet.

27. Rígr konnte ihnen Rat sagen;
Er saß zu beiden der Bank inmitten,
Und an jeder Seite die Eheleute des Hauses.

Spätestens jetzt haben sich also Faðir und Móðir rechts und links neben Heimdallr gesetzt. Vermutlich haben sie Ihm sogar den Platz des Hausherrn, den Hochsitz, angeboten, der ja in der Mitte der Bank war, denn Heimdallr sitzt ja inmitten der Bank.

28. Da nahm die Móðir gemustertes Tuch
Von weißem Leinen, den Tisch zu bedecken.
Sie nahm dann flache Laibe
Von weißem Weizen bedeckte das Tuch.

Ein weißes, besticktes Tischtuch, dünnes Brot aus weißem Weizen unterscheiden sich von dem groben Kleienbrot der Þræle.

Abb. 5: Heimdallr. Handschrift des Ólafr Brynjólfsson von 1760.

29. Setzte nun volle Schüsseln auf
Von silber gefertigt setzt' auf den Tisch
Speck und Fleisch und gebratene Vögel;
Wein war in der Kanne, in kostbaren Kelchen:
Sie tranken und sprachen, der Tag war zu Ende.

Gute Kost, eine wahrlich reich gedeckte Tafel, Sinn für Schönheit und Kunst (Tafelgeschirr). Diese Menschen haben Kultur.

Auch hier zeigt sich klar: Die Unterschiede der Lebensweise sind schon vor Heimdalls Eingreifen vorhanden. Letztendlich existieren die drei Stände (oder Völker) bereits zuvor, Heimdallr greift nur ordnend ein. Es ist also nicht so, daß ein Gott diese Unterschiede erst schafft und damit ungerecht handelt, sondern der Gott ordnet etwas schon Bestehendes, stellt die Bedeutung heraus und legt die Aufgaben fest. Der Gott ist ursprünglich wohl auf der Suche nach würdigen Menschen, an die Er Seine Weisheit weitergeben kann. Er findet diese Menschen erst hier, beim höchsten Stand.

Die verschiedenen Aufgaben der Hauptkasten werden in der indischen Bhagavadgita so beschrieben (XVIII, 4144):

Weisheit, Selbstbeherrschung, Friedfertigkeit, Reinheit, Aufrichtigkeit und Wissen bilden die Pflichten eines Brahmanen, entsprechend seiner Natur.

Heldenhaftigkeit, Kraft und Ausdauer; nicht zu fliehen, auch nicht in der Schlacht, Großzügigkeit und Führungsqualitäten, dies sind die Pflichten eines Kshatriyas gemäß seiner Natur.

Ackerbau, Viehzucht und Handel sind die Aufgaben eines Vaishyas.

Aufgabe der Shudras ist es, niedere Dienste zu verrichten.

Schon die Skythen kannten einen Stammvater Targitaus, Sohn des obersten Gottes, der drei Söhne hatte, von denen drei skythische Ethnien stammten, die aber zusammen ein Volk bildeten. Man hat diese drei Ethnien auch als indogermanische Stände der Priester, Krieger und Bauern gedeutet.

30. Rígr konnte ihnen Rat sagen;
Rígr stand auf, das Bett war bereit.
Da blieb er dann drei Nächte lang,
Weiter wandelnd des Weges inmitten,
Danach vergingen der Monate neun.

Wieder die mythischen drei Nächte, die Heimdallr hier verbringt. Vgl. Str. 3, 5 und 17.

31. Ein Kind (Svein) gebar Móðir, hüllt es in Seide,
genetzt mit Wasser, und nannten es Jarl.
Hell war das Haar strahlend die Wangen,
Schrecklich die Augen, wie junge Schlangen.

Für »Kind« wird hier der Begriff »Svein« verwendet, der in Strophe 38 auch als Eigenname erscheint. Das Kind hat helle Haare (im Original steht »bleikt«, das bedeutet bleich, hell oder gelblich, also blond). Die Wangen sind »bjartr« also strahlend, weiß, hell. Auch der Name der weißstämmigen Birke ist mit diesem Wort verwandt. Das sind wiederum klare phänotypische Merkmale. Die Augen sind kämpferisch und werden mit jungen Schlangen verglichen.

Die Bezeichnung »Jarl« bedeutet »hoher Würdenträger, Krieger«. Der Begriff findet sich noch heute im englischen Earl (Graf) und ist bei den Germanen als Titel von runenkundigen Kriegeranführern, »Erulaz« oder »Erilaz« früh bezeugt. Man vermutet auch eine Verbindung zum Stammesnamen der Heruler.

32. Aufwuchs da in der Festhalle der Jarl:
Den Lindenschild lernt' er schütteln. Sehnen winden,
Bogen biegen Pfeile Schäften,
Spieße werfen, Lanzen schwenken,
Hengste reiten Hunde hetzen,
Schwerter schwingen, schwimmen im Sund.

Der junge Jarl lernt also alle Waffen zu fertigen und zu benutzen und überhaupt alle Tätigkeiten des Kriegeradels. Auch hier wird die Festhalle erwähnt, der Teil des Hauses, wo man zum feiern saß und wo man später auch schlief.

33. Aus dem Busch kam Rígr gegangen,
Rígr gegangen, ihn Runen zu lehren,
Seinen Namen gab er, nannte eigenen Sohn ihn,
Hieß ihn eig'ne Odalfelder erwerben
Odalfelder, alte Besitztümer.

Der junge Jarl bekommt nun noch zusätzlich von Heimdallr eine Unterweisung in Runenkunde. Gemeint ist nicht das profane Schreiben mit Runen, sondern deren magischen Gebrauch.

Heimdallr gibt diesem Sohn Seinen eigenen Namen, Rígr. Er erkennt diesen Sohn (im Gegensatz zu den anderen) also besonders an. Und nun wird auch klar, warum Heimdallr hier in diesem Lied den Namen Rígr trägt: Weil Er den Namen an Seinen Sohn weitergibt und es bei den Germanen nicht üblich und nicht erlaubt war, einen Götternamen unverändert zu tragen; nur wenige Ausnahmen sind aus dem Bereich der Könige bekannt, die sich mit ihrer Gottheit kultisch verbanden und auch von Ihr abstammten. Der Jarl heißt nun also »Ríg-Jarl«.

Heimdallr gibt ihm die Anweisung, sich Odalfelder (óðalvellir) zu erwerben, also ererbte Fluren, Erbländer, Adelsländer. In dem Begriff steckt auch der Name der letzten Rune des älteren Fuþarks, *oþala (Adel, Erbbesitz, Heimat).

Nach dieser Strophe hat man eine Lücke vermutet, wo erzählt war, wie der Jarl seine Fahrt begann.

34. Da ritt er dannen durch Myrkviðr
Durch bereiftes Gebirg' bis vor eine Halle.
Da schwang er den Schaft, schüttelte den Lindenschild,
Spornte das Roß und zog das Schwert.
Kampf ward erweckt, das Feld gerötet,
Der Feind gefällt, erfochten das Land.

Ríg-Jarl durchreitet den Myrkviðr, das ist der »Dunkelwald«, ein Wald, den man in der Gegend von Thürigen vermutet. Nach der Hervara saga trennt er Hunnenland vom Land der Goten. Unser Lied spielt also nicht auf Island oder in Schweden, sondern eher in Dänemark bzw. Süd- und Ostgermanien. Myrkviðr kommt auch in den Hárbarðzljóð 20 und Lokasenna 42 vor, sowie in Atlaqviða 5. Diese letztere Strophe lautet:

Er gibt euch auch gerne die weite Gnitaheiðe,
Gellenden Ger nebst gold'nem Steven,
Herrliche Schätze und Gestade des Danpr,
Und den mächtigen Wald, Myrkviðr geheißen.

Danprstaðir ist das »Gestade des Danpr«, auch der altnordische Name für Kiew. Danpr ist zwar ein dänischer König, aber zugleich der altnordische Name des Flusses Dnjepr.

35. Nun herrschte er allein in achtzehn Höfen,
Verteilte die Schätze, alle beschenkend
Mit Geschmeide und Schmuck und schlankrippigen Pferden.
Verschenkte Ringe, hieb Armringe entzwei.

Warum es gerade achtzehn Höfe sind, ist unklar. Die mythische Neunzahl findet sich hier zweimal, es ist auch möglich, daß hier auf die 18 Runen des Rúnatal (Hávamál) Bezug genommen wird. Zufällige Zahlenangaben kommen in der Edda nicht vor.

Ríg-Jarl beschenkt seine Gefolgsleute, wie das die Jarle taten. Dafür wurden auch goldene und silberne Ringe entzweigehauen, um sie so zu verteilen. Man nannte daher Jarle, Fürsten und Könige »Ringverderber« oder »Ringverschleuderer«.

36. Boten fuhren auf feuchten Wegen,
Kamen zur Halle vom Hersir bewohnt.
Er traf die Schlankfingrige,
Weiß und klug, Erna geheißen.

Erna bedeutet »die Tüchtige«. Hersir ist ein nordischer Titel. Derjenige Jarl, der zum Herrscher eines Gaues erhoben war, führte diesen Titel. Auch im Osten im Varäger- und Gotenreich kann er gebraucht worden sein. In der Jüngeren Edda heißt es dazu (Sksk. 52 bzw. 63):

Ferner zerfällt jedes Land in Bezirke, und es ist die Weise der Könige, Verwalter einzusetzen über so viele Bezirke, wie sie verleihen wollen; diese heißen auf dänisch (gemeint: Nordisch) Hersen oder Lehnsmänner, im Sachsenland Grafen, in England Barone; diese sind auch rechtmäßige Richter und rechtmäßige Landesverteidiger für das ihnen verliehene Herrschaftsgebiet. Ist der König nicht anwesend, so trägt man ihnen in der Schlacht das Banner vor, und sie sind dann ebenso rechtmäßige Heerführer wie Könige oder Jarle.

Der Herse steht also unter dem König und über dem Jarl. Doch in der Zeit von Háraldr hárfagr verlor der Titel seine Bedeutung und sank unter den des Jarls. Hier in unserem Liede hat er aber noch die alte Bedeutung, was ein Indiz für das Alter des Liedes ist.

37. Sie freiten und fuhren heim,
Des Jarls Verlobte, saß sie unterm Linnen.
Sie siedelten zusammen und waren sich hold,
Führten fort den Stamm des Lebens froh.

Auch hier wird wieder der Brautschleier erwähnt (vgl. Str. 20).

38. Burr war der Älteste, Barn der andere,
Jóð und Aðal, Arfi, Mǫgr,
Niðr und Niðjungr; - lernten Spiele -
Sonr und Sveinn, - schwammen und brettspielten -
Kundr hieß einer, Konr war der Jüngste.

Die Namen der Kinder bedeuten: Burr = Sohn; Barn = Kind, Geborener; Jóð = Kind; Aðal = Edler; Arfi = Erbe; Mǫgr = Knabe (Mage, vgl. engl. Mac, Mc); Niðr = Verwandter, Abkömmling; Niðjungr = Abkömmling; Sonr = Sohn; Sveinn = Bursche, Knabe, Sohn; Kundr = Sohn, Nachkomme; Konr = Sprößling aus edlem Geschlecht.

Es müßte nun eine Strophe kommen, in der die Namen der Töchter Jarls aufgezählt werden. Eine solche Strophe aber fehlt.

39. Da wuchsen auf des Jarles Söhne,
Zähmten Hengste, einfaßten Schilde,
Schliffen Pfeile, schälten den Eschenschaft.

Die Söhne von Ríg-Jarl befassen sich natürlich auch mit den üblichen Tätigkeiten der Krieger. Das Einfassen von Schilden geschah dadurch, daß man den Rand mit einem Metallband einfaßte oder mit dickem Leder, um so ein Zerhauen des Schildes durch das Schwert des Gegners zu verhindern.

Der Eschenschaft ist der Schaft des Speeres.

40. Aber Konr der junge kannte Runen,
Aevinrúnar und Aldrrúnar;
Zumal vermocht' er Menschen zu bergen,
Schwerter zu stumpfen, die See zu legen.

Der jüngste Sohn Konr ist für das Königtum vorgesehen. Im Original steht »Konr ungr« was dann im verlorenen Schluß sicher zu »Konungr« (»König«) zusammengezogen wurde. Er zeichnet sich durch die besten Kenntnisse aus, er kennt (wie sein Vater Ríg-Jarl und sein Großvater Rígr-Heimdallr) die Runen, insbesondere Aevinrúnar (= Lebensrunen) und Aldrrúnar (Alterrunen). Eigentlich bedeuten beide Begriffe dasselbe, denn »ævi« ist die Lebenszeit, das Leben, »aldr« ist das »Leben«, aber auch das »Lebensalter«.

Konr kann Menschen bergen. Damit ist ein Retten, Schützen oder Bergen gemeint, auch wohl das Begraben eines Toten oder das Retten eines Kindes bei der Geburt. Ich glaube, daß hier das Letztere gemeint ist, auch wohl das Retten von Kanken oder Verletzten, denn das gewöhnliche Retten benötigt keine besonderen Kenntnisse. Aber hier werden ja gerade Konrs besondere Fähigkeiten genannt, und daher deute ich »Bergen« im Sinne von: Medizinische Hilfe leisten können.

Schwertstumpfen kommt häufiger vor, wir hatten es bereits in den Hávamál 148. Auch das Stillen des Meeres (im Original ist das Wort »Aegi« verwendet, welches mit dem Namen des Meerriesen Aegir identisch ist) hatten wir bereits in den Hávamál 154 kennengelernt.

41. Klang der Vögel verstand er, konnte Feuer zähmen,
Die See besänftigen, Sorgen heilen.
Hatt' Kraft und Stärke von acht Männern.

Die weiteren Fähigkeiten, wobei hier nun für See auch tatsächlich das Wort »sæ« (See) steht. Konr verstand auch die Sprache der Vögel, was seine magischen Kenntnisse bestätigt. Der dritte Stand, der Adel, ist der Wehrstand, aus dem dann auch der Lehrstand und damit das Priestertum erwächst.

Zukunftsverkündende Vögel finden wir auch in den Liedern Helgaqviða Hundingsbána I, 5f und Fáfnismál 32f. Bei Konrs Fähigkeiten finden wir darum noch Andeutungen auf diesen ursprünglichen magisch-religiösen Stand. Angehöige des Lehrstandes durften übigens nicht kämpfen.

42. Er stritt mit Ríg-Jarl um Runen,
Brauchte Listen und konnte es besser.
Da ward ihm gewährt, da erhielt er zu eigen,
Rígr zu heißen und runenkundig.

Konr und Ríg-Jarl machen also eine Art Wettstreit. Wahrscheinlich hängt dieser mit der Initiation des jungen Konr zusammen. Der Vater überprüft, wie gut die Fähigkeiten des Sohnes sind, und als er sie für ausreichend erkennt (Konr übertrifft den Vater ja sogar), gibt er dem Sohn die Erlaubnis, den Titel Rígr führen zu dürfen. Genauso hatte es sein Vater Heimdallr mit ihm einst gemacht (Strophe 33).

*43. Konr der junge ritt durch Rohr und Wald,
Ließ den Kolben fliegen und lockte Vögel.*

Ríg-Konr hat also nun alles erreicht, was der Vater auch hatte, und gibt sich nun den eigenen Vergnügen hin, indem er Vögel jagt und dazu den Kolben (gemeint ist der kolbenförmige Pfeil) abschießt.

*44. Da sprach die Krähe - auf einsamen Ast -
»Was willst du, Konr, junger, Vögel locken?
Dir ziemte besser
Hengste reiten und Heere fällen!*

Diese Strophe, in der eine Halbzeile wohl fehlt, wird oft von Eddaherausgebern frei ergänzt. Die Krähe rät dem Ríg-Konr, er solle sich eher um höhere Ziele kümmern. Das tut sie natürlich auch eigennützig, da sie diesen Jäger damit los wird. Eine Krähe aber ist vor allem auch ein Tier der Valkyren. In der Vǫlsunga saga Kap. 1 verwandelt sich eine Valkyre, die Tochter des Riesen Hrimnir, in eine Krähe, um dem König Vǫlsung und seiner Frau zu helfen.

Wir können hinter dieser Krähe also auch eine der Valkyren vermuten, und auch ihr Rat deutet darauf hin.

*45. Danr hat und Danpr kostbare Hallen,
Besseren Erbbesitz, als ihr habt.
Sie können wohl auf Kielen reiten,
Schwerter prüfen und Wunden hauen.«*

Die letzte erhaltene Strophe unseres Liedes. Die Krähe (Valkyre) erzählt also von den Königen Danr und Danpr, daß diese mehr können und mehr Adel oder Erbbesitz (im Original steht: óðal, der Name der entsprechenden Rune *oþala) haben. Damit wird Konr nun also angespornt, es nachzutun oder nach deren Reichtum zu greifen, um dann am Schluß König zu werden.

Das Ende des Liedes ist verloren, lag aber noch Arngrímur Jónsson im Jahre 1597 vor und wird von ihm in der nur bruchstückhaft erhaltenen Skjöldunga saga so wiedergegeben:

Rigus nomen fuit viro quidam inter magnates sui temporis non infimo. Is Danpri cuiusdam, Domini in Danpsted, filiam duxit uxorem, cui Dana nomen erat, qui deinde Regis titulo in sua illa provincia acquisito, filium ex uxore Dan sive Danum, haeredem, reliquit, cuius Dani, paternam traditionem iam adepti subditi omnes Dani dicebantur.

Übersetzung:

Rig (Rigus) war ein Mann, nicht der letzte unter den Großen seiner Zeit. Er heiratete die Tochter eines gewissen Danpr, Herr von Danpsted, deren Name Dana war. Und später, nachdem er den Königstitel für seine Provinz gewonnen hatte, war sein Erbe sein Sohn von Dana, genannt Danr oder Danum, alle von dessen Leuten wurden Danes (Dänen) genannt.

Danr und Danpr, Vater und Sohn, sind zwei dänische Fürsten der mythischen Vorzeit, an Landbesitz dem Konr überlegen. Konr führt mit ihnen Krieg, gewinnt, und vermählt sich mit Dana, der Tochter Danprs. Nun ist er so mächtig, daß er als erster den Königsnamen annimmt (zusammengezogen aus »Konr-ungr«). Von ihm und Dana stammen die alten Dänenkönige ab, desgleichen die Schwedenkönige, die nun auch den Königsnamen von dieser Sippe erhalten.

In der Ynglinga saga 17 heißt es:

Dyggvis Mutter hieß Drótt. Sie war die Tochter des Königs Danpr, des Sohnes von Rígr, der zuerst König genannt wurde in dänischer Sprache. Sein Geschlecht hielt seitdem immer den Königsnamen für den höchsten Ehrennamen. Dyggvi wurde zuerst in seinem Geschlecht König genannt; vorher aber hatte man diese Fürsten »Dróttnar« genannt und ihre Frauen »Dróttningar«, ihr Gefolge aber »Drótt«. Den Zunamen Yngvi oder Ynguni aber erhielten alle Fürsten dieses Geschlechtes ihr Leben lang, und sie alle zusammen hießen Ynglinge. Die Dróttning Drótt war die Schwester König Danrs hinn Mikilláta, nach dem Dänemark benannt ist. Dagr hieß der Sohn König Dyggvis, der nach ihm das Königtum erbte. Er war ein so kluger Mann, daß er die Sprache der Vögel verstehen konnte.

Bei Saxo Grammaticus kommt Danr auch vor. Saxo schreibt (Gesta Danorum, Lb. 1):

Dan also und Angul, mit denen der Stamm der Dänen begonnen hat, Söhne des Humblus, sind nicht allein die Urväter unseres Volkes, sondern auch seine Herrscher gewesen. Dudo freilich, der Geschichtsschreiber von Aquitanien, meint, die Dänen stammten von den Danaern und seien nach ihnen benannt. Obwohl Dan und Angul die Herrschaft unter freudiger Zustimmung des Landes ergriffen und die Leitung des Staates wegen der hervorragenden Verdienste ihrer Tapferkeit ohne Widerspruch von Seiten der Untertanen erlangten, blieben sie doch ohne Königsnamen,

dessen Verwendung damals bei unseren Landsleuten noch nicht durch das Gewicht der Gewohnheit üblich geworden war.
Der eine von diesen beiden, Angul, von dem, wie die Geschiche lehrt, das Volk der Angeln seinen Ursprung genommen hat, verknüpfte seinen Namen mit dem Lande, dem er vorstand (...)
Von Dan aber (wie die Vorzeit sagt) ist, wie aus einem Urquell hergeleitet, die Ahnenreihe unserer Könige in ruhmreicher Aufeinanderfolge hergeflossen. Er hatte zu Söhnen Humblus und Lotherus, von der Grytha, einer Frau aus Deutschland von hohem Adel..

Die Stammbäume widersprechen sich etwas. Diese Genealogie wird aber auch in der Skjöldunga saga erwähnt. Danach hat Danr hinn eldri (Danr der Alte) einen Sohn Danpr. Danpr hat Dana als Tochter, welche nun Rígr (also wohl Ríg-Konr) heiratet und mit ihm Danr hinn mikilláti, den ersten dänischen König, bekommt. Nach diesem ist Dänemark benannt.

Man hat aber auch beide Namen Danr und Danpr auf die russischen Flüsse Don und Dnjepr gedeutet, zumindest Danprstaðir ist auch ein Name für Kiew. Doch können wir schon davon ausgehen, daß es hier um Könige geht und die Entstehung des Königtums erzählt wurde. Die beiden Flüsse passen dazu gar nicht, und in Anbetracht des hohen Alters unseres Liedes können Namen nicht auf Bezeichnungen der Víkingerzeit bezogen werden, die man zuvor gar nicht verwendete.

Die Lehre ist jedenfalls, daß alle drei Stände sich auf einen göttlichen Ahnherrn berufen können. Das gilt auch, wenn man die ältere Sichtweise mit drei Völkerschaften (Schwarze, Orientalen, Indogermanen) einbezieht: Alle Menschen stammen von den Göttern ab, trotzdem sie unterschiedliche Entwicklungsstufen einnehmen oder unterschiedliche äußere Merkmale haben. Deswegen kann unser Lied auch nicht zur mythischen Begründung einer Ideologie, die Menschen anderen Aussehens diskriminiert, mißbraucht werden.

In christlicher Zeit schrieb Hans Sachs über die verschiedenen Stände[11]:

Man muß fürtreffliche und gelehrte Männer haben/ durch welcher weißheit der Gemeinnutz und Stattregiment geherrscht und gehandthabt werde.

Auß hochdringender not muß man auch allerley nutzbarliche Handwerck/ Künst und Gewerb haben/ und die Menschlich Gesellschaft kann derselbigen keines entrahten/ wie das allen verstendigen bekenntlicher ist/ denn hiervon vil zu schreiben.

Auß disen und andern dergleichen ursachen vil mehr/ auch vielem unrath vorzukommen/ muß ein solche ungleichheit (darvon wir droben gesagt) in Menschlichen Leben gewißlich seyn.

Derhalben sol ein jeglicher in seinem Stand/ Beruff oder Handwerck/ dareyn in Gott gesetzt/ wol zufrieden seyn/ und treuwlich darinnen fortfahren/ in betrachtung/ daß auch der geringste/ und ärmeste Mensch/ er sey was Wesens/ Wirrd/ oder Standes er wölle/ bey der Göttlichen Maiestat nicht vergessen sey.

Kapitel 5
Hyndluljóð

Auch dieses Lied findet sich nicht in der Haupthandschrift der Edda, dem Konungsbók eddukvæði, sondern nur im Codex Flateyjarbók (GkS 1005 fol, 1382-87) aus dem 14. Jh. Die Strophe 33 unseres Liedes wird allerdings auch in der Gylfaginning zitiert unter dem Titel »Vǫluspá in skamma«, so daß manche davon ausgehen, daß uns hier zwei ursprünglich unterschiedliche Lieder vorliegen, die spätere Überlieferer zusammengebracht haben. Davon gehe ich aber nicht aus. Forscher datieren die Strophen der Vǫluspá in skamma (29-44) in die Zeit vor 1225, also etwa in das 12. Jh., weil die eine Strophe davon ja in der Jüngeren Edda zitiert wird, was doch voraussetzt, daß zu diesem Zeitpunkt das Lied schon vorhanden gewesen sein muß. Die restlichen Strophen der Hyndluljóð hingegen sollen erst aus dem 13. Jh. stammen. Ich halte diese Einordnungen für falsch, denn eindeutig unterscheiden sich diese Strophen von den Strophen der Skálden, sie wirken alt und archaisch, weniger durchkonstruiert als die Strophen der skáldischen Dichtungen, die ja dann älter sein müßten.

Die Königs- und Heldenreihen, die unser Lied zusammenstellt, reichen bis zum Ende des 8. Jhs.; spätere Könige, auch die so sehr berühmten, fehlen. Unser Lied muß also in dieser Form Ende des 8. Jhs. abgefaßt worden sein, also noch in heidnischer Zeit. Von den berühmten Königen des 9. Jh. und der folgenden Jahrhunderte fehlen z. B. Ragnar Loðbrok, Sigurðr Ring oder Hárald hárfagri. Also war das Lied bereits vor deren Zeit vorhanden und somit muß unser Lied aus heidnischer Zeit stammen. Vielleicht sind einzelne Strophen noch später eingefügt worden, nämlich z. B. die Strophen

14-16 und 18, die ja die direkte Ahnenreihe Óttars unterbrechen. Vielleicht wurden sie auch nur umgestellt.

Hyndluljóð bedeutet »Lied von Hyndla«, »Hyndla« (= Hündin, Hündlein) ist eine riesische Vǫlva (Seherin). Das ganze Lied ist ihre Schau in die Vergangenheit und der Titel »Vǫluspá in skamma« bedeutet »Kurze Vǫluspá«, also kurze »Weissagung der Vǫlva«, im Gegensatz zur eigentlichen längeren Vǫluspá, die ich schon im 1. Band kommentiert habe. Hyndla hat als Riesin natürlich eine gute seherische Anlage, ähnlich wie die Vǫlva Heiðr, der wir die längere Vǫluspá verdanken und die auch bei Riesen aufwuchs (Str. 2), oder die riesische Vǫlva, die Óðinn in der Vegtamsqviða befragt.

Somit haben wir in der gesamten Hyndluljóð eigentlich eine »Vǫluspá in skamma«, eine Prophezeihung oder Offenbarung einer Seherin, einer weisen Frau. Nur die Strophen der Rahmenhandlung sind keine Vǫlvaschau. Sie behandeln einen Mythos von der Göttin Freyja, der auch nur durch Offenbarung zu den Menschen gelangt sein kann. Die Verse, die man der Vǫluspá in skamma zurechnet, sowie die eigentlichen Verse der Hyndluljóð sind übrigens durch gleiche Kehrverse miteinander verbunden und es ist daher wahrscheinlich, daß sie schon immer ein einheitliches, zusammenhängendes Lied bildeten, denn von den berühmten Königen und menschlichen Ahnherren geht es zu den göttlichen Stammvätern und zu dem Stammvater aller Menschen, dem Gott Heimdallr. Inhaltlich paßt also alles gut zusammen, und auch die Strophe 8 nimmt bezug auf die Götter als Ahnen.

Die meisten Forscher können mit unserem Liede nichts anfangen und stellen Vermutungen darüber auf, zu welchem Zweck es denn gedichtet wäre. Von einem Bezug zum germanischen Sakralkönigtum bis zu einem profanen Streit um das Erbe reichen die Spekulationen. Danach sollen also Nachkommen Óttars (oder Óttar selbst) das Lied in Auftrag gegeben haben, um Erbansprüche durchzusetzen. Aber um derartige Ansprüche durchzusetzen, ist unser Lied gänzlich ungeeignet, da eine Dichtung eben nie ein beglaubigter Stammbaum sein kann. Außerdem bedeutet es für eine Erbstreitigkeit gar nichts, daß Óttar berühmte Vorfahren hat; diese berühmten Menschen haben weitere, erbberechtigte Kinder und Enkel, es käme also auch darauf an, wer der Erstgeborene ist und weitere Details.

Diese Dinge werden aber in unserm Liede gar nicht genannt. Und ist es wahrscheinlich, daß der Auftraggeber der Dichtung sich in dem Lied als »Heimischer«, also als »Stuben- oder Ofenhocker« bezeichnen läßt? Hätte er sich damit nicht selbst einen Spottnamen zugelegt, den nun auch sein Widersacher verwenden wird?

Es geht in unserm Lied um Ahnen. Der Ahnenkult ist heidnisch und war den Germanen sehr wichtig. Da es keine geschriebenen Stammbäume gab, mußte man die eigenen Ahnen auswendig kennen. Die Ahnen helfen den Lebenden, die Ahnen gehören weiterhin zur Sippe und vornehme, mutige Ahnen bedeutet, daß man einem hohen Stand zugehört. Bei der Initiation der jungen Männer mußten diese vermutlich ihre Ahnen kennenlernen und sich vielleicht sogar mythisch mit ihnen verbinden. In diesem Liede will Óttar seine Ahnen kennenlernen, da er mit Angantýr einen Männervergleich veranstaltet, wer die vornehmeren und berühmteren Ahnen hat. Dabei wurde das Erbe Óttars (und wohl auch Angantýrs) als Preis gesetzt. In dem Liede kommen über 80 Personen- und Geschlechtsnamen vor. Freyja ist Óttars Schutzgöttin und hilft ihm, seine Ahnen zu erfahren, und zwar von der Vǫlva Hyndla, die diese Kenntnisse hat. Da Heimdallr auch ein Gott der Ahnen ist, hat Heimdallr eine wichtige Rolle in diesem Lied.

Menschen der heidnischen Zeit, also der Zeit des 8. und 9. Jhs. hörten und verstanden diese Aufzählungen von berühmten Ahnen anders, als wir heute. Für sie waren alle diese Namen mit bestimmten Vorstellungen verbunden; die Personen kannte man aus Sagas und Überlieferungen und man nahm sich die großen Taten selbst zum Vorbild.

Viele der hier genanntren Könige und Helden kommen auch bei Saxo Grammaticus, der Ynglinga saga, dem Ynglingatal, in der Hervarar saga oder der Örvar-Odds saga vor.

Unser Lied ist das einzigste Eddalied, in dem die so populäre Göttin Freyja im Mittelpunkt steht. Da Ihr Schützling Óttar von seinem Namen her an Ihren Gemahl Otharus/Óðr erinnert, möchte ich den Mythos von Freyja und Óðr hier anführen, der nur noch beim dänischen Mönch Saxo grammaticus (VII. Buch) erhalten ist. Saxo nennt die Göttin Freyja hier »Syritha« (Syriðr), dieser Name bedeutet »Saureiterin« und ist die ältere Fassung des in der Edda überlieferten Beinamens der Freyja, Sýr (»Sau«). Óðr heißt bei Saxo »Otharus«. Hier nun der Mythos:

Dessen [des Sywaldus] Tochter Syritha war so keusch und schamhaft, daß sie nicht bestimmt werden konnte, einen ihrer Freier, deren sich wegen ihrer großen Schönheit eine große Zahl meldete, auch nur anzusehen. Im Vertrauen auf diese Selbstbeherrschung verlangte sie von ihrem Vater den zum Gemahle, der durch süße Vorstellungen einen Blick von ihrer Seite ihr abschmeicheln könne. In der Vorzeit pflegte bei uns die Schüchternheit der Mädchen sehr die freien Blicke im Zaume zu halten, damit nicht die Keuschheit des Sinnes durch Ungebundenheit der Augen verdorben würde, und es wurde danach gestrebt, daß die Reinheit des Herzens in der Bescheidenheit des Blickes zum Ausdruck käme. Da erglühte ein gewisser Otharus, der Sohn des Ebbo, in dem heißen Liebesverlangen, um die Jungfrau zu werben: Mut dazu gab ihm das Vertrauen auf seine großen Taten und auch auf seine feine Bildung und seine Redegewandtheit. Er suchte mit allen Kräften seiner Kunst ihren starren Blick zu erweichen, aber er vermochte durch kein Geschick ihre niedergeschlagenen Augen zu einem Aufblicke zu bewegen; da schied er voller Verwunderung ob der unbesieglichen Strenge. Ein Riese, der dasselbe versuchte, mußte auch sehen, daß er nichts erzielte; der stellte aber eine Frau an; die spielte eine geraume Zeit die Magd bei der Jungfrau, schlich sich in ihr Vertrauen ein und führte sie einmal unter schlau erdachtem Vorwande für die Entfernung weit weg von dem Hause des Vaters; da überfiel sie der Riese und schleppte sie in eine enge Verzäunung im Waldgebirge. Andere stellen die Sache so dar, daß er selbst sich in eine Frau verwandelt, das Mädchen listig weggelockt, weit von dem Vaterhause weggeführt und so den Raub vollbracht habe. Als Otharus das erfuhr, durchforschte er die Schluchten des Gebirges, um die Jungfrau auszuspüren, fand sie, erschlug den Riesen und führte sie mit sich weg. So eigentümlich aber hatte aufdringlich der Riese das Haar des Mädchens mit fester Verflechtung zusammengebunden, daß die verworrene Masse des Haares mit einer Art geschürzten Gekräusels festgehalten wurde, und man nicht leicht, außer durch das Eisen, die enge Verschlingung des Gelocks entwirren konnte. Wiederum versuchte er durch mancherlei Lockmittel den Blick des Mädchens auf sich zu lenken, aber er versuchte seine Kunst vergebens an den unbeweglichen Augen und gab endlich, da sein Vorhaben nicht nach Wunsch von statten ging, sein Bemühen auf. Schänden aber wollte er die Jungfrau nicht: Er konnte sich nicht dazu entschließen, den Sproß eines erlauchten Geschlechts durch Beischlaf, der das Licht der Öffentlichkeit scheute, zu beflecken.

Als sie mannigfache gewundene Pfade in der Einöde lange irrend durchlief, begab es sich, daß sie zu der Hütte einer schrecklichen Waldfrau geriet. Von dieser wurde sie dazu verwandt, die Herde ihrer Ziegen zu hüten, und als sie wiederum durch Otharus Hilfe die Freiheit erlangt hatte, wurde sie von ihm mit folgender Anrede versucht:

> »Willst Du meinen Worten Gehör nun schenken
> Und mit gleicher Lieb' meine Lieb' erwidern,
> Lieber als hier stehn zu der Hut der Herde
> Stinkender Ziegen?
>
> Stoß zurück die Hand Deiner bösen Herrin,
> Fliehe schnellen Laufs von der wilden Hexe,
> Komm zurück mit mir zu den lieben Schiffen,
> Lebe als Freie!
>
> Wirf die Hut von Dir des befohlnen Zweizahns,
> Lenke nicht den Schritt und den Weg der Ziegen,
> Schenke als mein Weib meinem heißen Sehnen
> Süße Erfüllung!
>
> Die so lang und heiß durch das Land ich suchte,
> Heb doch hoch zu mir die gesenkten Sterne.
> Richte kurz nur auf Deine keuschen Augen,
> Leicht ist der Aufschlag.
>
> Zu des Vaters Haus will ich Dich geleiten,
> Froh zurück Dich bringen der lieben Mutter,
> Wenn nur einmal Du meiner Bitte folgend
> Öffnest die Augen.
>
> Die so oft ich riß aus der Haft der Riesen,
> Schenke doch huldvoll meiner Mühen Lohn mir,
> Laß in Mitleid nun mit dem heißen Streben
> Schmelzen die Strenge.
>
> Weshalb hast Du denn tollwütig so thöricht zu handeln begonnen, daß Du lieber fremdes Vieh hüten und in der Dienerschaft von ungeschlachten Wesen aufgeführt werden willst, als durch Zustimmung zu dem Bunde mit einem Gleichstehenden den Abschluß unserer Ehe zu fördern?«

Sie aber hielt trotz alledem ihre Augen mit unveränderter Starre der Augenlider geschlossen, damit nicht ihr standhafter, keuscher Sinn beim Anblicke der Außenwelt wankend werde. Wie keusch und züchtig müssen die Frauen jener Zeit gewesen sein, die nicht einmal zu einem flüchtigen Augenaufschlage durch die stärksten Anreize des Liebenden bewogen werden konnten! Da also Otharus auch durch die Verdienste einer zweiten Wohltat den Blick der Jungfrau nicht hatte wecken und auf sich lenken können, so ging er, von Beschämung und Kummer gequält, zu seiner Flotte zurück. Als Syritha wie früher weithin die Felsen durchstreifte, kam sie auf ihrer Irrfahrt zu den Sitzen des Ebbo; hier gab sie sich aus Scham über ihre Nacktheit und Bedürftigkeit für eine Tochter von Bettlern aus. Da aber die Mutter des Otharus es ihr ansah, daß sie, trotzdem sie blaß und abgehungert erschien und mit einem ärmlichen Mantel bekleidet war, von edlen Eltern abstammte, führte sie die Fremde auf den Ehrenplatz und behielt sie in hochachtungsvoller Freundlichkeit bei sich. Denn den Adel der Jungfrau verriet als Kundiger die schöne Gestalt und aus den Gesichtszügen als Dolmetsch ergab sich ihre hohe Abkunft. Als Otharus sie sah, fragte er, weshalb sie ihr Antlitz mit dem Kleide verhülle. [vermutete Lücke im Text]

Um ihre Gesinnung sicher zu erforschen, tat er so, als solle eine Frau ihn heiraten; er bestieg mit ihr das Lager und ließ Syritha den Leuchter halten. Als die Lichter beinahe heruntergebrannt waren, und sie durch die näher rückende Flamme belästigt wurde, so gab sie ein solches Beispiel von Geduld, daß sie die Hand unbeweglich hielt und keine Qual durch Hitze zu empfinden schien. Denn die äußere Glut wurde gedämpft durch die innere, und die Hitze des verlangenden Innern mäßigte den Brand der versengten Haut. Erst als sie von Otharus gemahnt wurde, acht auf ihre Hand zu geben, wendete sie ihre ruhigen Blicke mit schamhaftem Augenaufschlagen auf ihn; sofort wurde das Gaukelspiel der erdichteten Hochzeit beiseite gestoßen, und sie bestieg das Ehebett zur Vermählung. Als später Sywaldus den Otharus gefangen nahm und ihn wegen Schändung seiner Tochter aufhängen lassen wollte, da erzählte Syritha sofort die Wechselfälle ihres Raubes und gewann ihm nicht nur die Huld des Königs, sondern bewog auch den Vater, sich mit Otharus Schwester zu verheiraten.

Diese Schilderung bei Saxo ist die Nacherzählung eines alten Freyja-Mythos, der wahrscheinlich in Liedform vorlag und wovon

Saxo die von Otharus gesprochenen Strophen direkt übernommen hatte. Auch scheint er mehrere Quellen gehabt zu haben, da er die erste Entführung in zwei Varianten erwähnt. Obwohl Saxo ein christlicher Mönch war und oft die Götter negativ darstellte (etwa in seinem Mythos von Balderus oder von Frigg), stellt er hier die Freyja positiv dar. Es wäre leicht möglich gewesen, Sie als freizügig oder hurenhaft darzustellen (wie das leider noch heute Neoheiden machen), aber Saxo macht es nicht. Das ist ein deutliches Zeichen, daß in heidnischer Zeit Freyja in einer sehr züchtigen Weise, ähnlich wie die griechische Göttin Diana, gesehen und dargestellt wurde.

Natürlich vermenschlichte Saxo den Mythos, machte aus einem Göttermythos von Freyja und Óðr eine Liebesgeschichte zweier Menschen, Syritha und Otharus, aber der ursprüngliche Mythos ist dennoch gut bewahrt. Den Namen Syritha verwendete er entweder, um zu verschleiern, daß es Freyja ist, oder weil ihm dieser Beiname für Freyja geläufiger war. Bekanntlich ist »Freyja« (»Herrin«) nur ein Anredewort, kein ursprünglicher Name der Göttin. Durch die Vermenschlichung wurden die Stammbäume der beiden verändert, es sind nun bekannte Könige und keine Götter. Das machte Saxo auch bei seinen anderen Göttermythen.

Diese Geschichte jedenfalls paßt gut zu dem, was wir ansonsten von Freyja wissen. In der Vǫluspá 25 (siehe Band 1) wird schon davon berichtet, daß »Óðs Braut« den Riesen gegeben wurde. In der Gylfaginning 35 wird erzählt, daß Freyja Ihrem Gemahl Óðr nachreist und goldene Tränen weint:

Freyja ist die vornehmste nach Frigg; sie ist einem Manne vermählt, der Óðr heißt. Ihre Tochter heißt Hnoss: Die ist so schön, daß nach ihrem Namen alles genannt wird, was schön und kostbar ist. Óðr zog fort auf ferne Wege, und Freyja weint ihm nach und ihre Zähren sind rotes Gold. Freyja hat viele Namen: Die Ursache ist, daß sie sich oft andere Namen gab, als sie Óðr zu suchen zu unbekannten Völkern fuhr. Sie heißt Marðöll, Hǫrn, Gefn und Sýr. Freyja besitzt den Halsschmuck, Brisingamen genannt. Sie heißt auch Vanadís.

In dem Mythos bei Saxo reist Freyja aber bereits vor Ihrer Hochzeit mit Otharus zu den Riesen oder wird von ihnen entführt. Warum unternimmt Freyja also ohne einen ersichtlichen Anlaß diese gefährlichen Reisen? Ich vermute, es sind Lehrjahre. Freyja ist ja auch eine

Göttin der Heilkunst und des Seiðr (Zaubers) und Ihre Reisen sollten wohl neue Erkenntnisse bringen. Otharus nennt ja die Waldfrau »Hexe« und Freyjas Verweilen dort diente vielleicht dazu, daß Sie von dieser Hexe Zauber lernen konnte.

Man hat hinter Óðr den Gott Óðinn sehen wollen, doch gibt es dafür nur Indizien. In Óðr sehen einige Mythologen den sommerlichen Óðinn, der Freyja als personifizierte Erde im Spätjahr verläßt. Sie weint den Winter hindurch Tränen um Ihn oder sucht Ihn in fremden (südlichen) Ländern. Im Frühjahr endlich hat Sie Ihn gefunden und findet die Hochzeit (im Mai) feierlich statt. Aber viel eher als diese Gleichsetzung von Óðr und Óðinn scheint es sich bei Óðr um einen Gott zu handeln, der schon zu indogermanischer Zeit verehrt wurde, denn dem germ. Óðr/Ótharus entspricht der phrygische Attis. Attis ist der Geliebte der Göttin Kybele, die – wie Freyja – einen von zwei großen Katzen, in diesem Falle Löwen, gezogenen Wagen fährt. Bei den Syro-Phöniciern, Griechen und Römern ist es Adonis, der Geliebte der Astarte oder Aphrodite (= Freyja). Nach dem Mythos wird Attis bzw. Adonis von einem Eber getötet, daraufhin beklagt und betrauert, um drei Tage später zur Frühlingsgleiche wieder aufzuerstehen. Aphrodite war über den Tod ihres Geliebten zutiefst bestürzt und begab sich traurig auf eine Reise in die Unterwelt, um ihn zurückzuholen. Dieser Mythos entspricht dem germanischen, wo Freyja dem Óðr nachreist. Aphrodite erhält von der Unterweltsgöttin Persephone (= Hel) die Erlaubnis, daß Adonis die eine Hälfte des Jahres bei ihr (Aphrodite) weilen dürfe, nämlich in der Zeit zwischen der Frühlings- und der Herbstgleiche. Auch von der Unterweltsgöttin Persephone heißt es, daß sie sich den Adonis als Geliebten nimmt, als er in ihr Totenreich gelangt. Sie teilt ihn sich mit Aphrodite, die ihn im Sommer zu Geliebten hat, während er in der dunklen Jahreshälfte der Persephone gehört.

Kurz vor der Frühlingsgleiche feierten die Frauen das Fest Adonia mit einem Trauerzug und Klageriten, um Tage später das Auferstehen des Gottes zu bejubeln. In Rom wurde drei Tage vor der Frühlingsgleiche eine Fichte oder Pinie als Symbol des Attis gefällt und Attis betrauert. Dann am Tage der Frühlingsgleiche erhob sich großer Jubel, da Attis wiederauferstanden war.

Somit erscheint der Gott Óðr in zweifacher Weise, als Gott des Sommers (Óðr) und als Gott der Unterwelt (Hǫðr nach meiner Deutung). Im antiken Mythos wird Er vom Eber getötet, bei uns hingegen erscheint Óttar in Gestalt eines Ebers. Es gibt aber auch Sagen vom »Wilden Jäger« Wodan, wo dieser durch einen Eber getötet wurde.

Die Frage, ob der Gott Óðr/Otharus mit unserem Óttar, Innsteins Sohn identisch ist, kann man nicht leicht beantworten. Óðr kann hier im Süden »Ottar« geheißen haben, aber auch »Othar« oder »Odar«. Es ist möglich, daß der Mythos der Hyndluljóð ursprünglich ein Mythos dieses Gottes war, und zwar den Aufenthalt des Gottes in der Unterwelt (Hyndla) zum Inhalt hatte. In der vorliegenden Form aber muß Óttar, Innsteins Sohn ein Mensch und Schützling der Göttin Freyja sein, denn er opferte Ihr ja regelmäßig und Sie bezeichnet ihn auch nicht als Ihren Geliebten. Wäre er ein Gott, könnte er selbst zur Riesin fahren und sie befragen und bräuchte Freyjas Hilfe nicht.

Natürlich ist in unserm Lied auch ein Naturmythos enthalten, wenn er auch sicher nicht den Hauptinhalt des Liedes ausmacht. Die jungen Götter des Lichtes und des Lebens (Freyja als Morgenröte, Óttar/Óðr als Himmelsgott) befinden sich bei der Gottheit des Winters und Todes (Hyndla), deren Name noch an den Winterwolf erinnert. O. S. Reuter hatte allerdings eine andere Deutung gegeben. Danach ist Freyja Göttin des Nachthimmels und Mondes, der Eber ist Symbol des Mondes und Óttar ist Gott des Mondes und der Nacht. Freyja reitet auf dem Eber durch den Tierkreis. Diese Deutung aber finde ich nicht so überzeugend.

Daß der Mythos, wonach Freyja ein Schwein besitzt und reitet, alt ist und keineswegs erst mit unserm Lied entstanden ist, beweist der Beiname Syritha (»Saureiterin«) den Freyja bei Saxo Granmmaticus führt und der in seiner Verkürzung »Sýr« (Sau) auch in der jüngeren Edda vorkommt. Eine Verwandtschaft zum celtischen Göttinnenname Sirona (vielleicht: »Stern«) wurde vermutet. Danach müßte »Syritha« als »Sýriðr« mit »Sirona« auf ein gemeinsames Urwort zurückgehen. Die celtische Göttin Sirona wird als langgewandete Frau mit Traube und Ähren dargestellt, da Sie Göttin der Heilkunst ist (wie Freyja auch), wird Sie auch wie die griechische Heilgöttin Hygieia mit einer Schlange dargestellt.

Das Lied wurde ganz sicher als kultisches Mysterienspiel aufgeführt, denn alle Handelnden werden genau vorgestellt (Str. 1 und 6, der Eber in Str. 5 und 6). Als Ort braucht man lediglich die Höhle mit Hyndla, die man entsprechend düster-riesisch maskieren kann, im Gegnsatz zur schönen, jungen Freyja. Ein echter Eber (der vielleicht später real geopfert wurde) kann den verzauberten Óttar darstellen. Am Ende gibt es das effektvolle Feuer um Hyndlas Höhle, das die Darstellerin der Freyja mit einer Fackel entzündet. Dazu war nur nötig, Stroh und Häcksel halbkreisförmig um Hyndlas Sitz zu verstreuen. Dann wird auch verständlich, warum Freyja und Hyndla nicht nach Valhǫll reiten: Das darzustellen (insbesondere auf Eber oder Wolf) wäre sehr aufwendig. Und es werden nun auch besonders heitere Momente unseres Spieles deutlich, wenn Hyndla lang und würdig die größten Könige und Helden nennt, weit in die Ferne blickend, um dann zu dem Schwein zu sagen: »Das ist all dein Geschlecht, Óttar du Dummer«. Wenn das Schwein dann zufällig gerade zustimmend grunzt, war der Lacher bei den Zuschauern sicher groß.

Oder wenn das Schwein von Hyndla als Freyjas Geliebter bezeichnet wird – das war sicher eine heikle, wenn auch heitere Anspielung.

Von Freyja (südgermanisch: Frova) gibt es nur sehr wenige Darstellungen aus heidnischer Zeit. Die Abb. 6 zeigt eine silberne Zierscheibe aus einem Fürstengrab des frühen 7. Jhs. aus Eschwege-Niederhone. Die Scheibe mit 12,3 cm Durchmesser wurde 1985 gefunden. Die Göttin mit reichem Schmuck hält einen Bogen in den Händen. Zwei Katzen (Kater) sind an den Seiten dargestellt.

Freyja:
1. »Wache, Maid der Maide, meine Freundin, erwache!
Hyndla, Schwester, Höhlenbewohnerin.
Nun ist die Dunkelheit der Dunkelheit; reiten müssen wir
Nach Valhǫll, und zu heiligen Wegen.

Die Situation: Freyja ist auf einem Eber mit goldenen Borsten vor die Höhle der Hyndla geritten und ruft sie wach. Dabei nennt Freyja die Riesin schmeichelnd-vertraut »Schwester«. Im Mythos ist Freyja häufig bei den Riesen oder sogar zu den Riesen geraubt, so

Abb. 6: Frovadarstellung von Eschwege-Niederhone, frühes 7. Jh.

daß wohl anzunehmen ist, daß Freyja die Hyndla kennt und daher auch weiß, daß Hyndla das Wissen über Óttars Ahnen besitzt. Es ist tiefste Dunkelheit, und Freyja bietet Hyndla an, daß sie zusammen gen Valhǫll reiten. Auf diesem Ritt will Freyja Hyndla dann über die Ahnen befragen.

Freyja redet hier Hyndla mit Namen an. Auf diese Weise erfahren die Zuschauer, um wen es sich handelt, wer die handelnden Personen sind.

Die Namen der Sprechenden finden sich nicht in der Handschrift jeweils angegeben. Deswegen gibt es auch unterschiedliche Zuweisungen einiger Zeilen.

2. Bitten Herjafǫðr in unsren Gedanken sitzen:
Er gönnt und gibt das Gold den Werten.
Er gab Hermóðr Helm und Brünne,
Und ließ Siegmund ein Schwert empfangen.

Der Sinn, warum sie beide nach Valhǫll reiten sollen: Um Herjafǫðr (= Heervater, Óðinn) um Beistand zu bitten. Dieser Beistand soll natürlich zuerst für Óttar erbeten werden, dann vielleicht auch für Hyndla.

In den Strophen 2 und 3 haben wir wohl ein altes germanisches Gebet an Óðinn vorliegen. Óðinn soll in den Gedanken der Betenden Platz nehmen. Es werden dann Gaben geschildert, die Er anderen Schützlingen gegeben hatte, nämlich Helm und Brünne für Seinen Sohn Hermóðr. Hermóðr erscheint besonders im Mythos von Baldr, wo Hermóðr (»Mutig im Heer«) den Weg ins Reich der Hel reitet, um Baldr wieder freizubekommen. Ich deute Hermóðr als Beiname des Gottes Týr. Im Beowulfepos (901ff, 1709-22 und ohne Namensnennung 2177-83) kommt Hermóðr als Heremod aus dem Geschlecht der Scyldinge vor und wird unmittelbar nach Siegmund genannt (875). Hier ist Er zum Dänenkönig geworden, der verbannt wurde und weite Fahrten unternehmen mußte, wie der Gott den weiten Weg zur Hel reitet. Er gerät in fremde Gewalt und macht seinem Volk Sorge, durch Übermut ging er der Gaben Óðins verlustig. Aus dem Gott ist also ein irdischer König geworden, ganz ähnlich, wie aus Rígr/Iring ein König bzw. Krieger geworden ist (siehe Einleitung zur Rígsþula). Auch in angelsächsischen Urkunden findet sich der Name Heremod, und im Althochdeutschen erscheint der Name Herimuot oder Herimaot.

Siegmund (»Sieg-Schutz«) ist Sigurðs Vater, und Siegmund erhielt von Óðinn ein Schwert. Óðinn stach es in den Sippenbaum (die Geschichte findet sich in der Vǫlsunga saga). Hier ist die Ähnlichkeit mit der Mythe von Artus und dem Schwert Excalibur auffällig; bekanntlich sind ja in die Geschichten der Ritter der Tafelrunde alte Göttermythen mit eingeflossen und ersetzt Artus den Gott Óðinn. In Frankreich, wo die Artusgeschichten auch erzählt wurden, hieß es, wenn in rauhen Winternächten der Sturm um die Bauernhütten heulte, das sei Artus mit seinen Hunden: »C'est la Chasse Artu!« Die walisische Folklore sieht Artus als »Wilden Jäger« an, in Wales gibt es einen Steinhaufen mit einem Stein obenauf, der den Fußabdruck von Artus Hund Cabal trägt. Er entstand, als Artus und Cabal das Wildschwein Troit jagten.

Bereits Gervasius von Tilbury kennt diese Geschichte schon um das Jahr 1214: Ein Diener des Bischofs von Catania, der ein Pferd sucht, trifft in Ätna den König Artus in paradiesischer Pracht; die Waldhüter Britanniens erzählen von ihm als Wildem Jäger zu mittäglicher und nächtlicher Zeit. Damit entspricht Artus genau dem heidnischen Gott Wodan, der als höchster Gott und auch Himmelsgott verehrt wurde. Von diesem Gott gibt es auch die Sage, daß er im großen Kampf am Ende der Welt sterben werde, und dann in einem Berg haust, von wo Er seine Wiederkehr erwartet. In dem mittelhochdeutschen Epos »Lohengrin« (Str. 24ff) wohnt Artus im Kreise seiner Hofgesellschaft zusammen mit Juno (die Muttergöttin Frigg) und Felicia (Sibillen Kind) im Berg, der allerdings nach Indien verlegt ist. Wodans Berater, der weise Zwerg/Riese Mimir lebt als Merlin in den Artussagen weiter, die 12 männliche Götter finden wir in den 12 Rittern der Tafelrunde. Sie werden den Tierkreiszeichen zugeordnet und damit ist auch eine Zuordnung zu Göttern möglich:

Widder: Sir Gareth,
Stier: Sir Dinadan,
Zwillinge: Sir Lionel und Sir Bors,
Krebs: Sir Kay,
Löwe: Sir Gawain,
Jungfrau: Sir Tristam,

Waage: Sir Balin,
Skorpion: Sir Lancelot,
Schütze: Sir Parcival,
Steinbock: Sir Ury,
Wassermann: Sir Palomides,
Fische: Sir Galahad.

3. Gibt Sieg den einen, gibt andern Gold,
Worte manchem und Witz den Geborenen,
Fahrwind den Schiffern, den Skálden Lieder,
Er gibt Mannheit manchem Krieger.

Weitere Gaben von Óðinn. Óðinn als Gott des Sieges in der Schlacht, als Gott des Reichtums, als Gott des Wissens und der Weisheit, als Gott des Windes, so auch des Fahrwindes für Schiffe, als Gott des Skáldengesanges sowie Gott der Krieger.

Für »Lieder« hat das Original »brag«, was an den Dichtergott Bragi erinnert.

4. Dem Þórr wird sie opfern, das wird sie erflehen,
Daß er immer sich gegen dich günstig erweise,
Obwohl er unfreundlich ist wider Jǫtunbräute.

Freyja sagt also quasi indirekt der Hyndla ein freies Geleit in Valhǫll zu, denn die Angst vor dem Zorn Þórs wird wohl das größte Hindernis für Hyndla sein, nicht mit zu reiten. Freyja will also dem Þórr opfern – eine Göttin opfert einem Gott. Sie spricht hier übrigens von Sich in der 3. Person. Dem Zuschauer, der das Mysterienspiel sieht und vielleicht schon vermutet, daß Hyndla in Valhǫll von Þórr erschlagen werden wird, wird hier gesagt, daß es (diesmal) anders sein wird, was bei ihm weiterhin für Spannung sorgen kann.

5. Nun nimm einen deiner Wölfe aus dem Stall,
Und laß ihn rennen mit meinem Eber.«

Daß Riesinnen auf Wölfen reiten, kennen wir auch anderswoher. Bei Baldrs Bestattung kommt die Riesin Hyrrokkin auf einem Wolf geritten, der von Schlangen gezäumt ist (Gylf. 49). Daß auf den Stall hingewiesen wird, ist der Aufführung geschuldet, denn man konnte schwerlich einen echten Wolf für das Mysterienspiel beschaffen, also wird er nur im Stall erwähnt, ohne daß da wirklich ein Wolf zu sehen wäre.

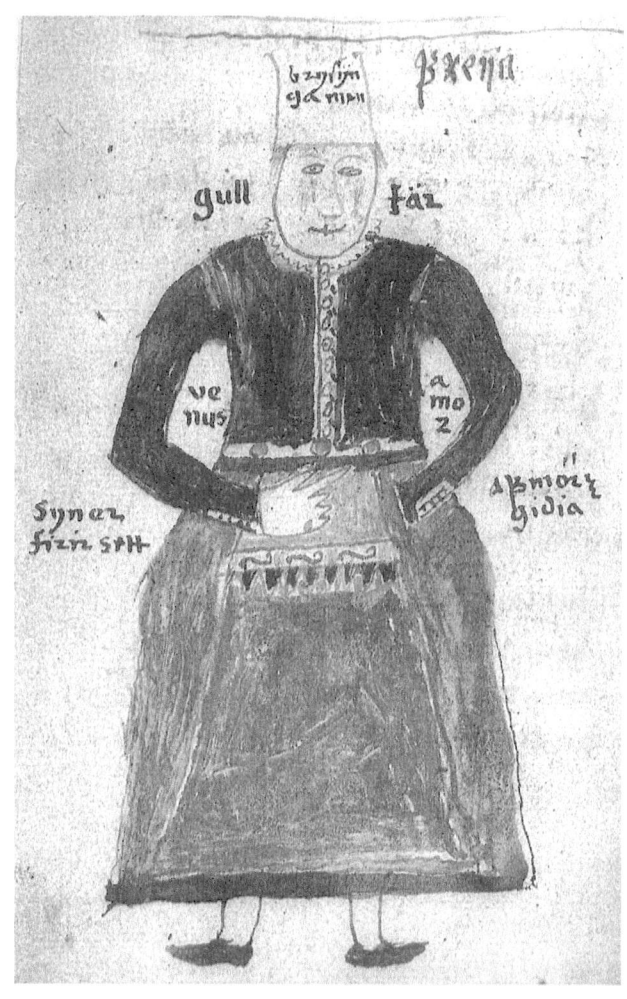

Abb. 7: Freyja, Eddahandschrift AM 738, 4to aus Island, 17. Jh.

Für »Eber« benutzt das Original hier das Wort Runa, was einen verschnittenen Eber bedeutet. Wäre unser Lied eine Auftragsarbeit eines Óttars, hätte er sicher solche Bezeichnungen vermieden. Die Bezeichnung ist aber absichtlich gewählt worden, damit nicht der falsche Gedanke aufkommen kann, Óttar sei Freyjas Geliebter (Str. 6).

Hyndla:
»Dein Goltr ist träg' den Götterweg zu treten;
Ich will mein Roß, das rasche, nicht beladen.

Goltr, Geltvieh ist Bezeichnung für den Eber. Hyndla will ihr Roß (also einen ihrer Wölfe) nicht mit einem Sattel beladen. Sie will den Weg nach Valhǫll gar nicht reiten.

6. Tückisch bist du, Freyja, daß du mich versuchst
Und also die Augen wendest zu uns.
Hast du den Geliebten doch auf dem Valweg,
Óttar den jungen, Innsteins Sohn.«

Hyndla redet hier Freyja mit Ihrem Namen an. Das ist wichtig zur Erkennung der handelnden Personen, wenn das Lied als Mysterienspiel von Darstellern in einem Heiligtum aufgeführt wird. Es kommt dann ohne erklärenden Kommentator aus. Auch Óttar wird genau vorgestellt.

Der Vorwurf der Hyndla, daß Freyja sie versuche, bezieht sich wohl auf die vertraute Anrede als »Schwester« oder darauf, daß Freyja Hyndla täuschen will über die Identität des Ebers.

Für die Strophe gibt es mehrere Deutungsmöglichkeiten:

1. Der Eber ist der verwandelte Óttar, und Freyja will dies gegenüber Hyndla verschweigen. Hyndla aber als Vǫlva erkennt es und spricht es an.

2. Der Eber ist der verwandelte Óttar, aber Freyja will es gar nicht verheimlichen, und Hyndla behauptet spöttisch, Óttar sei Óðr, also Freyjas Geliebter. Sie setzt also Óttar einfach mit Óðr gleich. Das ist von der Wortetymologie sogar passend, denn Óðr heißt in Südgermanien Ottar (= Otter). Aber Óttar, Innsteins Sohn ist natürlich ein anderer, als der Gott Óðr.

3. Hyndla behauptet, Óttar (nicht mit Óðr identisch) sei Freyjas Geliebter, was er aber natürlich gar nicht ist, um Freyja zu ärgern. Sie unterstellt Freyja also ein Verhältnis mit Óttar und Ehebruch gegenüber Óðr, Ihren Gemahl.

Der »Valweg« ist der Weg nach Valhǫll, den üblicherweise nur die gefallenen Krieger gehen. Hier hatte Freyja aber der Hyndla angeboten, ihn zusammen zu reiten, was diese ablehnte.

Freyja :
7. »Du irrst dich, Hyndla, träumt dir vielleicht?
Daß du sagst, mein Geliebter sei auf dem Valweg
Wo mein Goltr glänzt, goldborstig
Hildisvín, den herrlich schufen
Die beiden Zwerge Dáinn und Nabbi.

Freyja widerspricht Hyndla, indem Sie erklärt, daß bei Ihr nicht Ihr Geliebter (nämlich Óðr) ist, sondern nur ein anderer (nämlich Óttar). Er ist in Ebergestalt (wie Str. 43 belegt). Hier nennt Sie den Eber »Hildisvin« (»Hildes Schwein« oder »Kampfschwein«; Hildr ist eine der Freyja unterstellte Valkyre, und im Mythos des Hjaðningavíg scheint Hildr selbst der Freyja zu entsprechen). Der Name des Ebers ist nicht eindeutig, man kann den Text auch so verstehen, daß »Goldborstig« (Gullinbursti) der eigentliche Name des Tieres ist, und »Kampfschwein« nur umschreibende Besitzerklärung: »Gullinbursti, das Kampfschwein ...«. Dann wäre hier also der Eber Gullinbursti genannt, der ja dem Bruder Freyjas, Freyr, gehört. Dies ist aber nicht möglich, weil ja Óttar in Ebergestalt verzaubert ist, dieser Eber kann also nicht mit Gullinbursti identisch sein, da Freyrs Eber eben kein verzauberter Óttar ist. Freys Eber wurde auch nicht von Dáinn und Nabbi, sondern von den Zwergen Sindri und Brokkr geschaffen. Deswegen favorisiere ich weiterhin die Deutung, daß der Eber nicht mit Gullinbursti identisch ist.

Dáinn (»Gestorben«) und Nabbi (»Beule«) sind also zwei Zwerge, die für Freyja den Óttar in Ebergestalt verwandelt haben.

Man kann die Strophe so verstehen, daß Freyja der Bezeichnung »Geliebter« für Óttar bzw. den Eber widerspricht, oder auch so, daß Freyja grundsätzlich der Deutung, der Eber sei Óttar, widerspricht, um den Verwandlungszauber nicht zu verraten.

Die letztere Möglichkeit halte ich für weniger wahrscheinlich (denn sie setzt voraus, daß Freyja Hyndla anlügt, was eine Göttin aber nicht tut und es hier auch sinnlos wäre, da Hyndla als Seherin ja sowieso alles weiß).

8. Streiten sollten wir im Sattel sitzend
Und von den Geschlechtern der Fürsten sprechen,
Den Männern, die Göttern entstammten.
Darüber wetteten um welsches Metall
Óttar der junge und Angantýr.

Freyja hat also Ihren Plan, Hyndla zu einem Ritt nach Valhǫll zu überreden, aufgegeben und will nun, daß sie im Sattel sitzend (aber nicht reitend) miteinander über die Geschlechter sprechen. Manche gehen von einer Lücke zwischen den Strophen 7 und 8 aus, in der erzählt sein soll, wie sie nach Valhǫll reiten. Doch erscheint mir das nicht sinnvoll, denn sie sind ja nicht in Valhǫll, andere Götter kommen nicht vor und darstellbar wäre der Ritt in einem Mysterienspiel auch nicht. Freyja erwähnt eine Wette um »welsches Metall« (Gold) zwischen Óttar dem jungen und Angantýr, seinem Widersacher.

Angantýr (»Wonne-Týr«, »Wonnegott«) ist ein häufiger Name, der sich auch schon in der Hervarar saga findet und als Ongenþeov, Ongenþio im Beowulfepos vorkommt. Wir befinden uns hier also 5./6. Jh. Im Althochdeutschen ist der Name Angandeo überliefert (trad. fuld. 1, 57).

In dieser Strophe wird auch erwähnt, daß sich Götter unter den Ahnen finden – das erklärt auch das Vorhandensein der Strophen der Vǫluspá in skamma am Ende unseres Liedes. Hier wird also bereits indirekt auf diese Strophen bezug genommen, so daß wir davon ausgehen können, daß diese Strophen fest zu unserem Lied gehören.

9. Wir helfen billig, daß dem jungen Helden
Sein Vatererbe werde nach seinen Verwandten:

Hier wird als Grund für die Notwendigkeit, die Ahnen zu kennen, das Vatererbe genannt. Dies ist aber sicher nicht materiell zu verstehen, sondern es geht doch wohl um das ideelle Erbe dieser großen Krieger, deren Óttar sich bewußt werden soll. Insofern ist es für Óttar auch eine Art Initiation, eine Aufnahme in den Kreis der großen Krieger seiner Sippe. Es wird ja gesagt (in Str. 6), Óttar sei jung, also in einem Alter, wo man initiiert wird.

10. *Einen Hǫrgr hat er mir aus Steinen errichtet,*
Nun sind die Steine zu Glas geworden,
Er rötete sie mit neuem Rinderblut.
Immer glaubte Óttar an die Ásinnen.

Obwohl Óttar noch jung ist, hat er doch bereits einen Hǫrgr, einen (vielleicht überdachten) Opferaltar errichtet und dort den Göttinnen schon so viel frisches Rinderblut geopfert, daß die Steine des Hǫrgr davon durch die Opferfeuer schon ganz glasig geworden sind. Deswegen will ihm Freyja helfen. Für »glauben« steht im Original der Begriff »trúa«, der auch in der Zusammensetzung »Ásatrú« (ásengläubig) als Bezeichnung des modernen Heidentums verwendet wird.

Zu den Tieropfern möchte ich etwas nachtragen. Tieropfer waren seit ältesten Zeiten üblich. Ein Überleben im kalten Norden war ohne fleischliche Nahrung nicht möglich. Anders aber sah das bei den Geten bzw. Goten am Schwarzen Meer aus; bei ihnen inkarnierte sich ein Gott und schaffte die Tieropfer und den Fleischkonsum ab. Dieser Gott trug den Namen Zamolxis, und es gibt von Ihm viele Überlieferungen. So schreibt Strabon (Geographia VII, 3, 5):

Man erzählt nämlich, daß ein Gote namens Zamolxis bei Pythagoras gedient und sowohl von ihm als von den Ägyptern, bis zu denen er auf seinen Wanderungen auch geraten war, manches aus der Himmelskunde gelernt habe. In die Heimat zurückgekehrt aber habe er als Ausleger der Vorbedeutungen bei den Fürsten und dem Volk in großem Ansehen gestanden und zuletzt den König beredet, ihn als einen Mann, der geschickt sei, den Willen der Götter zu verkünden, zum Teilnehmer an der Regierung zu machen. Anfangs nun, sagt man, wurde er zum Priester des bei ihnen verehrtesten Gottes bestellt, später aber selbst für einen Gott erklärt, und nun wählte er sich eine allen anderen unzugängliche Höhlengegend und hielt sich daselbst auf, selten mit der Außenwelt verkehrend, außer mit dem König und dessen Dienern. Der König aber unterstützte ihn, weil er sah, daß ihm die Leute jetzt viel mehr gehorchten als früher, in der Meinung, daß er seine Befehle nach dem Rat der Götter erlasse. Diese Sitte nun hat bis auf unsere Zeit herab bestanden, indem sich immer ein

Mann von solcher Eigenschaft vorfand, der demKönig als Ratgeber diente, von den Goten aber ein Gott genannt wurde. Auch der Berg wurde für heilig gehalten und der heilige genannt. Sein eigentlicher Name aber war gleich dem des vorbeifließenden Flusses Kogäonum. Selbst als Byrebistas die Goten beherrschte, gegen den der göttliche Caesar schon einen Feldzug vorbereitete, hatte Decäneus noch diese Würde, und vielleicht hat sich auch die pythagoreische Sitte, sich alles Lebendigen zu enthalten, als eine vom Zamolxis eingeführte erhalten.

Der Fluß Kogäonum ist wahrscheinlich der heilige Fluß und Berg Gogany bei Mika. Daß der Gott Zamolxis das Essen von Fleisch abgeschafft hatte, paßt auch zu der Strophe Grimnismál 19, in der von Óðinn gesagt wird, daß Er kein Fleisch esse. Forscher haben in Zamolxis, der auch schon bei Herodot (IV, 94ff) im 5. Jh. v. u. Zt. erwähnt wird, den Gott Wodan (Óðinn) erkannt, Er war für die Geto-Thracer das Sinnbild des heiteren Himmels, der ihnen ewiges Leben verhieß. Sie glaubten, daß die Seele nach dem Tode zu diesem Gott gelangte, der im Berge sitze, ganz ähnlich den Vorstellungen von Wodan.

In den Stämmen, die im Süden lebten und wo es möglich war, ohne fleischliche Nahrung zu leben, hatte also der Gott Wodan selbst das Leben reformiert und Fleischkonsum abgeschafft. Es zeigt sich hier, daß das Ideal fleischloser Ernährung bei den Germanen als göttliche Weisung bestand und dort, wo es möglich war, auch eingehalten werden sollte. Im Norden mit seinen langen Wintern war aber ein Überleben ohne Fleisch nicht möglich, deswegen wurde hier eine solche Weisung der Götter nicht erteilt.

11. Nun laß die früheren Verwandten aufzählen
Und vortragen die Geschlechter der Menschen.
Welche sind Skjoldunge? Welche sind Skilfinge?
[Welche sind Qðlinge?] Welche sind Ylfinge
Wer stammt von Holðen? Wer stammt von Hersen
Wer ist die beste Männerwahl hinter Miðgarðr?

Es werden nun bereits einige Geschlechter genannt. Über die Skjoldungen heißt es in der Jüngeren Edda (Sksk. Kap. 42):

Darauf bezieht sich die Geschichte von Skjold, dem Sohne Óðins, von dem die Skjoldungen stammen. Er hatte seinen Sitz und herrschte dort, wo es jetzt Dänemark heißt, damals aber hieß es Gotland. Skjold hatte einen Sohn namens Friðleifr, der nach ihm die Lande beherrschte. Friðleifrs Sohn hieß Fróði. Dieser erbte das Königreich von seinem Vater zu der Zeit, als Kaiser Augustus über alle Welt Frieden verbreitete; damals wurde Christ geboren.

Skjold (»Schild«) muß also danach kurz vor der Zeitenwende gelebt haben, die Skoldunge (altenglisch: Scyldingas) sind seine Nachkommen. Saxo Grammaticus erzählt das Leben Skjölds ausführlich (Gesta Danorum I, 11f). Es fallen dabei auffällige Parallelen von Saxos Schilderung mit dem Scyld im altenglischen Beowulfepos auf. In der Ynglinga saga ist Skjold der Mann der Göttin Gefjon.

Die Skilfingar sind nach dem Heerkönig Skelfir benannt, der im Osten (Rußland) herrschte. Er entspricht dem König Schilbunc des Nibelungenepos, der von Siegfried getötet wurde. Es handelt sich um den gleichen Namen, wie angelsächsisch Scylfingas, und da man einen Heerkönig Skelfir nicht kennt, ist es auch möglich, daß sich Óðinn dahinter verbirgt, denn »Skilfingr« ist ein Beiname Óðíns in den Grímnismál 54. Diese Sippe wäre also nach ihrem Ahnherrn Óðinn benannt. Man kann skjolf (ags. scelfe, scylfe) auch mit »im Hochsitz thronend« übersetzen, vgl. den Namen von Óðins Thron »Hliðskjálfr«.

Die Ǫðlinge fehlen in dieser Strophe, werden aber meist ergänzt, um die fehlende Halbzeile zu ersetzen. Dabei nimmt man Strophe 16 als Vorlage, denn dort werden sie aufgezählt. Der Name (»Edelinge«) stammt vom König Auði (»der Reiche«), dem Sohn Hálfdans des Alten (im Beowulfepos: Healfdene). Er Lebte im späten 5. und frühen 6. Jh.

Die Ylfinge (»Wolfssöhne«, auch Wylfingar, Wulfingas) sind das Geschlecht, dem auch Helgi der Hundingsbana entstammt, der ein älterer Halbbruder Sigurðs ist, und von dem die beiden eddischen Heldenlieder Helgaqviða Hundingsbana I und II handeln. In den Helgaqviða Hundingsbana II heißt es (Pr. 1):

König Sigmund und seine Sippe führten den Namen Vǫlsunge oder Ylfinge.

Es ist möglich, daß hier Ylfingar fälschlich für richtig »Ynglingar« geschrieben wurde, was sich bei Betrachtung der entsprechenden Strophe 16 unseres Liedes ergibt.

In der Jüngeren Edda (Sksk. Kap. 64) finden sich diese und weitere der Heldengeschlechter:

Hálfdan und seine Gemahlin hatten noch neun weitere Söhne, und deren Namen lauten: Erstens Hildir, von dem die Hildingar stammen; zweitens Nefir, von dem die Niflungar stammen; drittens Auði, von dem die Öðlingar stammen; viertens Yngvi, von dem die Ynglingar stammen; fünftens Dagr, von dem die Döglingar stammen; sechstens Bragi, von dem die Bragningar stammen, das Geschlecht Hálfdans des Milden; siebentens Buðli, von dem die Buðlunge stammen, unter diesen Atli und Brynhildr; der achte ist Lofði, der war ein großer Heerkönig, sein Gefolge waren die Lofðar, und seine Nachkommen hießen Lofðungar, unter ihnen ist Eylimi, der Muttervater Sigurðs des Fáfnirtöters; neuntens Sigar, von dem die Siklingar kommen, das Geschlecht Siggeirs, der Vǫlsungs Schwiegersohn war, und das Geschlecht Sigars, der den Hagbarðr henkte.

Aus dem Geschlecht der Hildingar stammte Haraldr Rotbart, der Muttervater Hálfdans des Schwarzen; aus dem Niflungargeschlecht Gjúki, aus dem Öðlingargeschlecht Kjár; aus dem Ynglingargeschlecht Eiríkr der Wortgwandte (Ericus Disertus bei Saxo). Dies sind zugleich berühmte Königsgeschlechter: Von Yngvi stammen die Ynglingar von Uppsala, von Skjold in Dänemark die Skjoldungar, von Vǫlsung im Frankenland (Frakklandi) die Vǫlsungar. Es gab ferner einen Heerkönig Skelfir, dessen Nachkommen sind die Skilfingar, weit verbreitet in den Ostlanden.

Wir befinden uns bei diesen Königen und Königssippen also in der Zeit von Beowulf und den Nibelungen (Ende der Völkerwanderungszeit). Hálfdan der Milde wurde um 704 geboren.

Zurück zu unserer Strophe. Über die Hǫlðen (Freien) siehe meinen Kommentar zu Rígsþula Str. 21, über die Hersen siehe Kommentar zu Rígsþula 36. Die »beste Männerwahl hinter Miðgarðr« meint: Die beste Auswahl von Männern auf der Erde.

Hyndla:
12. Óttar, du bist von Innsteinn gezeugt,
Und Innsteinn entstammte Álfr dem Alten.
Álfr von Úlfr, Úlfr Sæfari,
Aber Sæfari von Svan dem Roten.

Innstein ist Óttars Vater. Er ist auch aus der Hálfs saga ok Hálfsrekka bekannt. Innstein war ein Krieger König Hálfs von Hordaland.

Eine Episode der Hálfs saga findet sich auch in der Landnámabók. Die im 10. Jh. entstandene Ynglingatal kennt bereits König Hálf. König Hálf kehrt mit seinen Helden nach 18 Jahren Víkingerfahrt nach Norwegen in sein Königreich zurück. Trotz eines warnenden Traumes, den Innstein, sein Gefolgsmann hat (der als Innsteinlied zur Hálfs saga gehört), wird er von König Ásmund hintergangen und in seiner Halle verbrannt. Die zwei einzigen Überlebenden des sich anschließenden Gemetzels dichteten Lieder auf das Geschehen, die als Útsteinlied und Hrókslied vorliegen. Die Saga endet damit, daß Hálfs Enkel nach Island auswandern. Die weitere Ahnenreihe ist auch in der mythischen norwegischen Vorgeschichte Hversu Nóregr byggðist enthalten. König Hálf hat also wohl im 8. Jh. gelebt, er soll um 790 geboren sein.

Der in der Strophe genannte Álfr ist nicht mit dem Álfr von Strophe 18 identisch.

Die Namen in unserer Strophe bedeuten: Innsteinn = der Stein; Álfr = Albe, »Weißer«; Úlfr = Wolf; Sæfari = Seefahrer; Svan = Svein, junger Krieger.

13. Eine Mutter hatte deines Vaters Mutter, halsbandgeschmückt,
Ich glaube, sie hieß Hléðís Gyðja.
Fróði war ihr Vater, Friot ihre Mutter.
All dies Geschlecht war übermenschlich.

Zeitlich paßt der Stammbaum nicht zusammen, wenn wir hier den bekannten Friedens-Fróði haben, der im 1. Jh. gelebt haben soll, während Óttars Verwandte wie Innsteinn dem 8. Jh. angehören. Aber es scheint noch einen weiteren König Fróði gegeben zu haben, der später lebte, Fróði könnte ein Beiname sein (»der Weise, Kraftreiche«). »Hléðis Gyðja« ist die »Priesterin Hléðis«, der Name könnte »berühmte Dise« bedeuten. Der Name Friot (oder Friaut) bedeutet vielleicht »Freund«. Friot ist die Tochter von Hildigunn, die dann in Strophe 17 erwähnt wird. Die Strophen 14-16 sind also später hierher gestellt worden.

14. Áli war einst der Männer mächtigster,
Hálfdan davor, der hehrste der Skjoldungen.
Berühmt sind die Kämpfe, die die Kühnen fochten;
Seine Taten flogen zu des Himmels Ecken.

Die Strophen 14-16 unterbrechen die direkte Ahnenreihe von Óttar. Hálfdan der Alte lebte im späten 5. und frühen 6. Jh. Áli (vielleicht: »der Kämpfer« oder »der Schützer«) ist wahrscheinlich Áli der Kühne, der in der Ynglingasaga Kap. 29 genannt wird, der Brudersohn des jüngeren Hálfdan (»Halbdäne«), der hier vermutlich mit dem alten Hálfdan verwechselt wurde. Es heißt in der Ynglinga saga[12]:

König Helgi Hálfdansson herrschte damals in Lejre (Dänemark) ... Er nahm die Königin Yrsa gefangen, führte sie mit sich nach Lejre und vermählte sich mit ihr. Ihr Sohn war Hólf Krake ... König Aðils hatte große Kämpfe mit einem Könige, der Áli der Oberländer hieß. Er stammte aus Norwegen. Sie hatten einen Kampf auf dem Eise des Venersees. Da fiel König Áli und Aðils behielt den Sieg.

Áli ist also ein Zeitgenosse Hrólf Krakis. Hrólf Kraki, der im Beowulfepos (1017, 1180) als Hrodulf erscheint, lebte in der 1. Hälfte des 6. Jhs., bei Paulus diaconus ist er der Erulerkönig Rodulf.

Des »Himmels Ecken« kann auch mit »des Himmels Enden« oder »-Zipfeln« übersetzt werden.

15. Er verband sich mit Eymund, dem besten der Männer,
Den Sigtrygg schlug er mit kaltem Schwert.
Almveig ehlicht' er, die beste Frau;
Sie zeugten und hatten achtzehn Söhne.

Hálfdan Hringssohn der Alte (geb. um 450) verband sich also mit Eymund, d. i. König Eymund von Holmgard, der um 430 geboren wurde. Nach dem Sieg über Sigtrygg heiratete Hálfdan Almveig (Alvig), die Tochter König Eymunds, zusammen hatten sie neun Söhne (Neunlinge), die alle starben, doch weitere neun Söhne wurden dann zu Stammeltern bekannter Sippen. Die Zahl der zweimal Neun Söhne ist auch mythisch zu verstehen (vgl. Rígsþula Kommentar zu Str. 35). Eymund (Agilmund) bedeutet »Waffenspitzen-Schutz«, Sigtrygg bedeutet »Siegvertrauend« oder »Siegtreu«, Almveig ist die »Bogenkämpferin«.

16. Daher die Skjoldunge, daher die Skilfinge,
Daher die Qðlinge, daher die Ynglinge,
Daher die Holdgeborenen, daher die Hersengeborenen,
Die beste Männerwahl hinter Miðgarðr.
All dies ist dein Geschlecht, Óttar du Heimzögling!

Hier erscheinen nun also statt der Ylfingar (»Wölflinge«) die Ynglingar, der Name des schwedischen Königsgeschlechts, dessen Ahnherren Yngvi-Freyr, Óðinn und Njǫrðr sind (laut den Ynglingatal des Skálden Þjóðólfr ór Hvíni aus dem 9. Jh.). Der erste König aus diesem Geschlecht ist König Fjölnir.

Die letzte Zeile unserer Strophe nennt Óttar einen »heimiski«, also einen »Heimischen« oder »Heimzögling«, jemanden, der immer nur zu Hause gehockt hatte und deswegen keine Erfahrung hat. Wir würden heute sagen: Stuben- oder Ofenhocker, Unwissender. Auch das ahd. heimiski, heimiska entspricht dem nordischen Wort und kann auch mit »Idiot« übersetzt werden. Es wäre unlogisch, wenn Óttar oder einer seiner Verwandten dieses Lied in Auftrag gegeben haben sollte, wo Óttar darin doch als »heimiski« verspottet wird.

17. Hildigunn war ihre Mutter,
Svóvas Tochter und des Seekönigs.
All dies ist dein Geschlecht, Óttar du Heimzögling!
Wichtig, zu wissen, willst du noch mehr?

Diese Strophe schließt inhaltlich wieder an die Strophe 13 an. Die letzte Zeile hat einen Kehrreim, wie wir ihn auch ähnlich in der Vǫluspá mehrfach finden.

Hildigunn ist ein Name, der sich aus den zwei Valkyrennamen Hildr und Gunnr zusammensetzt, die beide mit »Kampf« übersetzt werden. »Svóva« ist wohl als »Sváva« zu lesen und vielleicht mit »die Einschläfernde, Tötende« (zu svæfa) zu übersetzen. Oder er bedeutet »die Suebin«. Mit der Sváva der Vǫlundsage ist sie wohl nicht identisch.

18. Dagr hatte Þóra, die Kriegermutter:
Dem Stamm entstiegen der Kämpen beste:
Fraðmarr und Gyrðr und beide Freki,
Ámr, Josurmarr und Álfr der Alte.
Wichtig, zu wissen, willst du noch mehr?

Diese Strophe ist wiederum eingefügt, denn Strophe 19 fügt sich inhaltlich direkt an 17 an. Dagr (»Tag«) ist einer von den Söhnen Hálfdans und Ahnherr der Sippe der Döglingar. Þóra ist Dags Frau, der Name hat Bezug zum Gott Þórr. In der Schrift Hversu Nóregr byggðisk werden Dagr und Þóra genannt, und beide haben neun

Söhne, doch stimmen die Namen dort nur teilweise mit den hier genannten überein. In dem Ragnarssona þáttr (der Erzählung von den Söhnen Ragnar loðbróks) wird ein Sohn von Dagr und Þóra namens Ring erwähnt.

Der hier genannte Álfr ist mit dem in Strophe 12 nicht identisch. Dagr ist durch Ketill mit Óttar verwandt, durch Ketils Enkelin Hléðis Gyðja (Str. 13), deren Bruder Hálfdan auch einen Sohn Dagr hatte.

Fraðmarr = der Kundige, Gelehrte, Berühmte; Gyrðr = Gegürtet; Freki = Gefräßig (auch der Name eines der Wölfe Óðins); Ámr = Riesin; Josurmarr = Eisenberühmt?; Álfr = der Alfe, der Weiße.

19. Ketill hieß ihr Freund, der Klypps Erbnehmer,
War der Muttervater deiner Mutter.
Da war Fróði früher als Kári,
Aber als ältester war Álfr geboren.

»Freund« meint hier »Gatte«, denn Ketill ist Hildegunns Mann und Urgroßvater unseres Óttar. Es handelt sich um ein Geschlecht aus Hordaland (Norwegen), aus dem später auch Þóra Mostrarstong, die Mutter von Hákon Aðalsteinsfostri (gest. um 960) stammte. Der hier genannte Ketill wurde auch Horda-Kari genannt. Zu seinen Nachkommen gehört auch Hjǫrleifr (Sohn von Hróðmar), der Entdecker Islands (um 874), und Úlfljót, der auf Island die nach ihm benannten Gesetze einführte. Von Ketils Söhnen hießen zwei Ketill und Olmóð (dieser kommt in Str. 21 vor), einer seiner Enkel hieß Klypp und entspricht dem Klypp unserer Strophe. Zu Fróði siehe Str. 13.

Mit »Álfr« ist vielleicht auch König Hálf von Horðaland (Sohn von Hjǫrleifr und Hildr) gemeint, den wir aus der Hálfs saga kennen (siehe Kommentar zu Str. 12).

Ketill = Kessel; Klypp = Klippe; Fróði = der Weise, Kraftreiche; Kári = der Wilde; Álfr = der Alfe, der Weiße.

20. Die nächste war Manna, Nǫcqvis Tochter,
Ihr Sohn war angeheirateter Verwandter deines Vaters.
Vergessen ist die Verwandtschaft, ich erzähle weiter.
Ich kannte beide Brodd und Hǫrvi:
All dies ist dein Geschlecht, Óttar du Heimzögling!

Ich habe hier absichtlich die Schreibweise der Handschrift, Manna, stehen lassen. Üblicherweise berichtigt man zu Nanna (»die Kühne«). Aber Nanna ist Name einer Göttin und daher wäre es ungewöhnlich, daß diesen Namen eine Frau getragen haben sollte. Man darf jedenfalls die hier genannte Manna, Tochter Nǫcqvis (= Nachen, Boot), nicht mit der Göttin Nanna, Neprs Tochter und Baldrs Frau, verwechseln. Die Schreibweise »Manna« ist sicher falsch, aber ob das M durch ein N oder doch eher einen andern Konsonanten, z. B. durch G zu »Ganna«, ersetzt werden muß, ist eben nicht klar. Dion Cassius erwähnt (67, 5, 3) eine semnonische seherin Ganna, die mit dem König der Semnonen zur Zeit des Kaisers Dominitian nach Rom kam. Das war im 1. Jh. Der Name Ganna ist zu Gandr (»Zauberstab«) zu stellen.

Brodd = Spitze; Hǫrvi = Flachs (oder: Schwert).

21. Ísólfr und Ásólfr, Qlmóðs Söhne
Und Skúrhildas, Tochter Skekkils.
Du sollst sie zählen zu vielen Kriegern
All dies ist dein Geschlecht, Óttar du Heimzögling!

Zu Qlmóðr siehe Kommentar zu Str. 19. Ísólfr = Eiswolf, Ásólfr = Ásenwolf; Qlmóðr = Schutzmutig (oder: Bier-zornig); Skúrhilda = Schauerkämpferin; Skekkil = Bartaxt. Es handelt sich um eine Bartaxt, wie sie von 650-800 u. Zt. vorkam, in der Vikingerzeit wurde dann ein anderer Axttyp verwendet. Will man also unser Lied in das 12. oder 13. Jh. datieren, müßte man annehmen, daß der Dichter hier absichtlich eine antike Axtform, die längst außer Gebrauch war, erwähnt hätte, um sein Lied damit als altertümlich erscheinen zu lassen. Das ist wohl relativ unwahrscheinlich. Eher spricht diese alte Axtform dafür, daß auch das ganze Lied in dieser älteren Zeit formuliert wurde.

22. Gunnar Bálkr, Grímr Arðskafi,
Járnskjoldr-Þórir, Úlfr Gínandi. -
Búi und Brámi, Barri und Reifnir,
Tindr und Tyrfingr, und zwei Haddingjar:
All dies ist dein Geschlecht, Óttar du Heimzögling!

In dieser Strophe werden nun in Zeile drei und vier 12 Berserkir genannt, die wir auch aus der Örvar-Odds saga und der Hervarar saga kennen, die Söhne von Arngrímr und Eyfura. Unsere Strophe wird meist noch vor Zeile drei um die vier fehlenden Namen aus der Örvar-Odds saga ergäzt: Hervarðr, Hjǫrvarðr, Hrani, Angantýr, doch da das Original sie nicht hat, lasse ich die Ergänzung weg.

Die Namen sind Kriegernamen, teilweise mit Beifügungen: Gunnar Bálkr = Kämpfer-Balken; Grímr Arðskafi = Der Maskierte Harte; Járnskjoldr-Þórir = Eisenschild-Þórir; Úlfr Gínandi = Wolf, der Gähnende; Búi = Bewohner; Brámi = Dorn; Barri = Spitze (auch: Nadel, Gerste); Reifnir = der Frohe; Tindr = Spitze (Felsspitze); Týrfingr = Schwertfinger (der Name Tyrfingr erinnert an das gleichnamige Schwert, welches in der Hervarar saga erwähnt wird); Haddingjar = die Haarigen (bezieht sich auf den ewigen Kampf der Haddinge).

In der Örvar-Odds saga (Kap. 29) werden die zwölf Berserker so eingeführt

»Die kenne ich«, sagt Hjálmar, »das sind zwölf Brüder«. »Kennst du ihre Namen?« sagt Odd. Da kommt Hjálmar ein Lied auf die Lippen:

»Hervarþr, Hjǫrvarþr, Hrani, Angantýr,
Bildr und Búi, Barri und Tóki,
Tindr und Tyrfingr, zweimal Hadding;
sie wurden auf Bolm im Osten geboren,
Arngríms Söhne und Eyfuras. (...)«

»Was sind das für Männer«, sagt Odd »auf die wir gestoßen sind?« »Der heißt Angantýr, der das Kommando über diese Mannschaft führt, wir sind zusammen zwölf Brüder, die Söhne Arngrím und Eyfuras aus dem Osten von Flämingland, die Söhne der Tochter des Jarls von Svafrlami«.

Ein historischer Odd hat wahrscheinlich im 9. Jh. in Helgeland gelebt und eine Reise nach Bjarmland unternommen. Saxo Grammaticus erwähnt ihn in seiner Gesta Danorum (V, 166) als »Arwaroddus«. Es heißt dann dort:

Arngrim erhielt von der Ofura zwölf Söhne, deren Namen ich hier folgen lasse: Brander, Biarbi, Brodder, Hiarrandi, Tander, Tirwingar, zwei Haddinge, Hiorthwar, Hiarthwar, Rani, Angantir. Diese lagen von Jugend auf den Wikingfahrten ob; als sie einst alle auf einem Schiffe an der Insel Sampso anlegten, fanden sie am Gestade zwei Schiffe der Wikinger Hialmerus und Arwaroddus.

Es kommt zu Kämpfen und alle Berserker sowie Hialmerus sterben, Odd allein überlebt.

23. *Áni, Ómi waren geboren,*
Arngríms Söhne und Eyfuras;
Der Lärm von vielerlei Berserker-Unheil
Ging über Land und Meer gleich rasender Lohe:
All dies ist dein Geschlecht, Óttar du Heimzögling!

Die Zeilen in unsern Strophen scheinen ein wenig durcheinander, und einige Herausgeber haben daher die Zeilen umgestellt. Jedenfalls befinden wir uns bei diesen Strophen, die vielleicht später eingefügt worden sind, noch im 9. Jh. Manche Herausgeber ersetzen die erste Halbzeile durch eine Halbzeile aus der Örvar-Odds saga, was ich für unzulässig halte, da die Saga eindeutig jünger ist. Dort gibt es die Strophe:

Östlich in Bólm waren geboren
Arngríms Söhne und Eyfuras.

Gemeint ist die Insel Bolmsö im See Bolmen in der schwedischen Provinz Småland.

Eyfura stammt durch Sigrlami von Óðinn ab.

Áni = der Gönner?; Ómi = der Erste (ein Óðinsname); Arngrímr = Adlergrimmig (Adlermaskiert); Eyfuras = Egilfuras, Waffenspitzen-Feuer.

24. *Ich kannte beide, Brodd und Hǫrvi*
Waren in der Hirð Hrólfs des Alten.
Die alle stammen von Jormunrekr,
Dem Schwiegersohn Sigurðs - höre was ich dir sage -
Des volkgrimmen, der Fáfnir erschlug.

Die erste Zeile unserer Strophe findet sich auch in Strophe 20. Die »Hirð« ist die Gefolgschaft. Hrólf der Alte ist vielleicht König Hrólf Gautreksson von Gotland, denn in der Hrólfs saga Gautrekssonar finden sich auch die Namen Þórir Jarnskjǫld und Grímr Þorkelsson, die unser Lied in Str. 22 nennt.

Hier wird nun auch die Verbindung zu den noch bekannteren Personen der germanischen Heldensage hergestellt. Jormunrekr ist der historische Ermanarich, König der Goten, der um 376 starb, und der in der Sage als grausam gilt. Er hat in den Sagen Sigurðs Tochter Svanhild geheiratet und ist deswegen der Schwiegersohn Sigurðs, des Töters des Drachen Fáfnir. Als historisches Vorbild für Sigurðr sieht man den 575 ermordeten ostfränkischen König Sigibert I. und den Cheruskeranführer Arminius (Hermann), der im 1. Jh. lebte und von Verwandten ermordet wurde. Sein Vater Sigimer gab die Vorlage für den Namen. Über Svanhild siehe meine Einleitung von Grógaldr (Kap. 7).

Hrólfr (Rudolf) = Ruhmwolf; Jǫrmunrekr (Ermanarich) = Gewaltiger König oder Gewaltreicher; Sigurðr = Siegwärter; Fáfnir = Der Umarmer.

25. So war der Weise, von Vǫlsungr,
Und Hjǫrðís von Hrauðungr,
Und Eylimi von den Ǫðlingar.
All dies ist dein Geschlecht, Óttar du Heimzögling!

König Vǫlsungr (Vǫlsi = Stab, Penis) ist der Stammvater und Namensgeber des Geschlechts der Vǫlsungen, das von Óðins Sohn Siggi bis zu Sigurðr den Drachentöter reicht.

Hrauðungr (»der Zerstörer« oder »der Gerüstete«) ist ein mythischer gotischer König, der auch in der Einleitung der Grímnismál vorkommt, in den Þulur ist Hrauðungr ein Seekönig. Hjǫrðís (»Schwert-Dise«) ist Sigurðs Mutter, die Tochter des Königs Eylimi (»Zweig einer Waffenspitze« oder »der Stark- oder Schöngliedrige«) und Frau Sigmunds. Eylimi ist auch der Vater der Sváva, von der die Helgilieder der Edda erzählen. Nach den Skáldskaparmál und den Hversu Nóregr byggðisk gehörte Eylimi zu dem Geschlecht der Lofðungar (siehe Zitat zu Strophe 11). Zu den Ǫðlingar siehe Kommentar zu Str. 11.

26. Gunnar und Hǫgni, Gjukis Erben,
Und desgleichen Guðrún, deren Schwester.
Nicht war Guthormr von Gjúkis Geschlecht,
Doch war er ein Bruder den beiden,
All dies ist dein Geschlecht, Óttar du Heimzögling!

Wir sind weiter bei den Nibelungen, nun bei den angeheirateten Verwandten Sigurðs. Gunnar ist König Gunther, der historische Gundaharius oder Gundicarius, von dem der Geschichtsschreiber

Prosper Aquitanus berichtet, daß er mit seinem Volk und Geschlecht im Jahre 437 einem vernichtenden Schlag der Hunnen von Pannonien her erlag. Hǫgni ist der deutsche Hagen von Tronje, Guðrún entspricht der mittelhochdeutschen Kudrun, von ihrer Rolle aber der Kriemhild, die wiederum auf die historische Hildiko zurückgeht. Mit ihr war Attila der Hunnenkönig verheiratet, er starb aber nach seinem letzten Feldzuge 453 in der Brautnacht eines rätselhaften Todes. Alle drei, Gunnar, Hǫgni und Guðrún sind Geschwister und Kinder von König Giuki (dem historischen Gebeka) und Grimhild (Kriemhild, der historischen Hildiko, die hier aber die Mutter ist). Guthormr (in der deutschen Sage: Gernot) entspricht dem historischen Burgunderkönig Gundomar (»Kampfberühmt«) und ist nur Halbbruder, Sohn der Grimhild. In der eddischen Fassung der Sage ist es Guthormr, der den Sigurðr ersticht, in der deutschen Fassung aber tötet Hagen den Siegfried.

Gunnar (Gunther) = Kämpfer; Hǫgni (Hagen) = der aus dem Hag; Gjuki = der großzügig Schenkende; Guðrún = Die mit guten Runen; Guthormr = Kampfwurm.

27. Haraldr Hilditǫnn, Hrœreks Erzeugter,
Des Ringverschleud'rers, war der Auðrs Sohn.
Auðr die Überreiche, Ívars Tochter,
Und Ráðbarðr war Randvés Vater.
Dies waren Männer, den Göttern geweiht.
All dies ist dein Geschlecht, Óttar du Heimzögling!

Ívar Viðfaðmi (»der Weitfassende«) war König von Schonen, Jütland und Schweden und machte sich zahlreiche Länder tributpflichtig. Hrœrekr (Roderich) herrschte aber in Dänemark und freite um Auðr, doch Ívar bezichtigte die Tochter eines Verhältnisses mit Helgi, dem Bruder von Hrœrekr, und es kam zum Kampf zwischen den Brüdern, wobei Helgi fiel. Sie aber entkam mit ihrem Sohn Haraldr und flüchtete nach Eygotaland (die Insel Gotland) und später nach Gardarike (Rußland), wo sie Schutz beim König Ráðbarðr suchte, der sie schließlich heiratete. Ívar aber wollte gegen Ráðbarðr zu Felde ziehen, doch starb er vorher, indem er sich selbst ins Meer stürzte.

Ráðbarðr hatte mit Auðr einen eigenen Sohn, Randvér.

Harald Hildetanns Kämpfe um Norwegen sowie sein Ende in der Brawallaschlacht durch Sigurðr Ring, dem Sohn von Randvér und Enkel Ráðbarðs und Auðrs sind Thema in vielen Sagas, und auch Saxo Grammnaticus behandelt diese Geschichte ausführlich (Buch 7 und 8), sowie das altnordische Fragment Sœgubrot. Als Harald Hildetann so alt geworden war, daß ihm das Leben als Last erschien, wollte er nur noch ein rühmliches Ende finden und erklärte daher seinem Neffen Sigurðr Ring den Krieg. Die Entscheidungsschlacht wurde auf der Bravallaheide in Östergötland ausgefochten, wo Harald sein Ende fand. Harald Hildetann (»Kampfzahn«) lebte in der Zeit zwischen 700 und 800.

Diese Strophe ist deswegen aufschlußreich, weil hier zwar die Reihe der schwedischen Könige bis zu Ívars zweitem Schwiegersohn Ráðbarðr und seinem Sohn Randvér aufgeführt ist, aber weder Randvés Sohn Sigurðr Ring, der Sieger der Bravallaschlacht, noch dessen gefeierter Sohn Ragnar Loðbrok werden genannt. Im 9. Jh. hätte man diese berühmen Namen, über die der ganze Norden gesprochen hat, nicht verschweigen können. Das ist der unumstößliche Beweis, daß unser Lied zu einer Zeit entstand, wo diese Könige noch nicht gelebt hatten, nämlich im späten 8. Jh. und damit in heidnischer Zeit. Eine Datierung des Liedes in das 13. Jh. ist daher völlig unhaltbar.

Ringverschleuderer bedeutet: König, Fürst, der die Ringe freigebig an seine Gefolgsleute verteilt.

Haraldr = Heer- oder Hochwalter; Hrœrekr (Roderich) = Ruhmreich; Auðr = die Reiche; Ívar (Ingmar) = Ings Ruhm; Ráðbarðr = Rotbart; Randvér = Schildwehrer.

28. Wurden Elfe der Ásen gezählt,
Als Baldur sank den Todeshügel.
Váli bewährte sich wert ihn zu rächen,
Da er des Bruders Handtöter erschlug.
All dies ist dein Geschlecht, Óttar du Heimzögling!

Mit der Strophe 28 beginnt der Abschnitt des Liedes, den man als »Vǫluspá in skamma« (kurze Vǫluspá) bezeichnet. Von den Helden und Königen geht es nun zu den Göttern, von denen diese Königssippen ja abstammen.

Es sind also noch 11 göttliche Ásen da, nachdem Baldr zur Hel gefahren ist. Váli hatte Ihn gerächt und Hǫðr getötet. »Handtöter« meint denjenigen, der jemanden tatsächlich getötet hat (nämlich Hǫðr), hingegen ist »Rattöter« derjenige, der die Tat anstiftet (Loki).

Die Edda geht also offenbar von einer 12 oder 13erzahl von (männlichen) Göttern aus, was wiederum die Bezüge zu den Monaten und Tierkreiszeichen nahelegt. Es sind die Götter: Týr, Þórr, Ullr, Freyr, Víðarr, Váli, Bragi, Heimdallr, Óðr, Forseti und Njǫrðr. Loki ist als Sohn eines Riesen nicht dabei, und Óðinn als Allvater wird hier nicht mitgezählt (bzw. die beiden Götterbrüder Víðarr und Váli werden nur einfach gezählt, da Víðarr ja erst zur Ragnarǫk geboren wird; Er ist erst »einnächtig« als Er Óðinn rächt).

Daß am Ende der Strophe wiederum die Kehrreimzeile folgt, zeigt, daß diese Strophen schon zu den anderen Strophen der Hyndluljóð gehören oder doch zumindest damit verbunden wurden. Inhaltlich ist die Zeile aber passend, da Óttar ja auch die Götter in seiner Ahnenreihe hat.

29. Baldurs Vater war Burs Erbnehmer.
Freyr hatte Gerðr, sie war Gymirs Tochter,
Vom Jǫten-Geschlecht und der Aurboða.
So war auch Þjassi ihr Verwandter,
Der hochmütige Jǫtun, dessen Tochter Skaði war.

Hier wird nun noch weiter zurückgegangen: Baldrs Vater Óðinn ist der Sohn von Burr (Borr), der kein Riese war, und hat über die Mutter Bestla auch riesische Vorfahren. Deswegen wird gleich darauf von Freyr und Gerðr geredet, denn Gerðr ist auch riesischer Abstammung, und von Þjassi und Skaði. Es geht also darum, zu zeigen, daß Götter auch riesische Vorfahren haben können und daß also auch Óttars Stammbaum diese riesischen Vorfahren aufweist. Daß Freyr und Gerðr ein Paar sind, wird hier klar gesagt. Über Sie lese man Kap. 6, »Skírnisfǫr«. Zu Skaði und Þjassi siehe meinen Kommentar zu Grímnismál Str. 11 (im 1. Band), zu Aurboða siehe Fjǫlsvinnsmál 38.

30. Vieles erwähnt' ich, mehr noch sage ich; Wichtig, zu wissen,
willst du noch mehr?

Eine Kehrreimstrophe ähnlich wie die Endzeile in der langen Vǫluspá, die sich dort in den Strophen 27, 28, 33, 35, 39, 41, 48, 62 und 63 findet.

31. Haki war von Hvæðnas Söhnen der beste
Hvæðnas Vater war Hjorvarðr.
Heiðr und Hrossþjófr sind Hrímnirs Kinder.

Hvæðna war nach dem Sǫrla-þáttr die Frau von König Hálfdan von Dänemark, der in Lejre bei Roskilde residierte. Die ersten zwei Zeilen dieser Strophe handeln noch einmal von den Königsgeschlechtern, weswegen man davon ausgeht, daß sie hier nicht an der richtigen Stelle stehen. Daher werden sie meist umgestellt.

Die dritte Zeile nennt Kinder des Riesen Hrímnir (»der Bereifte« oder/und »der Berußte«). Dieser Riese wird auch in der Skáldendichtung, den Nefnaþulur sowie den Skírnisfǫr 28 erwähnt. Über ihn ist nichts weiter bekannt. Heiðr ist seine Tochter und erinnert an die Heiðr, die die lange Vǫluspá erzählt (siehe Kommentar zu Vǫluspá 22 im 1. Band). Man könnte nun meinen, ein Dichter der kürzeren Vǫluspá habe sich die längere Vǫluspá zum Vorbild genommen und daher auch den Namen Heiðr übernommen. Immerhin wird in der folgenden Strophe auf die Vǫlven eingegangen. Allerdings fragt man sich dann schon, aus welchem Grunde das getan worden sein sollte und warum nichts anderes übernommen wurde und warum noch zusätzlich ein Hrossþjófr hinzuerfunden wurde. Man kann genauso vermuten, daß die kürzere Vǫluspá vielleicht nur ein Fragment ist und einst eine Textvariante der längeren Vǫluspá gewesen war. Aber der Name kann auch zufällig ähnlich lauten. Hrossþjófr (»Pferdedieb«) kommt auch in den Nefnaþulur vor. Auch ein Berserkir in der Hrólfs saga Gautrekssonar führt diesen Namen.

Ich vermute, Heiðr steht hier nur allgemein für »Zauberin«, und Hrossþjófr für einen bestimmten Zauberer. Bei Saxo Grammaticus findet sich ein finnischer Zauberer Rostiophus (Siehe Kommentar zu Lokasenna Str. 24).

Haki = Hakvin, Freund des Hags (Dings); Hvæðna = Widder (zu hveðurr) oder Brüllen (altengl. Hweoðerian) kommt auch in Bragis Ragnarsdrápa vor, in den Nefnaþulur und bei Einar Skúlason 13 lautet die Schreibweise Hvæðra; Hjǫrvarðr = Schwertwart.

32. *Die Vǫlven alle stammen von Viðólfr,*
Alle Vitkis sind von Vilmeiðr.
Die Zeichenrater von Svarthǫfði,
Die Jotnar alle aber von Ymir.

Vǫlven sind Seherinnen, Viðólfr (»Wolf des Waldes«) lautet der Name des Ahnherrn der Vǫlven in der Handschrift des Flateyjarbók. Diese Strophe ist auch in der Jüngeren Edda zitiert, dort haben wir die Schreibweisen Viðólfr und Victólfr, aber auch bei Saxo Grammaticus kommt Viðólfr vor, unter dem Namen Vitolfus (Buch 7, 219), so daß auch die Übersetzung »Zauber-Wolf« oder »Wissens-Wolf« möglich ist:

Trotzdem besiegt und nach Helsingia flüchtend entkommen, ging er [Haldan] zu einem gewissen Vitolfus, der einst unter dem (älteren) Harald gedient hatte, um Pflege für seinen verwundeten Leib zu finden. Der hatte den größten Teil seines Lebens im Feldlager verlebt, hatte sich endlich nach dem traurigen Geschicke seines Herrn in die Einsamkeit dieses Landes zurückgezogen und ruhte hier von dem hergebrachten Betriebe des Krieges im stillen Leben eines Bauern aus. Weil er häufig das Ziel feindlicher Geschosse gewesen war, hatte er bei der immer nötigen Heilung seiner Wunden schöne Kenntnisse in der Heilkunde sich angeeignet. Wenn aber jemand seine Bemühung unter Schmeichelworten in Anspruch nahm, dann pflegte er statt der Heilung mit heimlich wirkender Schadenstiftung zu dienen; denn er meinte, daß Wohltaten viel rühmlicher mit Drohungen als mit Schmeicheleien geheischt würden. Als Leute des Erik in dem Bestreben, den Haldan einzufangen, seinem Hause bedrohlich nahe kamen, beraubte er sie so der Sehkraft, daß sie das Haus trotz seiner Nähe weder mit dem Blicke erfassen, noch an sicheren Spuren ausfindig machen konnten. So sehr hatte ihrer Augen Licht ein irreführender Nebel geblendet. Mit seiner Hilfe erhielt Haldan seine volle Kraft wieder.

Es ist möglich, daß es diesen Viðólfr tatsächlich gab und er ein zu seiner Zeit bekannter Seher und Heiler war, der Vǫlven ausbildete. Es ist auch möglich, daß der Name rein allegorisch aufgefaßt werden muß. Aber auch der Gott des Zaubers, Óðinn, könnte Sich ursprünglich hinter diesem Namen verbergen.

Vitkis sind Zauberer. Schon in der Lokasenna 24 findet sich der Begriff, der mit angelsächsisch wítga und althochdt. wízago (»Zauberer«) verwandt ist und ursprünglich wohl »Wissender« und »Geweihter« bedeutet. Der Name Vilmeiðr kann mit »Wunsch-Baum« übersetzt werden, und würde damit an den Baum erinnern, an den sich Zauberer hängten, um Visionen zu erhalten. Im mythischen Sinne ist es die Weltesche selbst. Aber »Wunschbaum« könnte auch einfach nur als Kenningar für »Mann, der Wünsche gewähren kann« verstanden werden.

In der 3. Zeile steht in der Handschrift des Flateyjarbók »Skilberender«, was »Zeichenrater« oder »Zeichendeuter« bedeutet. In den Handschriften der Jüngeren Edda aber findet sich hier der Begriff »seiðberendr« (= Seiðträger, Zauberer). Diese stammen von einem uns unbekannten Svarthǫfði (= Schwarzhaupt).

Der Urriese Ymir schließlich wird als Stammvater aller Jǫten bezeichnet, was ja ein bekannter Mythos ist.

Bisher sind wir inhaltlich immer noch beim Stammbaum, nur daß eben auch die Stammväter von den verschiedenen Zauberern genannt werden.

33. Vieles erwähnt' ich, mehr noch sage ich;
Wichtig, zu wissen, willst du noch mehr?

Wieder die Kehrreimstrophe 30, die auch noch als Strophe 35 erscheint. Sie leitet hier einen andern Aspekt ein.

34. Geboren ward einer in Urtagen,
Von übermenschlicher Kraft, Kind der Reginn.
Neun gebaren ihn, den speerberühmten Mann,
Der Jǫten-Maide an der Jǫrð Rand.

Der Sohn der neun Mütter ist der Gott Heimdallr Von Ihm ist eine Strophe des verlorenen Liedes Heimdallargaldr (»Heimdalls Zauber«) in der Jüngeren Edda erhalten (siehe Anhang). Über diese neun Mütter bzw. Schwestern siehe meinen Kommentar zu Hárbarðsljóð 18.

»Speerberühmt« kann auch mit »waffenberühmt« übersetzt werden, es ist also hier nicht genau gesagt, daß Heimdallr den Speer als Waffe führt. Man kann das Original »nadd-gǫfugr« auch mit »berühmt durch Spitze« übersetzen, denn naddr bedeutet kleine Spitze oder spitzer Keil, Nagel, Geschoß usw. Vielleicht ist es ein Hinweis auf die spitz endende Mondsichel, die dem Mondgott zugeordnet ist. Er wurde an dem Rand der Jǫrð, also am Erdenrand geboren, wo das Wasser die Erde berührt und wo Ihn die Wellenmädchen ans Land spülten. Im Naturmythos ist natürlich die Flut (Wellenmädchen) gemeint, die erscheint, wenn der Mond (Heimdallr) das Meer anzieht. Oder überhaupt der Mondaufgang am Meereshorizont. Die Reginn sind die Götter.

35. Vieles erwähnt' ich, mehr noch sage ich;
Wichtig, zu wissen, willst du noch mehr?

Die Kehrreimstrophe, in der Handschrift aber nur abgekürzt; es stehen nur die ersten drei Worte da.

36. Ihn gebar Gjálp ihn gebar Greip,
Ihn gebar Eistla und Eyrgjafa;
Ihn gebar Úlfrún und Angeyja,
Imðr und Atla, und Járnsaxa.

Die Namen der neun Mütter Heimdalls, der Wellenmädchen. Sie bedeuten: Gjálp = die Brausende (oder »die Schreiende«); Greip = Griff, die Umkrallende; Eistla = die rasch Dahinstürmende (zu eisa = eilen) oder die Geschwollene, Schwellende (zu eista = Hoden); Eyrgjafa = die Sandspenderin; Úlfrún = Wolfsrune, Wolfsfrau, die Wölfische; Angeyja = die Bedrängerin oder die der engen Insel (ey = Insel) oder die Bellende (geyja = bellen); Imðr = die Graue (íma = Wolf, graue Farbe des Wolfes), die Dunstige, die Schmutzige oder die Rauschende (zu yma). Imðr kommt auch in den Helgaqviða Hundingsbana I, 43 als Mutter des Gudmund vor und in den Nefnaþulur; Atla = die Furchtbare, die Streitsüchtige (atall), auch eine Riesin in den Þulur; Járnsaxa = die mit dem Eisenmesser (die schneidende Kälte bedeutend). Járnsaxa ist auch die Riesin, mit der Þórr den Magni zeugte.

Gjálp und Greip heißen auch zwei Töchter Geirrǫðs, die Þórr tötet. Gjálp steht in dem Mythos in den Skáldskaparmál 18 mit einem (durch ihren Urin) vergrößerten Fluß Vimur in Verbindung, mit dem sie Þórr ertränken will. Þórr bricht beiden Riesinnen schließlich das Rückgrat. Vielleicht sind diese also mit den in unserer Strophe genannten Wellen-Riesinnen identisch, allerdings sind die Wellenmädchen Töchter Hymirs/Aegirs, nicht Geirrǫðs. Auch in den Sagas

(Grettis saga Ásmundarsonar 4, Egils saga 60 und den Þulur) kommen Riesinnen mit Namen Gjálp vor. Greip kommt auch in dem Skáldengedicht Haustlǫng 13 vor.

Die neun Mütter Heimdalls entsprechen natürlich den neun Töchtern des Meerriesen Aegirs. Die Namen stimmen aber nicht überein, was daran liegt, daß es sich jeweils um sprechende Namen für Welleneigenschaften handelt, die jeder Skálde selbst bilden konnte. Ich halte die hier in der Vǫluspá in skamma genannten Namen aber für ursprünglicher, als die der Jüngeren Edda, die sich dort ja eindeutig auf Skáldenbezeichnungen beziehen. Die Namen der Aegirstöchter finden sich in den Skáldskaparmál 22 (25) und 58. Nach Kap. 25 sind es:

Himinglæva (Himmelsglänzende), Dúfa (Untertaucherin), Blóðughadda (Blutighaar), Hefring (die sich Hebende), Unnur (Woge), Hrönn (Welle), Bylgja (Brecher), Bára (Dünung), Kólga (die Kalte).

In Kap. 58 (60) steht statt »Bára« der Name Dröfn (Welle), in den folgenden Beispielen aber finden sich noch weitere, abweichende Namen, nämlich Lá (Seebrandung) oder Fyllur (Fülle).

Und natürlich besteht auch ein Zusammenhang zwischen Heimdalls Müttern, den Aegirstöchtern und den Töchtern des Njǫrðr, der ja auch Meeresgott ist. Zwei Namen dieser Njǫrðstöchter sind durch die Strophe 79 des schon christlichen Sólarljóð bekannt:

Hier sind die Runen, die geritzt haben
Njǫrðs Töchter neun,
Ráðveig die älteste, und Kreppvor die jüngste
Mit ihrer Schwestern sieben.

37. Er war stark durch der Jǫrð Kraft,
Eiskalte See und Eberblut.
Vieles erwähnt' ich, mehr noch sage ich;
Wichtig, zu wissen, willst du noch mehr?

Wir sind immer noch beim Gott Heimdallr, der deswegen hier so ausführlich erwähnt wird, weil Er der Ahnherr der Menschen ist und es hier um die Ahnen geht. Die Strophe 37 sagt, woher Heimdallr Seine Stärke bekommt. Die gleiche Formulierung findet sich bei der Schilderung des Vergessenheitstrankes in den Guðrúnarqviða Onnor Str. 21:

Es brachte mir Grimhildr einen Becher zu trinken,
Kalt und herb, daß ich den Streit vergäße;
Der war gestärkt aus der Macht Urðs
Eiskalte See und Eberblut.

Nur wird in unserer Strophe die Kraft der Erde genannt, in der aus dem Guðrúnarqviða dagegen die Macht der Urðr. Ganz ähnlich ist übrigens die Zeile 2 der Strophe 41.

Für »Eberblut« haben diese Strophen die Fomulierung »Sonardreyra«, das bedeutet nicht irgendein Eberblut, sondern Blut des Sónargoltr, des »Sühneebers«, den man zum Julfest schlachtete. Nach diesem Sühneeber heißt das Julfest auch »Sónarblót« (Sühneopferfest).

Die Kehrreimzeilen sind in der Handschrift abgekürzt. Es steht nur das erste Wort.

38. Den Wolf zeugte Loki mit Angrboða,
Den Sleipnir bekam er von Svaðilfari.
Eine Schädigerin schien die Unheilvollste:
Die war vom Bruder Býleipts erzeugt.

Von Heimdallr geht es nun zu Loki, der der Feind oder Gegner Heimdalls ist. Das liegt vielleicht auch daran, daß Heimdallr den Mond und das Wasser symbolisiert, Loki aber für das Wildfeuer steht.

Zu Angrboða, der Riesin, mit der Loki die drei Ungetüme Hel, Fenriswolf und Miðgarðschlange zeugt, siehe meinen Kommentar zu Vegtamsqviða 18 (im 1. Band).

Byleiptr ist vielleicht Hœnir, dessen Bruder ist Loki (Loðurr), siehe meinen Kommentar zu Vǫluspá 51 (im 1. Band) und zu Lokasenna 26 (im 2. Band).

Svadilfari (»Unglücksfahrt«) ist der riesische Hengst, mit dem ein Riese den Burgwall von Ásgarðr baute, den er in einer bestimmen Frist fertigstellen mußte. Loki hatte die Gestalt einer Stute angenommen, um den Hengst Svadilfari von der Arbeit abzuhalten. Dabei wurde er von dem Hengst schwanger und gebar das achtbeinige Roß Sleipnir. Diese Geschichte findet sich in der Jüngeren Edda, Gylf. 42.

Die »Schädigerin« (Skars, auch: »Hexe«), die die schlimmste ist, ist die Miðgarðschlange oder die Hel.

39. Loki aß ein Herz, von Lindenholz gebrannt,
Da fand er halbverbrannt den Sinnstein einer Frau.
Loptr ward schwanger von der üblen Frau;
Davon auf der Fold kamen alle Unwesen.

Es geht in diesen Strophen immer noch um Stammbäume, um Nachkommen, diesmal von Loki. Damit wird auch die Herkunft des Bösen angesprochen.

Der Mythos, der hier angedeutet wird, wo Loki ein gebratenes Herz aß und dabei den halbverbrannten »Sinnstein« (hugstein, »Gedankenstein«) einer Frau fand, kennen wir nicht. Vermutlich aber ist dieser Sinnstein das Herz, nachdem es geröstet ist. Das Herz zu essen bedeutet, die Lebenskraft desjenigen zu übernehmen, deswegen kommt es bei Zauberern vor, daß sie Herzen essen. Loki aß also dieses Herz und gebar nun alle Unwesen. Da aber Angrboða die Mutter der Untiere ist, ist es möglich, daß Loki das Herz von dieser Riesin aß und danach selbst die Untiere gebar. Durch das Essen dieses Herzens der Angrboða (»die Kummer Bereitende«) wurde also Loki vom ursprünglichen guten Schöpfergott (Loðurr) gewandelt zum bösen Gegenspieler der Götter. Das wäre jedenfalls eine Erklärung für den Sinneswandel in Lokis Charakter, daß er einmal als Helfer der Götter gegen die Riesen erscheint (z. B. in den Þrymsqviða), dann aber plötzlich als Gegner sich entpuppt und Baldrs Ermordung bewirkt. Der »Sinnstein« bewirkte also den Sinneswandel Lokis.

»Üble« Frau (illr) kann auch als »böse« oder »kranke« Frau übersetzt werden. Loptr (»der Luftige«) ist Loki, Fold (»die Gefüllte, Fülle«) ist Name der Erde.

40. Das Haff hebt sich zum Himmel selbst
Überfluten die Lande, und die Luft gibt nach.
Dann kommt der Schnee und stürmische Winde:
Dann ist es beraten, daß die Reginn zu Ende gehen.

Das Böse ist also durch Loki gekommen, die folgenden Strophen handeln davon, wie das Böse wieder besiegt oder beendet wird. Das geschieht nach dem Ragnarǫk, dem »Gericht der Götter« über die Welt. Unsere Strophe erwähnt die damit einhergehende Überflutung der Erde, die wir auch aus der längeren Vǫluspá kennen (Strophe

57) und den Winter, der in der Jüngeren Edda als dreijähriger Fimbulwinter erwähnt wird.

Dann ist es »im Ratschluß« oder »beschlossen«, daß die Götter »verdrießen« (þrióta), d. h. zu Ende gehen. Dieses Ende ist natürlich nur ein zeitweiliges, es kommen neue Götter bzw. die Götter kehren wieder, wie die folgenden Strophen ausführen.

41. Einer ward geboren, allen überhehr;
Er war stark durch der Jǫrð Kraft,
Ihn rühmt man den allerreichsten Besänftiger,
Durch Sif gesippt allen Sitzenden.

Dieser Eine ist nach meiner Deutung der Gott Þórr, der ja wiederkommen wird. Darauf weist Zeile 2 hin, wo es heißt, daß Ihm die Jǫrð die Kraft vermehrt; Þórr ist der Jǫrð Sohn. Die Zeile findet sich allerdings wörtlich auch in Strphe 37, wo sie sich auf Heimdallr bezieht, und Heimdallr ist Ahnherr der Stände und daher aller Völker. Aber es wäre hier unlogisch, daß Heimdalls Geburt ein zweites Mal angesprochen wird, wo sie ja bereits in Strophe 34 und 36 erzählt wurde. »Besänftiger« (stilli, »Stiller«) kann auch im Sinne von »Ordner« oder »Friedensstifter« übersetzt werden. Er ist allen Sitzenden (also vielleicht: in ihren Wohnsitzen seienden Völkern) durch »Sippe gesippt« (sif sifjaðan), wobei hier auch der Name der Göttin Sif, Þórs Frau, verstanden werden kann. Die Zeile ist allgemein recht unklar, die Übersetzungsmöglichkeit »Durch Sippe versippt mit allen Völkern« paßt nicht so gut, ich denke eher an eine Deutung im Sinne von »mit Sif verbunden den Menschen«. Das würde dann wieder deutlich auf Þórr weisen.

42. Dann kommt ein andrer und mächtig;
Doch wag' ich nicht ihn zu nennen.
Wenige sehen weiter voraus
Als bis Óðinn dem Wolf entgegentritt.

Dieser Andere kann nur Óðinn selbst sein, denn auch Óðinn wird ja wiederkehren. Noch heute gibt es zahllose Sagen vom König im Berge (Barbarossa, Karl, Artus), der mit seinen (zwölf) Rittern auf eine Wiederkehr wartet, und der deutliche Züge Óðins hat. Warum nun aber sagt Hyndla, daß sie nicht wagt, seinen Namen zu nennen, dann aber nennt sie Óðinn in der letzten Zeile, indem

Abb. 8: Die Ziege Heiðrún über Valholl. Handschrift des Jakob Sigurðsson von 1764.

sie auf Seinen Kampf mit dem Fenriswolf hinweist? Vermutlich soll Óðins Wiederkehr ein Geheimnis bleiben. Eine ganz ähnliche Strophe findet sich auch in der längeren Vǫluspá (Str. 65), die von der Wiederkehr eines »Reichen« handelt. Diese Strophen hat man als christlich abtun wollen, es soll hier die Wiederkehr des Jesus gemeint sein. Doch hatte ich dem bereits im (1. Band) widersprochen. Auch die schwedische Professorin Gro Steinsland[13] kommt zu dem Schluß, daß hier kein christlicher Einfluß vorhanden sein kann, da in der Vǫluspá der »Reiche« (oder: »König«) in einen Rat der Götter tritt, wie Óðinn in ein Götterþing, was eindeutig heidnisch ist. Auch kommt dieser Gott, nachdem die neue Welt schon geschaffen ist, während Christus kommt und mit ihm eine neue Welt entsteht. Der Beiname »inn riki« (der Reiche, der König) ist nirgends für Christus bezeugt, hingegen finden sich ähnliche Ausdrücke für heidnische Götter, in der Vǫluspá 55 z. B. »inn mikli« (der Mächtige) und in Str. 57 »inn mæri« (der Berühmte). Mit dieser Strophe endet der Abschnitt des Liedes, den man Vǫluspá in skamma nennt.

Freyja:
43. »Reiche Minne-Äl meinem Goltr,
Daß er alle Worte erzählen kann
Dieser Reden, am dritten Morgen,
Wenn er und Angantýr die Geschlechter aufzählen.«

Nun verlangt Freyja »Minne-Äl«, also »Erinnerungsbier« für Ihren Eber (Goltr), also für Óttar. Denn dieser soll sich in drei Tagen an die Reden der Hyndla erinnern, wenn er und Angantýr ihre Ahnen aufzählen, um sich dieses geistigen Erbes bewußt zu werden. Freyja hat übrigens nie verheimlicht, daß der Eber der verwandelte Óttar ist und Hyndla hatte das ja auch von Anfang an gewußt. Warum aber mußte dann Óttar überhaupt verwandelt werden? Weil es sich um eine Seelenreise handelt, d. h. nicht Óttar als leibhaftiger Mensch ist hier verwandelt anwesend, sondern seine Seele allein, während sein Körper wahrscheinlich irgendwo schläft. Er erfährt dieses Wissen also alles in einer Art Traum oder Astralreise, und darauf deutet auch die Formulierung in der ersten Strophe, daß es eine »Dunkelheit der Dunkelheiten« ist, die herrscht, also tiefste Nacht und Schlafenszeit. Der Weg nach Valhǫll, den Freyja reiten will, ist also auch als eine Art schamanischer Weg zu verstehen.

Hyndla:
44. »Nun wende dich von hier, zu schlafen begehr' ich:
Wenig bekommst du noch Liebes von mir.
Springe du, Edel-Freundin aus in die Nacht
Wie zwischen Böcken die Heiðrún rennt.

Hyndla weigert sich also, dem Óttar das Erinnerungsbier zu reichen. Als Riesin ist sie ja keine Freundin von Göttinnen. Die Anrede »Edel-Freundin« (eðlvina) scheint dazu nicht recht zu passen, wenn man sie nicht ironisch verstehen will. Möglicherweise ist hier aber auch an »Óðs vina« (Óðrs Geliebte) zu denken und somit wäre Freyja einfach als »Frau Óðrs« bezeichnet.

Zu der Götterziege Heiðrún (Abb. 8) siehe meinen Kommentar zu Grímnismál 25 (im 1. Band). »Heiðrún« steht hier nur als Bezeichnung allgemein für »Ziege« und also ist gesagt: »Wie zwischen Böcken die Ziege rennt«. Angespielt wird auf den Mythos, der bei Saxo kurz erwähnt wird, daß Freyja einst von einer Waldfrau entführt wurde und bei dieser Ziegen hüten mußte (siehe den Mythos in meiner Einleitung zu diesem Lied). Es findet sich hier auch eine uralte Parallele zur syro-phönikischen Fruchtbarkeitsgöttin Ashera, die ja in den meisten Zügen der Freyja entspricht. Es gibt Bilder von Ashera, wo diese Göttin zwischen zwei Ziegen oder Ziegenböcken dargestellt ist (Abb. 9), und genauso sagt Hyndla zu Freyja, Sie solle wie Heiðrún zwischen Ziegenböcken rennen. Hyndla verspottet also Freyja, indem sie an die Zeit der Entführung und Verknechtung der Freyja erinnert. Interessant in diesem Zusammenhang ist auch, daß der Name des Gottes Attis (griechisch αττις), der ja Freyjas Gemahl Óðr entspricht, entweder von phrygisch »attis«, »schöner Knabe« oder bzw. und von »attagus«, »(Ziegen-) Bock« stammen soll. Somit würden die von Hyndla erwähnten Böcke einen Hinweis auf Freyjas Gemahl enthalten.

45. Du liefst dem Óðr nach immer sehnsüchtig,
Mancher schon schlüpfte dir unter die Schürze.
Springe du, Edel-Freundin aus in die Nacht
Wie zwischen Böcken die Heiðrún rennt.«

Óðr ist Freyjas Gemahl, der auf weite Reisen geht und dem Sie nachreist. Es folgt in Zeile 2 der übliche Vorwurf an die Liebesgöttin, in Liebesdingen zu freizügig zu sein (vgl. Lokasenna 30). Die letzte

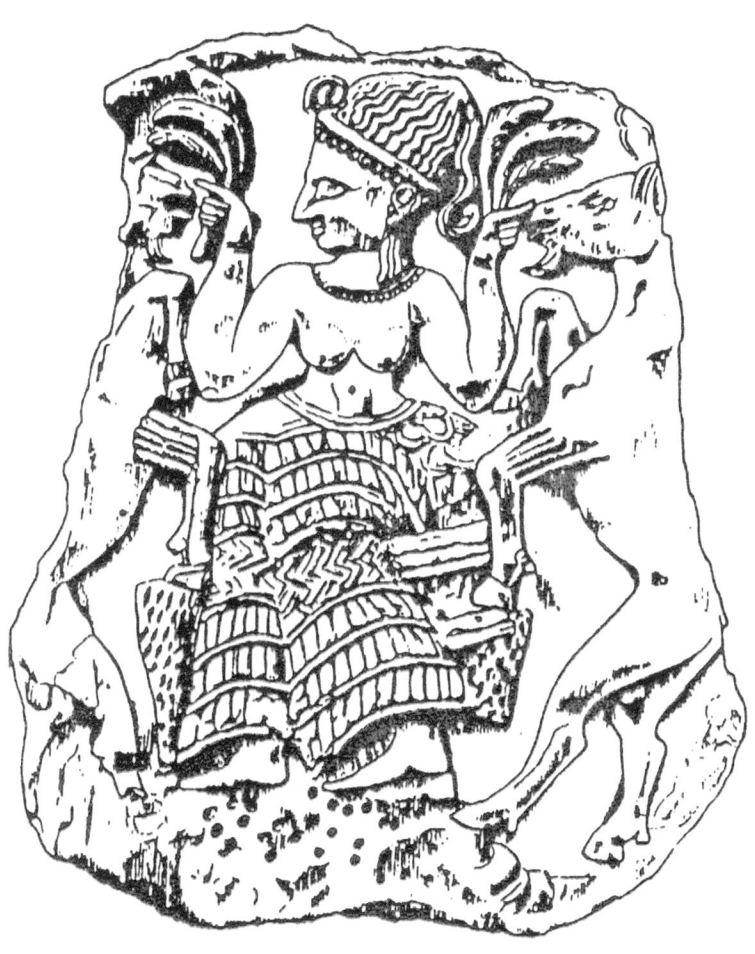

Abb. 9: Ashera mit Ährenbüscheln zwischen zwei Ziegenböcken.

Zeile ist eine wörtliche Wiederholung von Zeile 3 in Strophe 44. Vermutlich steht sie hier als Abkürzung, und es muß somit auch die Zeile 4 von Strophe 44 hier wiederholt werden, die ich daher anfüge.

Freya:
46. »Ich schlage Feuer um die Íviðja
So daß du schwerlich entrinnst von hier.«
»Springe du, Edel-Freundin aus in die Nacht
Wie zwischen Böcken die Heiðrún rennt.«

Freyja droht nun der Íviðja, also der »Waldbewohnerin« Hyndla mit einem sie einschließenden Feuer. Die zweite Strophenhälfte ist wiederum nur angedeutet, es steht nur die Hälfte der 3. Zeile da, vermutlich wieder als Abkürzung für beide Zeilen, die ich daher anfüge. Inhaltlich passen diese Zeilen nicht so gut zu der von Freyja gesagten Strophe. Da aber das Original über keine Bezeichnung der Sprechenden verfügt, ist es auch möglich, daß diese zwei Zeilen noch einmal von Hyndla gesagt werden, quasi zur Bekräftigung. Damit wären sie insgesamt drei Mal in dem Liede vorhanden, und die dreimalige Wiederholung ist bei magischen Sprüchen häufig. Es wäre dann eine Art Fluch. Da aber Freyja eine zauberkundige Göttin ist, kann Ihr so ein Fluch natürlich nichts anhaben.

Hyndla:
47. »Flammen seh ich brennen, die Hauðr lohen,
Die Meisten müssen Lebenslösung dulden.
Reiche dem Óttar das Bier mit der Hand,
Mit Gift gemischt zum Unheil!«

Hauðr (Gefilde?) ist ein Name der Erde. Die Erde brennt also, und die Riesin Hyndla muß »Lebenslösung« dulden, d. h. den Preis für das eigene Leben entrichten. Sie gibt also das Bier der Freyja, damit diese es dem Óttar reiche (denn sie selbst sitzt ja innerhalb des Feuerkreises und kann nicht hinaus), doch verbindet sie die Weitergabe wiederum mit einem Unheilswunsch.

Wenn man dieses Stück als Kultspiel aufgeführt hat, hat man wahrscheinlich einen Kreis oder Halbkreis um den Sitz der Hyndla mit Stroh und leicht entzündlichem Material ausgelegt, was die Darstellerin der Freyja dann mit einer Fackel entzündete. So hatte man am Ende des Liedes einen wirkungsvollen Effekt und Höhepunkt.

Freyja :
48. »Dein Wortheil soll nichts bewirken
Obgleich du, Jǫtun-Braut, Böses verheißt;
Er soll trinken teuren Trank:
Dir erbitt' ich, Óttar, aller Götter Hilfe.«

Freyja wendet den Fluch ab, den Sie ironisch »Wortheil« nennt (in Wahrheit ist es ja ein Unheil), und ersetzt den Fluch durch die Bitte um Hilfe aller Götter für Óttar. Ob das Bier nun gleich dem Ottar gereicht wurde, oder später, ist unklar. Ottar ist ja immer noch in Gestalt des Ebers, so daß bei der Aufführung des Stückes dem Schwein Bier gegeben werden mußte, was sicherlich auch zu heiteren Szenen geführt haben wird.

Teil II
Anhang

Heimdallargaldr

Dieses Götterlied gehörte einst zum Bestand der alten Götterlieder, es ist nicht mehr erhalten. Als aber Snorri Sturluson seine Jüngere Edda zusammenstellte, war dieses Lied zumindest in Fragmenten noch vorhanden, und er konnte in Gylfaginning Kap. 27 einen Strophenteil davon zitieren; Snorri erwähnt das Lied zweimal in der Jüngeren Edda. Dieser Strophenteil wird direkt vom Gott Heimdallr gesprochen.

Es heißt dort:

Auch sagt er selbst in Heimdallargaldr:
»Neun Müttern bin ich der Mage
Neun Schwestern bin ich der Sohn«.

(Mage = Nachkomme, vgl. irisch Mac). Dieses Fragment und die Erwähnung von Heimdallargaldr in Skáldskaparmál Kap. 8 sind alles, was uns erhalten ist, nichtsdestotrotz kann man versuchen, den Inhalt des Liedes zu rekonstruieren.

Heimdallr, der Mondgott, stellt Sich hier offenbar selbst vor und erwähnt die neun Schwestern, die seine Mütter sind. Es ist wohl wahrscheinlich, daß es sich um die 9 Wellen, die Töchter Ägirs, handelt. Der Mondgott steht schließlich mit dem Meer in Verbindung, der Mond bewirkt u. a. die Gezeiten.

Der Mythos, wonach die neun Wellen Heimdalls Mütter sind, ist naturmythologisch zu erklären. Heimdalls Vater ist Óðinn, der ursprüngliche Gott des Windes. Der Wind aber peitscht das Meer auf, erzeugt die Wellen und verbindet sich mit ihnen. Auch wenn man Óðinn im jüngeren Verständnis als Sonnen- und Himmelsgott ansieht, kann doch der Mythos entstehn, wenn man die Sonne am Meereshorizont untergehen sieht, sie also ins Reich der Wellen gelangt.

Abb. 10: Heimdall. Eddahandschrift AM 738, 4to aus Island, 17. Jh

Es gibt nun zwei Mythenbereiche, die in dem verlorenen Götterlied wohl beschrieben wurden: Die Geschichte von Heimdalls Haupt und vielleicht damit verbunden der Mythos vom Brisingamen.
Beide Mythen werden in den Skáldskaparmál Kap. 8 (bzw. 15 nach anderer Zählung) angedeutet, waren Snorri also bekannt und zumindest der von Heimdalls Haupt stammt aus diesem Lied. Der Text in der Jüngeren Edda lautet:

Wie soll Heimdallr bezeichnet werden?
Man ruft ihn Sohn der neun Mütter oder Wächter der Götter, wie oben geschrieben ist, oder den weißen Ásen, Lokis Feind, Freyjas Halsbandsucher. Heimdalls Haupt heißt das Schwert, es wird gesagt, daß er von einem Manneshaupt durchschnitten wurde. Davon wird erzählt im Heimdallargaldr, und seitdem wird ein Haupt »Heimdalls Mjötuðr« genannt, wie ein Schwert »Mannes Mjötuðr« genannt wird. Heimdallr ist der Eigentümer Gulltopps, er ist der Besucher Vogaskers und Singasteins. Da stritt er mit Loki um das Brisingamen. Er heißt auch Vindlér. Úlfur Uggason erzählte in der Húsdrápa ein langes Stück dieser Geschichte, und darin wird erzählt, daß sie in Seehundsgestalt waren. Und ein Sohn Óðins.

Mjötuðr bedeutet sowohl Schicksal, Schicksalsmacht, als auch Verhängnis, Tod; das Wort hängt mit altnord. Miot (Maß, Zumessen) zusammen und dem Namen Metod (Zumesser, Gott).

Die Schilderung ist etwas unklar, wurde Heimdallr mit einem Haupt durchschnitten, also nicht mit einem Schwert? Warum aber heißt dann ein Schwert »Heimdalls Haupt«, wo doch Heimdallr nicht mit Seinem eigenen Haupt durchgehauen wurde? Vielleicht doch, denn wir haben ja hier einen Mondmythos und danach kann der Wechsel vom Vollmond zum Halbmond als ein Durchschneiden oder Halbieren des Vollmondes gesehen werden. Heimdallr wird von einem Schwert durchschnitten, das »Haupt« heißt – das könnte Sein eigenes Schwert sein, welches dem Gegner in die Hände fiel. Denkbar ist aber auch, daß ein zauberhaftes Menschenhaupt den Gott durchschnitten hat, und deswegen heißt der Kopf »Heimdalls Schwert«. Man hätte einfach sagen können: »Heimdallr wurde vom Schwerte durchbohrt«, aber man sagte »Heimdallr wurde vom Haupt durchbohrt«. Die Skálden haben das Wortspiel weitergeführt, indem sie »Haupt«, den Namen für den Begriff »Schwert« einsetzten und so die Geschichte verdunkelten. In der Grettis saga Ásmundarsonar will Grettir einmal sagen, daß er sein Haupt bergen will, er sagt aber:

»Ich werde ›Heimdalls Schwert‹ bergen.«

Diese Strophe findet sich auch in der Landnámabók[14].

Leider wissen wir aber nicht, wer da aus welchem Grunde dem Heimdallr das Haupt durchschnitten hat. Aber es gibt verwandte Mythen, die man hier zum Vergleich heranziehen kann.

Ein altpreußisches Märchen erzählt, die Sonne sei einst an den Mond verheiratet gewesen, die Sterne wären ihre Kinder. Der Mond, seiner Gattin ungetreu, entführte aber dem Morgenstern seine Verlobte: Zur Strafe zerhieb ihn Perkunos, der Donnergott, mit einem scharfen Schwert in zwei Hälften, die jetzt in den beiden Mondvierteln zu schauen sind[15].

Es gibt ein altes lettisches Volkslied (Daina), welches diese Geschichte ausführlich darstellt. Letztendlich ist es ein baltischer Ausläufer unseres verlorenen Mythos des »Heimdallargaldr«. Perkunas bzw. Perkons entspricht Þórr, Meness Heimdallr, Saule der Göttin Sól.

Hier der vollständige Text nach dem lettischen Märchen[16]:

Sonne und Mond.

Untreu wurde Meness der Saule,
Suchte bei der Saules Tochter
Seinem wunderschönen Stiefkind,
Streng verbotner Liebe Glück;
Denn dem jungen Morgensterne
War versprochen schon das Mädchen,
Und der Himmelsherrscher Perkon
Heischte ihren Ehebund.

Eines Morgens früh erwachte
Mutter Saule und fand allein sich
Auf dem Purpurwolkenlager,
Ganz allein, getrennt vom Gatten.
Zitternd, zwischen Zorn und Kummer
Schwankend, teilte sie den goldnen
Vorhang ihres Himmelsbettes.

Spähte sorgend in die Ferne.
Sieh! Auf weißem Nebelpfade
Stieg das Liebespaar gerade
Nieder zu der dunklen Erde.

Fest umschlungen hielt der falsche
Meness die schöne Sauletochter,
Die sich willig des Verführers
Süßer Überredung hingab.

Zornesbebend sprang Frau Saule,
Blutig leuchtend jetzt vom Lager,
Rief mit Klagen, rief mit Fluchen
Perkons Rat und Hilfe an.

Und der Donnrer schwang aufs graue
Wolkenroß die mächt'gen Glieder,
Schwang ums Haupt sein großes Schlachtschwert
Blitze sprühend auf die Erde,
Ritt im Sturme, sausend, brausend,
Dem verliebten Flücht'gen nach.

Furchtbar traf Meness das Schlachtschwert,
Spaltet' ihn, daß seine Scheibe
Wart entstellt zur schmalen Sichel,
Furchtbar traf die Sauletochter
Perkons Fluch: »Sei ausgestoßen
Aus dem Kreis der sel'gen Götter,
Die du Pflicht und Scham vergessen!

Auf die arme Erde bann' ich,
Falsche, dich, - dort magst dein Leben
Du in Feuersflammen fristen,
Brennen in des Knechtes Stube,
Auf dem Herd des Ackerpflügers!«

Seit dem Tage sehn als Sichel
Wir Meness am Himmel droben,
Seit dem Tag irrt Sauletochter
Unten auf der armen Erde...

Hierzu ist anzumerken, daß die Tochter der Saule bereits dem Morgenstern verlobt war und deswegen das Verhältnis zu Meness nicht akzeptiert werden konnte. Auch galt Perkons als Schmied, der die Sonne geschaffen hatte – also als ihr Vater. Der Vater ist natürlich um die Ehe der Tochter oder Enkelin besorgt. Der Meness ist hier auch nicht der Bruder des Perkons. Überhaupt scheint Perkons hier eher als oberster Gott aufgefaßt zu sein, wir können von diesem Liede also nicht auf Þórr als denjenigen, der Heimdallr schlägt, schließen, zumal Heimdallr der Bruder Þórs ist und so eine Brudertötung wäre in keiner Weise akzeptabel, selbst dann nicht, wenn der Bruder sich Schuld aufgeladen hätte. Der Sippenzusammenhalt ist immer stärker. Das Lied ist ein deutlicher Naturmythos und erklärt, warum Saule (Sonne) und Meness (Mond) so selten zusammen sind und warum der Meness eher mit der Morgenröte zusammen ist. Auch erklärt das Lied die Herkunft des Herdfeuers als gefallene Tochter der Saule. In der germanischen Mythologie wäre das die Göttin Syn (Sinthgunt), die das Herdfeuer symbolisiert und als Schwester der Sól (Sunna, Sonne) gilt. Meness hat sich also unklug verhalten, als er sich der Sauletochter näherte. Nun wird Heimdallr einmal bei den Skálden, im sögubrot af nokkrum fornkonnungum 3[17] »heimskastr ása« (der törichtste, unerfahrenste der Ásen) genannt, wofür es ja einen im Mythos verankerten Grund gegeben haben muß.

Es gibt bei den Balten aber auch die Fassung, daß Meness sich mit Auszrine, der Morgenröte, verbindet, die der Göttin Ostera (Freyja) entspricht. Diese Variante sei hier auch vollständig angeführt[18]:

Des Meness Heirat
Meness führt' heim die Saule,
Es war im ersten Frühling.
Die Saule stand schon früh auf,
Meness von ihr sich trennte.

Er ging allein spazieren,
Verliebt' sich in Auszrine,
Da wart der Perkuns zornig,
Zerhieb ihn mit dem Schwerte.

Warum hast du getrennt dich?
Bist einsam Nachts gewandelt?
Verliebst dich in Auszrine?
Da war sein Herz voll Trauer.

In diesen Fassungen ist es immer der Donnergott, der den Meness bestraft. Das paßt zwar auch zu dem skandinavischen Volksglauben, daß Þórr das Entführen einer Braut bestraft[19] – die mythologische Begründung dafür liefern unsere baltischen Lieder. Trotzdem paßt der Donnergott nicht in den Mythos von Heimdallr; der Kampf gegen den eigenen Bruder wäre nicht akzeptabel nach germanischen Vorstellungen.

Bei den Balten wurde der Mythos auch vereinfacht und die Saule selbst wurde zur Bestraferin wie in dieser lettischen Fassung[20]:

Die Saule zerhieb Meness
Mit einem scharfen Schwerte
Warum hat er dem Morgenstern
Die verlobte Braut genommen?

Der Meness stirbt natürlich nicht an diesem Hieb, sondern wird nur zum Halbmond. Götter können nicht sterben. So gibt es ein Lied, in welchem der Sänger ein verlorenes Lamm sucht und u. a. zu Meness geht, und ihn befragt[21]:

Da ging ich denn zu Meness,
Meness gab mir zur Antwort:
Bin mit dem Schwert zerhauen,
Und traurig ist mein Antlitz.

Wir kennen ein entsprechendes Verhältnis mit Sól, Sýn oder Freyja von Heimdallr nicht, und eine besondere Feindschaft zu Þórr ist auch nirgends angedeutet. Der Auszrine entspricht die Göttin Ostera, die wiederum der Freyja entspricht. Freyja heißt in den Skáldskaparmál daher auch »ásta guð« (»Liebesgöttin«, mutmaßlich aus dem Namen »Ostara« entstanden). Wir müßten dann also ein Verhältnis von Heimdallr mit Freyja vermuten. Dazu stimmt der andere, unbekannte Mythos vom Brisingamen, dem Halsband der Freyja. Die Steine dazu haben Heimdallr und Loki beschafft, und es gab zwischen ihnen deswegen Streit. Warum beschafft Heimdallr Steine für einen Schmuck, wenn er diese nicht als Liebesgeschenk seiner Werbung um Freyja hinzufügte?

Es heißt in dem oben zitierten Abschnitt, daß Heimdallr und Loki in Seehundsgestalt zur Vogasker (»Wogenschäre«) schwammen und dort den Singasteinn (»Stein der Gesänge«) beschafften.

Danach heißt der Schmuck der Freyja ja auch »Brísingamen«, ein Wort, in dem noch die Bezeichnung »Singa« steckt, während »brím« »Brandung (des Meeres) « bedeutet und »men« nur »Halsband«.

Der Mythos von der Beschaffung der Steine des Zauberhalsbandes Brisinga wird in Strophen des Skalden Úlfur Uggason erzählt, die sich in der Jüngeren Edda (Skáldskaparmál Str. 64) finden:

Ratkluger Regin-Rain-Wart
Singasteinwärts fuhr
Mit ihm viellistiger
Farbauti-Mage war da.

Die glänzende Haffniere sollte
Der mut'ge Erbe
Acht Mütter und einer
Erwerben, hab' in diesem Liede.

Der Regin-Rain-Wart (Götter-Weg-Wächter) ist Heimdallr, genauso wie der Erbe von acht Müttern und einer (also neun). Der Farbauti-Mage (Sohn) ist Loki. Haffniere ist der Name der Steine, die gewonnen werden sollten. Man geht hier von den nierenförmigen Früchten der tropischen Riesenhülse (Entada Scandens) aus, die der Golfstrom an die skandinavischen Küsten treibt und die zusammengebunden als Zaubermittel für Geburtserleichterung verwendet wurden.

Obwohl Heimdallr und Loki zusammen diese Früchte oder Steine beschafften, wurden sie zu Feinden – vielleicht weil Loki den Schmuck später der Freyja gestohlen hatte (siehe Sǫrla Þáttr).

Daß gerade Heimdallr, der Sohn der neun Wellenmütter nach diesen Steinen im Meer (Vogasker) und in Seehundsgestalt suchte, liegt auf der Hand, und Loki als Begleiter erklärt sich dadurch, daß hier vielleicht auch List und Zauber benötigt wurden. Der Gegenspieler von Heimdallr ist aber wohl nicht Þórr, sondern Óðinn, der den Schmuck durch Loki der Freyja stehlen läßt. Þórr hat ja zu Freyja keine Verbindung und es paßt nicht, wenn Er Sich da einmischt.

Auf Óðinn deutet auch der indische Mythos von Ganesha, der ja dem Heimdallr entspricht, hin. Wolf-Dieter Storl bestätigt nicht nur die Entsprechung von Heimdallr und Ganesha, sondern er zitiert auch den entsprechenden Mythos[22]:

Die Große Göttin selbst erschuf Ganesha als Torwächter, damit sie endlich einmal in Ruhe ein Bad nehmen könne, ohne ständig von Bittstellern belästigt zu werden. Sie schabte Schorf und Schmutz von ihrer Haut, knetete diese zur Gestalt eines jungen Mannes, hauchte ihm Leben und Mut ein und befahl ihm, das Himmelstor zu hüten und niemanden hereinzulassen. Das wurde ihrem Gemahl Shiva, dem »Gott der Götter«, zum Verhängnis, als er nach Hause kam. Unverdrossen versperrte ihm der kleine Ganesha den Weg. Da Parvati ihm bei seiner Erschaffung weder Angst noch Furcht mitgegeben hatte, ließ er sich durch Shivas Drohungen nicht im geringsten einschüchtern. Die andern Götter fanden es lustig, daß der Herr des Universums nicht einmal sein eigenes Haus betreten konnte. Nur mit Vishnus Hilfe, der den kecken Jünling ablenkte, gelang es Shiva, mit den geschliffenen Klingen des Dreizacks den Kopf seines Widersachers abzusäbeln und das Haus zu betreten. Als Parvati davon hörte, war sie untröstlich: »Was habt ihr mit meinem Söhnchen getan?« schluchzte sie und entzog aus lauter Trauer der ganzen Welt ihre Liebeskraft (Shakti). Es wurde kalt und düster im Universum; Menschen, Tiere, Götter und Dämonen litten und berieten, wie man den Sohn der Göttin zu neuem Leben erwecken könne. Shiva wußte, wie man mit Hilfe heiliger Mantras den Kopf wieder auf den Rumpf aufpflanzen könnte. Leider aber war der Kopf verschwunden. Da nahm Shiva den Kopf des erstbesten Tiers, das des Weges kam – es war ein Elefantenbulle – und setzte ihn auf den Körper. So bekam Ganesha, der wieder zum Leben erwachte, als sei nichts geschehen, seinen Elefantenkopf.

Hier ist es also Parvati (Durga, Frigg) und Shiva (Rudra, Óðinn), Vishnu (Þórr) ist aber behilflich. Der Mythos paßt aber nicht ganz, denn Heimdallr ist Sohn der neun Wellenmütter, nicht der Frigg. Aber Er ist auch Sohn Óðins, und deswegen ist der Mythos denkbar, daß Heimdallr in Óðins Abwesenheit geboren und als Wächter der Götter eingesetzt wurde. Als nun der zurückkehrende Óðinn in Unkenntnis der Tatsache, daß Heimdallr Sein Sohn ist, von Heimdallr am Betreten der Himmelsburg gehindert wird, wird Heimdallr mit dem Schwert geschlagen und später wiederbelebt. Daß Óðinn oder einer der Götter den Heimdallr absichtlich schlägt, ist undenkbar, da Sippenbruch als schwere Schande galt. Es kann also nur ein unwissendes Handeln angenommen werden, oder Loki bzw. ein Riese müßten der Urheber gewesen sein. Dafür gibt es aber keinen

Hinweis, die Feindschaft zwischen Heimdallr und Loki kann man auch allein mit dem Stehlen des Brisingamens erklären.

Ich stelle mir die beiden Mythen so vor, daß Heimdallr unwissentlich von Óðinn mit dem Schwerte entzweigehauen wurde. Heimdallr und Loki besorgten die Steine für den Halsschmuck aus dem Meere und Heimdallr schenkte sie der Freyja als Liebeswerbung. Diese Steine (und eventuell das Gold einer Figur des Óðinn) nahm Freyja und ließ von den Zwergen den Schmuck anfertigen (siehe den folgenden Abschnitt Sörla Þáttr). Óðinn ließ den Schmuck durch Loki entwenden, weil das Gold Seiner Figur verwendet wurde und Er als Geliebter der Freyja so eine Liebeswerbung Heimdalls nicht dulden konnte. Das Entwenden des Schmucks war der Grund für die Feindschaft von Heimdallr und Loki.

Die Einzelheiten dieses verlorenen Liedes werden wir aber wohl nie ganz klären können, aber den Mythos von dem Nehmen des Goldes von der Óðinn-Figur will ich noch anfügen. Er findet sich bei Saxo grammaticus (I. Buch, 25) von Frigg erzählt, bezieht sich aber vielleicht ursprünglich auf Freyja:

In dieser Zeit hielt sich ein gewisser Othinus, obschon er in ganz Europa fälschlich als Gott angesehen wurde, doch häufiger in Upsala auf und ehrte diese Stadt ganz besonders als gewöhnliche Residenz, vielleicht wegen des Stumpfsinns der Einwohner, vielleicht auch wegen der schönen Lage. Seiner göttlichen Majestät wünschten die Könige des Nordens ihre ergebene Verehrung zu zeigen, ließen seine Gestalt in einem goldenen Abbilde darstellen und schickten die Statue als Zeichen ihrer Ergebenheit mit dem Ausdrucke der frömmsten Gottesfurcht nach Bizantium; den Umfang der Arme der Statue umgaben sie mit schweren Spangen. Othinus war über diese Huldigung sehr erfreut und erkannte gern den guten Willen der Spender mit lobenden Worten an. Frigga aber, seine Gemahlin, ließ Schmiede kommen und der Statue das Gold abnehmen, um es zu ihrem eigenen Schmucke bei ihrem Auftreten zu verwenden. Othinus ließ die Schmiede den Tod durch den Strang sterben, die Statue auf einen Sockel stellen und machte sie sogar durch Zauberkraft sprechend bei menschlicher Berührung. Jedoch Frigga legte mehr Wert auf einen glänzenden Schmuck, als auf die göttlichen Ehren ihres Gemahls, gab sich einem Diener preis und benutzte dessen Geschicklichkeit, um die Bildsäule umzuwerfen; das Gold, das der allgemeinen Verehrung gewidmet war, benutzte sie als Mittel ihres Schmuckes. Es machte ihr keine Gewissensbisse, sich der Unkeuschheit zu ergeben, wenn sie nur damit eher ihre Habgier befriedigen konnte; die Frau verdiente es nicht, einen Gott zum Manne zu haben. Was soll ich hier noch weiter sagen, als daß ein solcher Gott eine solche Gattin verdiente? So große Verblendung äffte dereinst die Sinne der Sterblichen. Othinus also, zweimal von der Gattin mit Unbill behandelt, trauerte gleichmäßig über die Schändung seines Bildes und seines Ehebettes. Von dem quälenden Bewußtsein einer doppelten Schmach gepeinigt, ging er freiwillig in die Verbannung, edle Scham bekundend, und glaubte damit allmählich den Schmutzfleck der erlittenen Beschimpfung zu tilgen.

Es geht dann weiter, daß Mitothin an Othinus (Óðins) Stelle König wird, er reformiert vieles, wird aber vertrieben und kommt in Finnland um. Auch Frigga stirbt und Othinus kehrt zurück.

Die Schilderung ist stark übertrieben und verzeichnet, Frigga wird hier als Sterbliche bezeichnet, jedenfalls höchst negativ dargestellt. Der Mönch Saxo scheint die Göttin regelrecht gehaßt zu haben. Ob hier wirklich Frigga (Frigg), oder doch Freyja gemeint war, ist unklar. Auch Frigg besitzt ja Schmuck und ein Schmuckkästchen, wo Sie ihn aufbewahrt. Aber es kann sein, daß es Freyja war und es hier um das Gold für den Halsschmuck Brisingamen ging. Von diesem Halsschmuck handelt der Sǫrla Þáttr, den ich im folgenden behandele.

Sǫrla Þáttr

Ein Mythos von Freyja und dem Brisingamen findet sich in dem »Sǫrla Þáttr (sterka)« einem Teil der Heðins saga ok Haugna[23]. Der Text findet sich in der isländischen Handschrift des Flateyjarbók, welches um 1380-1394 niedergeschrieben wurde.

In der Saga geht es um den dänischen König Högni, der den Vikinger Sǫrli erschlägt, sich aber mit dem Vikinger Heðinn verbündet. Doch kommt es zum Kampf, als Heðin die Tochter König Högnis entführt. In dem Kampfe fallen beide, doch werden sie immer wiederbelebt und müssen wegen eines Fluches ihren Kampf 143 Jahre täglich wiederholen, bis sie ein Christ erlöst.

Hier beginnt die Geschichte von Sǫrli.

Östlich von Vanakvisl in Asien wurde das Land Asialand oder Asiaheim genannt. Und die Bevölkerung, die dort wohnte, nannte man Aesir, und die Hauptstadt nannten sie Asgarð. Odin wurde als deren König bezeichnet. Dort war eine große Opferstätte. Odin setzte Niǫrð und Frey als Opferpriester ein. Eine Tochter Niǫrðs hieß Freyja. Sie schloß sich Odin an und war seine Geliebte.

Es lebten Männer in Asien, von denen der erste Alfrigg, der zweite Dvalin, der dritte Berling und der vierte Grer hieß. Sie besaßen ein Haus in der Nähe der Königshalle. Sie waren so geschickte Leute, daß sie sich in allem als Meister erwiesen. Solche Leute, wie sie waren, nannte man Zwerge. Sie bauten ein Steingebäude. Sie vermischten sich damals mehr mit Menschen als heute.

Odin liebte Freyja sehr, sie war aber auch die schönste aller Frauen in jener Zeit. Sie besaß ein kleines, alleinstehendes Haus. Das war sowohl schön, als auch solide gebaut, so daß die Leute sagen, daß, wenn die Tür zugezogen und verschlossen war, kein Mann sich Zugang zu dem Haus verschaffen konnte ohne den Willen Freyjas.

Es geschah eines Tages, daß es Freyja zu dem Steinhaus hinzog – dieses stand da offen. Die Zwerge waren damit beschäftigt, eine Halskette aus Gold zu schmieden. Diese war bald fertig. Freyja gefiel der Halsring sehr. Den Zwergen gefiel Freyja auch sehr. Sie suchte den Halsring zu kaufen, indem sie den Zwergen Gold und Silber und sonstige gute Ware dafür bot. Diese sagten, sie seien nicht notleidend. Sie sprachen, jeder von ihnen wolle selbst seinen Anteil am Halsring verkaufen, und sie wollten nichts anderes dafür haben, als daß sie je eine Nacht mit jedem von ihnen schliefe.

Und einerlei, ob dies nun schwerer oder leichter von ihr zu erlangen war – sie erkauften sich dies von ihr. Und als vier Nächte vergangen waren und alle Abmachungen erfüllt waren, gaben sie Freyja den Halsring. Sie ging dann in ihr Haus zurück und verhielt sich ruhig, als ob nichts geschehen wäre.

Soweit der 1. Abschnitt des Þáttr. Interessant ist, daß hier Freyja als Óðins Geliebte bezeichnet wird – wenn man den Mythos von Syritha und Otharus kennt, ist das schwer vorstellbar und spricht dafür, daß Óðr vielleicht doch dem Óðinn entspricht, daß Óðr ein Aspekt oder Avatar (Inkarnation) Óðins ist. Nun stammt der Þáttr aus christlicher Zeit und so mag da auch einiges durcheinandergekommen sein. Das Haus der Freyja, das Sie verschließen kann so daß niemand zu Ihr gelangt, finden wir bereits im griechischen Mythos von Aphrodite berichtet. Sie hat ein Gemach, in das niemand ohne Ihren Willen einzudringen vermag. Der Mythos von Freyja und den Zwergen ist allerdings recht alt und war auch bei uns verbreitet, denn er ist ja die Vorlage vom Märchen Sneewittchen. Aus den 4 Zwergen sind dort aber 7 geworden und die Liebesnacht mit jedem wird nur angedeutet, wenn gesagt ist, daß Sneewittchen im Bett der Zwerge schlief.

Die Zwerge symbolisieren im Naturmythos die in der Erde wirkenden Wachstumskräfte. Sie verbinden sich mit der Erdgöttin und bewirken Wachstum und Fruchtbarkeit der Erde. Freyja ist hier offenbar als Erdgöttin aufgefaßt. Die Namen der Zwerge bedeuten: Alfrigg »der mächtige Alfe« oder »der sehr Erfahrene«, Dvalinn »der Langsame« oder »der Schlafende« (er wird auch in den Eddaliedern genannt und ist nach Fáfnismál der Vater einiger Nornen, auch gibt es einen Hirsch gleichen Namens im Weltbaum), Berlingr

»kurzer Balken« und Grerr »der Brüller« oder »der Kleine«. Diese Namen scheinen mir keine tiefergehende mythologische Bedeutung zu haben. Sicher kann man sie auf die vier Jahreszeiten oder die vier Elemente deuten, doch geben die Namen nichts weiter her.

Freyja scheint hier in der Erzählung einen Halsschmuck zu sehen, den die Zwerge geschaffen haben. Daß Sie selbst vielleicht das Gold dazu beisteuerte und auch die von Heimdallr und Loki beschafften Zaubersteine, wird nicht erwähnt. In diesem Falle hätte Freyja das Halsband bei den Zwergen regelrecht in Auftrag gegeben.

Die Schilderung von Asgarðr als Königsstadt und den Göttern als Herrscher darin stimmt mit der Ynglingasaga überein, wobei die Schilderung dort viel ausführlicher ist.

Es folgt nun der 2. Abschnitt des Stückes:

Von Odin und Loki

Ein Mann hieß Fárbauti. Er war ein alleinstehender Mann und nahm sich eine einfache Frau zur Ehe, die Laufey genannt wurde. Sie war sowohl schmächtig wie auch sehr dünn, und deshalb nannte man sie Nál. Sie hatten einen Sohn unter den Kindern, der Loki genannt wurde. Er war nicht groß an Wuchs. Er war bald scharfsinnig und flink im Auftreten. Er hatte andern Menschen eine Klugheit voraus, die Verschlagenheit heißt. Er war schon in jungen Jahren sehr zauberkundig, deshalb wurde er Loki der Hinterlistige genannt. Er ritt zu Odin auf Asgarð und wurde einer seiner Männer. Odin hielt in allem Möglichen zu ihm, was auch immer er unternahm. Außerdem legte er ihm oft große Aufgaben auf, und er führte diese besser als erwartet aus. Er wurde auch fast alles gewahr, was sich tat. Er sagte Odin auch alles, was er wußte. Es wird auch gesagt, daß Loki erfuhr, daß Freyja das Halsband erhalten hatte, sowie was sie im Gegenzug gegeben hatte. Auch das sagte er Odin.

Aber als Odin das erfuhr, sagte er, daß Loki zu dem Halsschmuck gelangen und ihn sich beschaffen solle. Loki sagte, daß es nicht aussichtsreich sei, aus dem Grunde, daß kein Mann in das Frauengemach der Freyja kommen konnte ohne ihren Willen. Odin sagte, daß er gehen müsse und nicht zurückkommen solle, bevor er den Halsschmuck habe. Loki suchte brüllend das Weite. Die meisten freuten sich, daß Loki wenig Erfolg in Aussicht hatte.

Er geht zu Freyjas Frauengemach, und es war verschlossen. Er versucht hineinzukommen, aber es gelang ihm nicht. Es war draußen sehr kalt und

er begann zu frieren. Er wurde dann zu einer Fliege. Er irrte dann um alle Schlösser und Fugen herum, aber er konnte keine Öffnung finden, durch die er hätte hineinkommen können. Ganz oben auf dem Dachfirst und nicht größer als ein Loch fand er schließlich etwas, wo man eine Nadel hineinstecken konnte. Durch dieses Loch kroch er hindurch. Und als er hineinkam, sperrte er die Augen sehr weit auf und gab darauf acht, ob jemand aufwachte. Aber er konnte sehen, daß alles im Gemach schlief.
Er geht dann an Freyjas Bett heran und erkennt, daß sie den Halsschmuck um ihren Hals trägt, und daß die Verschlüsse des Halsbande nach unten gewendet waren. Loki verwandelt sich dann in einen Floh und setzt sich auf Freyjas Kinn und beißt, so daß Freyja erwacht und sich herumdreht und wieder einschläft. Dann legt Loki die Flohgestalt ab und entwendet ihr so das Halsband; er schließt das Gemach auf und geht weg und gibt es Odin.

Loki ist hier noch der riesenentstammte Gefolgsmann und Blutsbruder der Götter, später wurde er bekanntlich zum Gegenspieler der Götter. Der Riese Fárbauti (»Der gefährlich Schlagende«) ist sein Vater, er wird auch an andern Stellen in den Eddas und bei den Skálden erwähnt. Da Lokis Vater Riese ist, ist auch Loki kein Gott und nur die Blutsbrüderschaft mit Óðinn gibt ihm einen besonderen Status. Laufey oder Nál (»Nadel«) ist Lokis Mutter. Der Name Laufey bedeutet »Laubinsel«, doch ist auch die Übersetzung als »die Laubreiche« oder »die Vertrauenserweckende« möglich.

Daß Óðinn das Halsband erhalten will, rechtfertigt sich dadurch, daß es ein Produkt der Untreue von Freyja ist und Er somit ein Recht an diesem Halsband hat. Vielleicht nahm Freyja auch Gold von einer Óðinsstatue dazu, so daß Óðinn das Gold des Schmuckes eigentlich gehört.

Freyja erwacht am Morgen und sieht, daß alle Türen offen, aber nicht aufgebrochen sind, aber daß das Halsband weg war. Sie meint zu wissen, was für eine Zauberkraft wahrscheinlich im Gange war. Sie geht, als sie angezogen ist, in König Odins Halle und sagt, daß er Übles habe ausführen lassen, ihren Schmuck von ihr zu stehlen und bittet ihn, ihr ihren Schmuck wiederzugeben.
Odin sagt, daß sie den niemals bekommen solle, nur dann, wenn sie das erreicht hatte, daß »du es schaffst, daß zwei Könige – wenn je zwanzig Könige jedem von beiden dienen – sich uneins werden, und daß sie unter den

Bedingungen und Verwünschungen kämpfen, dass sie wieder aufstehen, sobald sie fallen. Es sei denn, daß ein Christ so tapfer wäre, daß er wagte, zu diesen Kämpfen zu gehen und mit Waffen diese Männer zu töten. Dann erst soll dieses ihre Mühen beenden. Jedem Fürsten wird somit auferlegt, sie aus Not und Mühsal ihrer gefährlichen Vorgehensweisen zu erlösen.« Freyja stimmte dem zu und nahm das Halsband.

Es folgt dann die eigentliche Schilderung des Kampfes von Haugnis Männern gegen Heðins Leute. Heðin trifft im Walde die Valkyre Gǫndul, die ihn aufstachelt, die Tochter seines Schwurbruders König Haugni, Hild, zu entführen. Sie gibt Heðin einen Vergessenheitstrank und er folgt ihrem Rat. Als er Hild entführt hat, leitet Gǫndul den Fluch Óðins auf ihn und so kommt es zum Kampf zwischen Heðin und Haugni. Doch immer wieder stehen alle Kämpfer von allein auf und können weiterkämpfen. Das währt bis zur Erlösung, 143 Jahre. Hinter der Valkyre Gǫndul können wir wohl Freyja selbst sehen, die die Weisung Óðins erfüllt.

In den Skáldskaparmál Kap. 49 wird dieser Mythos auch behandelt. Hier versucht Hild vergeblich, zwischen ihrem Vater Hǫgni und Heðin zu vermitteln. Es kommt zum Kampf, wobei die Heere sich den ganzen Tag schlagen. Abends gehen die Könige mit den Überlebenden zurück zu den Schiffen, aber Hild geht auf den Kampfplatz und weckt durch Zauber alle Toten wieder auf. Am nächsten Tage wird daher weitergekämpft, und so geht es immer weiter. Aber alle Gefallenen und alle Waffen, die auf dem Schlachtfeld liegen, werden zu Stein, aber wenn es Tag wird, stehen alle Toten wieder auf. So sollen die Hjaðninge die Zeit bis zum Ragnarök verbringen. Diesen ewigen Kampf nennt man Hjaðningavíg (»Kampf der Heðinskrieger«).

Bei Saxo grammaticus (V, 160) finden wir auch eine Schilderung dieses Kampfes, die der der Edda entspricht. Hild erweckt die Gefallenen nachts durch Zaubersprüche.

In dem ewigen Kampf des Hjaðningavíg ist wohl ein alter Tag-Nacht-Mythos enthalten. Die Krieger des Tages kämpfen gegen die der Nacht, die Abendröte ist Symbol für den Kampf. Die Krieger der Nacht kämpfen gegen die des Tages, was die Morgenröte symbolisiert. Dieser Kampf besteht daher ewig weiter, solange es den Wechsel von Tag und Nacht gibt. Óðinn richtet diesen Kampf also ein, um Tag und Nacht zu erzeugen, aber vordergründig in dem Þáttr will Óðinn nur Krieger gegeneinander hetzen (um Sich die Guten für Valhǫll auszuwählen) und Freyja will nur die Verpflichtung für den Rückerhalt Ihres Halsschmuckes erfüllen.

Den Halsschmuck der Freyja hat man verschieden gedeutet, als Symbol für den Tierkreis, oder als Frühlingsblumen, auch als Zaubergürtel zur Geburtserleichterung hat man ihn gedeutet, was dadurch bestätigt wird, daß entsprechende Gürtel (oder später Rosenkränze) Gebärenden für eine leichte Geburt aufgelegt wurden. Auch enthält der Sǫrla Þáttr nur einen Aspekt des Halsschmuckes, es gibt auch den Mythos, wie Heimdallr und Loki die Steine für den Schmuck beschaffen oder Frigg (ursprünglich sicher Freyja) Sich Gold für den Schmuck holt.

Lokka táttur

In verschiedenen Fassung ist uns auf den Färör ein Lied erhalten, in welchem die Götter Óðin, Hoenir und Loki nacheinander um Hilfe angerufen werden, Lokka táttur (Lokis Stück). Der Text des Liedes in der Fassung A mit 71 Strophen wurde 1819 aufgezeichnet von Johannes Clemensen (Hentzes Sammlung, Ny kgl. Saml. 1954, 4o), eine Variante wurde gedruckt von H. C. Lyngbe, Færøiske Qvæder, 1822, S. 500 sowie in Nolsøs Liedersammlung (Føroya Amts Bókasafn, Tórdhavn) I (1840) S. 236, Nr. 41.

Die Fassung B wurde 1822 von Johannes Clemensen aufgezeichnet nach Mitteilung von Simon Danielsen auf Sandur. Die Fassung C umfaßt 100 Strophen (die weiteren Angaben dazu liegen mir nicht vor), ich bringe aber hier die Fassung D, die sich bei V. U. Hammershaimbs Færøiske Kvæder I (1851), S. 140-145 findet. Sie hat 96 Strophen und wurde ins Deutsche übersetzt von Rosa Warrens[24]. Auch bei Karl Simrock 1878 findet sich das Lied in Warrens Übersetzung, während L. Uhland eine eigene Übersetzung veröffentlichte[25].

Ich habe die Übersetzung von Rosa Warrens mit dem Originaltext verglichen und an einigen Stellen korrigiert. Eine Melodie zu diesem Lied ist leider nicht bekannt, es besteht aber die Möglichkeit, daß sie aufgezeichnet wurde und noch nicht veröffentlicht oder gefunden ist. Die Strophen sind zweizeilig mit Endreim, dazu kommen jeweils die zwei Zeilen Kehrreim (den ich vor die erste Strophe setze), die also in jeder Strophe gleich sind und von allen gemeinsam gesungen werden, während der Strophentext nur vom Vorsänger gesungen wird. Ich füge jeweils 2 Strophen zusammen, um den Text optisch an die Eddastrophen anzugleichen und etwas Platz zu sparen.

Interessant ist, daß uns in diesem im Vergleich zu den Eddaliedern jungen Lied, die uralte Götterdreiheit Óðinn, Hœnir und Loki begegnet in der Form Óðin, Hønir und Lokki. Genau diese drei

Götter sind es auch, die in einer Geschichte der Jüngeren Edda zusammen auf Fahrt gehen (Bragarœður 1) und es sind wohl auch die drei Urgötter der Schöpfung, Óðinn, Hœnir und Loðurr oder Óðinn, Víli und Vé. Somit kann schon diese Auswahl als Indiz für eine Entstehung unseres Liedes in heidnischer Zeit angesehen werden. Seine Entstehung kann nicht auf den Färörn gewesen sein, da dort der Getreideanbau (Str. 10ff) unbedeutend war, das Lied wird schon in Norwegen entstanden sein und ist wohl der letzte Ausläufer eines ansonsten verlorenen Götterliedes. Im Text selbst heißt es zwei Mal »so ist in altem Lied gesagt« (Str. 50, 67) was doch auf ein hohes Alter deutet. Ludwig Uhland erkennt hier wiederum einen Natur- oder Jahresmythos, und zwar einen Wintermythos. Er schreibt:

Der Bauernsohn bedeutet, wie schon berührt worden, den Segen des Jahres, dem der Winterriese ein Ziel setzt. Aber wenngleich der Riese vorerst das Spiel gewonnen, so ist er doch seines Pfandes noch nicht sicher; jener Jahresbeginn trägt in sich den Keim neuer künftiger Früchte. Dieser Keim steht unter der Obhut der Götter, die der Bauer zu Hilfe ruft ... Die schaffenden Götter müssen ins Mittel treten ... denn es gilt den gefährdeten Keim aus der starren Hand des Winterriesen zu retten ... Der Riese selbst muß zuletzt in der Verfolgung des Bauernsohnes untergehen, denn sowie der Keim gerettet ist, hat die Wirksamkeit der Wintermächte aufgehört.

Der Gegenspieler ist der Riese Skrýmner (Skrýmir), siehe Anmerkung zu Str. 32. Zu unserem Lied, das den Wintermythos repräsentiert, gehört ein ähnliches, »Skrujmslers Riim« welches den zugehörigen Sommermythos darstellt, aber in den keine Götter vorkommen. Es hieß ursprünglich »Skrymners Riim« und findet sich bei L. Uhland, S. 933f. Ich füge seinen Text am Ende an.

Kehrreim: Was nützt mir die Harfe in meiner Hand,
Wenn keiner will folgen mir in's andre Land?

Der Kehrreim wird nach jeder zweizeiligen Strophe angefügt und von allen gesungen. Er ist hier ein Bedauern des Sängers mit der Bedeutung: Was nütz es mir, die Harfe zu spielen, wenn keiner der Zuhörer bereit ist, mir in die Welt, die ich besinge, gedanklich zu folgen. Vermutlich ist hier nicht die Harfe in Dreiecksform, sondern die sechssaitige Chrotta, ein lyraartiges Instrument, gemeint, welches häufig in der Vikingerzeit und früher verwendet und auch dargestellt wurde. Bekanntester derartiger Fund ist die Chrotta aus dem Sängergrab von Oberflacht (Museum Berlin), siehe Abb. 1 im 1. Band (S. 8).

1. *Würfelt der Ries' und der Bauersmann,*
Verlor der Bauer, der Riese gewann.
2. *»Gewonnen hab' ich im Wettstreit hier,*
Nun begehr ich den Sohn von dir.

Ob der Bauer wußte, mit wem er da würfelt? Vielleicht nicht, denn oft geben sich Riesen nicht zu erkennen. In dem anderen Lied von den Färör verfolgt der Riese Skrujmsli den Bauern geradezu und nötigt ihn, mit ihm zu spielen und der Bauer gewinnt (siehe unten).

Die Germanen waren sehr leidenschaftliche Spieler und so mancher Spieler hat durch ein verlorenes Spiel seine Freiheit verloren. Tacitus schreibt in der Germania[26]:

Das Würfelspiel betreiben sie seltsamerweise in voller Nüchternheit, ganz wie ein ernsthaftes Geschäft; ihre Leidenschaft im Gewinnen und Verlieren ist so hemmungslos, daß sie, wenn sie alles verspielt haben, mit dem äußersten und letzten Wurf um die Freiheit und ihren eigenen Leib kämpfen. Der Verlierer begibt sich willig in die Knechtschaft: mag er auch jünger, mag er kräftiger sein, er läßt sich binden und verkaufen. So groß ist ihr Starrsinn an verkehrter Stelle; sie selbst reden von Treue. Unfreie, die sie auf diese Art gewonnen haben, veräußern sie weiter, um auch sich selbst von der Peinlichkeit des Sieges zu befreien.

Noch heute sagen wir, daß Spielschulden Ehrenschulden sind und um jeden Preis bezahlt werden müssen.

Die Liebe zum Würfelspiel und die Bereitschaft, sogar seine eigene Freiheit zu verspielen rührt daher, daß das Fallen der Würfel nicht als zufällig betrachtet wird, sondern als von höheren Mächten bewirkt. Die Würfel werden hier ganz ähnlich wie die Runen angesehen, und auch die Götter sollen in der Urzeit mit Würfeln gespielt haben. Das Ergebnis des Würfelns zeigt also wie das Werfen der Runen das eigene Schicksal an, und wenn das Schicksal es so bestimmt hat, daß man unfrei wird, dann muß man sich mutig damit abfinden, es ist sozusagen eine Entscheidung der Götter.

Die Strophe klingt so, als wäre es vor dem Würfeln gar nicht abgemacht, um was gewürfelt wird. Der Sieger sollte also wohl selbst den Preis bestimmen. Was der Riese mit dem Sohn will, ob er ihn zum Diener machen will, oder fressen, ist unklar, vermutlich letzteres, darauf deuten die Str. 17 und 42 hin, die besagen, daß er den Knaben töten will.

3. Nun begehr' ich den Sohn von dir,
Es sei denn, daß du ihn birgst vor mir«.
4. Ruft der Bauer der Diener zween:
»Bittet Óðin, vor mich einzugehn.

Daß der Riese dem Bauern noch eine Chance gibt, den Sohn zu behalten, erinnert an die vielen Teufelssagen unseres Landes, wo der Teufel die Seele des Bauern mitnehmen will, es sei denn, dieser erfüllt eine ziemlich unmögliche Aufgabe.

Im Originaltext ist statt »Diener« das Wort »Sveinar« (Svein, junger Krieger, Gefolgsmann, Diener) verwendet. In allen Fassungen sind es zwei Diener, warum nicht nur einer ausreicht, ist unklar. Mit den zwei Dienen und dem Bauern zusammen sind es aber genau drei Personen, die den Gott anrufen.

5. Ruft Óðin Ásakönig heran,
Der ihn am besten verbergen kann.
6. Ich wollte, mein Óðin wäre hier,
Daß er schlichtet die Sache mir«.

Es handelt sich um eine regelrechte Anrufung Óðins, was auch durch die Verwendung des Wortes »Heitið« (Anrufung) deutlich wird. »Mein Óðinn« ist eine Formulierung, die auf das innige fulltrui-Verhältnis zu den Göttern hinweist, welches die Menschen damals hatten. Óðinn als höchster der Götter wird hier auch Asenkönig genannt.

7. Noch war nicht halb gesprochen das Wort,
Und Óðin stand innen vor Tisches Bord.
8. »Hör' du Óðin, ich sage dir,
Du sollst bergen den Sohne mir.«

Die Anrufung des Gottes ist so wirksam, daß Er sofort da ist und helfen will.

9. Óðin zog mit dem Knaben fort,
Die Frau und der Bauer blieben am Ort.

*10. Óðin gebeut daß in voller Pracht
Erwuchs ein Kornfeld in einer Nacht.*

In Str. 8 steht wiederum sveinn (junger Krieger, Gefolgsmann, Diener), während der Bauer ihn immer »Sohn« nennt. Aber Sohn ist er nur für den Bauern, für Óðinn ist er ein Sveinn (Gefolgsmann).

*11. Óðin gebeut, der Knab so fein
Sei im Kornfeld ein Ährlein klein.
12. Mitten im Kornfeld ein Ährlein klein
Im Ährlein mitten ein Korn allein.*

Daß Óðinn den Sohn gerade als (Gersten-)Korn in einer Ähre auf dem Feld verbirgt, zeigt noch Seine ursprüngliche Bedeutung als Erntegott, die sich auch im deutschen Erntebrauchtum erhalten hat, wenn die Schnitter um die letzten Ähren tanzten und Lieder sangen, in denen Wodan genannt wurde (siehe »Götter, Mythen, Jahresfeste« S. 248f).

*13. »Bleib darin ohne Angst allfort,
Ruf' ich dich, so komm auf mein Wort!
14. Bleib darin ohne Furcht durchaus,
Ruf' ich dich, so komm heraus!«*

*15. Der Ries' hat ein Herze, so hart wie Horn,
Beide Arme füllt er mit Korn.
16. Trägt die Ähren in Armen beid,
Das Schwert in Händen zu gleicher Zeit.*

Daß Riesen harte Herzen haben, ist ein Zug, der uns bereits in der Jüngeren Edda begegnet, dort hat Hrungnir ein Herz aus Stein.

Der Riese weiß offenbar ganz genau, wo sich der Sohn verbirgt; dieser Riese ist also selbst auch zauberkundig.

*17. Er trägt in Händen das scharfe Schwert,
Erschlagen will er den Knaben wert.
18. Da war kommen der Knab in Pein:
Durch die Riesenfaust glitt das Körnlein klein.*

Daß das Korn dem Riesen entglitt, ist wohl Óðins Zauberkunst zu verdanken.

19. *Da war kommen der Knab in Not,*
Óðin ihn eilends zu sich entbot.
20. *Óðin zog mit dem Knaben nach Haus,*
Die Frau und der Bauer empfangen sie drauß.
21. *»Hier ist der junge Knabe dein,*
Vollführt ist nun der Auftrag mein«.
22. *Ruft der Bauer der Diener zween:*
»Bittet Hønir, vor mich einzugehn.

Óðinn hilft nur ein Mal, genauso Hœnir. Wahrscheinlich ist es diesen Göttern aus Gründen des Örlögs (Schicksals, Karmas) nicht gestattet, häufiger zu helfen, zumal sich der Bauer ja aus eigenem Verschulden erst in diese Situation gebracht hatte. Óðinn kann hier auch nur ein Versteck anbieten, was dem Naturmythos entspricht, denn noch hat der Winter die Herrschaft. Mit Strophe 22 beginnt der 2. Abschnitt des Liedes.

23. *Ich wollte, mein Hønir wäre hier,*
Daß er schlichtet die Sache mir.«
24. *Noch war nicht halb gesprochen das Wort,*
Und Hønir stand innen vor Tisches Bord.

Nun ruft der Bauer Hœnir an; die Strophen 22 bis 38 entsprechen den Strophen 4 bis 21, sind größtenteils identisch.

25. *»Hör' du Hønir, ich sage dir,*
Du sollst bergen den Sohne mir.«
26. *Hønir zog mit dem Knaben fort,*
Die Frau und der Bauer blieben am Ort.

27. *Hønir gehet zum grünen Grund,*
Sieben Schwäne fliegen dort über'm Sund.
28. *Ostwärts fliegen die Schwäne nun,*
Kommen zu Hønir, ein Weilchen zu ruhn.

29. *Hønir gebeut nun, der Knabe so fein*
Sei am Haupt des Schwanen ein Federlein.
30. *»Bleib darin ohne Angst allfort,*
Ruf' ich dich, so komm auf mein Wort!

Hier erscheint eine Verbindung des Schwanes und damit Wassers zum Gott Hœnir; da Hœnir in der Jüngeren Edda auch »aurkonungr«

(Feuchtkönig) genannt wird, hat man vermutet, daß Er ein Gott sei, der in irgendeiner Form das Element Wasser repräsentiert, in der Dreiheit Óðinn, Hœnir und Loðurr (Loki) wären damit also die Elemente Luft (Óðinn), Wasser (Hœnir) und Feuer (Loki) vertreten. Ich halte diese Deutung für nicht so überzeugend.

31. Bleib darin ohne Furcht durchaus,
Ruf' ich dich, so komm heraus!«
32. Skrýmsli eilet zum grünen Grund,
Sieben Schwäne fliegen dort über'm Sund.

In dieser Strophe erscheint zum ersten Male der Name des Riesen, Skrýmsli (altnordisch skrímsl, »Ungeheuer, Mißgeschöpf, Gespenst«), den Rosa Warrens zu Recht als »Skrýmir« (altnordisch skruma, »Schreien, Prahlen«) interpretiert hat. Der Name Skrýmsli ist mit ziemlicher Sicherheit als Eigenname des Riesen aufzufassen, wie es auch V. U. Hammershaimb tat, der ihn überall mit großem Anfangsbuchstaben schrieb. Wenn es sich um eine einfache Bezeichnung »das Ungeheuer« handeln würde, müßte im Text »skrímslið« stehen, was nicht der Fall ist. Interessant ist nun die Erklärung, die L. Uhland dazu aus föröischer Quelle gab. Danach hat ein geborener Färöer, der Pfarrer Schröter auf Suderöe, bemerkt, daß das oben erwähnte andere Lied von Skrýmsli (siehe weiter unten) zur Zeit der Mönche den Gespensternamen erhalten hatte, statt des älteren Namens »Skrymners Riim« denn es war bei Strafe verboten es zu singen, da es als ein Überrest des Heidentums galt. Somit können wir davon ausgehen, daß auch in unserem Liede der Riese einst »Skrýmir« genannt wurde und mit dem in der Edda genannten Skrýmir identisch ist.

33. Der Riese fiel auf beide Knie',
Den vordersten Schwan ergriff er hie.
34. Er setzt' in des Vogels Genicke den Zahn,
Und riß das Haupt vom Rumpfe dem Schwan.

35. Da war der Knab in Kümmerniß,
Als die Feder sich schlich aus des Riesen Gebiß.
36. Da war kommen der Knab in Not,
Hønir ihn eilends zu sich entbot.

Auch hier weiß der Riese sofort durch seine Zauberkraft, wo er den Knaben suchen muß. Und Hœnir hilft, daß dem Riesen die Feder entgleitet.

37. Hønir zog mit dem Knaben nach Haus,
Die Frau und der Bauer empfangen sie drauß
38. »Hier ist der junge Knabe dein,
Vollführt ist nun der Auftrag mein«.
39. Ruft der Bauer der Diener zween:
»Bittet Lokki, vor mich einzugehn.
40. Ich wollte, mein Lokki wäre hier,
Daß er schlichtet die Sache mir«.

Mit Strophe 39 beginnt nun der dritte Abschnitt unseres Liedes, wobei wiederum die Strophen teilweise ähnlich sind, wie in den ersten beiden Abschnitten. Lokki ist die Namensform, die das Original verwendet für den Gott Loki.

41. Noch war nicht halb gesprochen das Wort,
Und Lokki stand innen vor Tisches Bord.
42. »Du weißt nichts von meiner Not,
Skrýmsli begehrt meines Sohnes Tod.

Lokki bzw. Loki gilt als Gott des Wildfeuers (im Gegensatz zum Gott Freyr, der auch ein Gott des Sonnen- und Herdfeuers ist). In den Überlieferungen erscheint Loki geradezu als Feuergott. Nach einer nordischen Sage waren einst die Winter so kalt, daß die Meere gefroren und niemand das Haus verlassen konnte. Die Menschen riefen deshalb den Feuergott Loki an und dieser brachte am Himmel eine brennende Fackel an, die den Winter etwas wärmer und erträglicher machte. Das ist der Stern Sirius, der im Norden »Loka brenna« (Lokis Brand) genannt wurde. Aber der Stern wanderte am Himmel und erschien 6 Monate später neben der Sonne, so daß nun der Sommer noch heißer wurde. Das, was den Menschen im Winter half, verursachte im Sommer den Sonnenstich.

Als man vor einigen Jahren eine bisher unbekannte Handschrift von Gregor v. Tours wiederentdeckte, fand man darin auch die Angabe, daß der Stern Sirius im Mittelalter rötlich (Lokis Farbe) leuchtete und offenbar eine Supernova gewesen war. Damit wurde der Bezug des Sternes zu Loki astronomisch bestätigt.

43. Hör' du Lokki, ich sage dir,
Du sollst bergen den Sohne mir.
44. Birg ihn wohl, wie dir solches bekannt,
Laß ihn nicht fallen in Skrýmslis Hand«.
45. »Soll ich bergen den Knaben dein,
Mußt du tun nach den Worten mein.
46. Rüsten mußt du ein Bootshaus geschwind,
Derweil beide wir außen sind.
47. Schneide darin ein Fenster ein,
Leg' eine Eisenstang' hinein.«
48. Lokki zog mit dem Knaben fort,
Die Frau und der Bauer blieben am Ort.

In Str. 45 ist vom Sohn die Rede, in Str. 48 wieder von Sveinn. Loki heißt den Bauer, sich auf den Kampf mit dem Riesen vorzubereiten, indem er ihm aufträgt, ein Bootshaus mit einer Öffnung und einer Eisenstange darin bereitzustellen. In der Übersetzung von R. Warrens ist es ein Knäuel mit einer Eisenstange, in dem sich der Riese verfängt.

So eine Vorbereitung haben Óðinn und Hœnir nicht veranlaßt.

49. Lokki geht hinab zum Strand,
Wo lag das Schiff im Ufersand.
50. Lokki rudert so weit vom Land,
So ist gesagt im alten Gesang.

In der Strophe also ein deutlicher Hinweis auf eine alte Liedtradition dieser Geschichte.

51. Lokki spricht kein einziges Wort,
Haken und Stein wirft er über Bord.
52. Sanken zu Grunde Haken und Stein,
Bald zog er heraus ein Fischlein klein.
53. Zieht er eines und zweie heraus,
Schwarz zu schau'n war das dritte durchaus.
54. Lokki gebeut nun, der Knabe so fein
Sei im Rogen ein Körnlein klein.

Hier hat eher Loki einen Bezug zum Wasser und damit wird die Theorie der drei Elemente schon widerlegt. Auch als Loki gefangen wurde, verbarg er sich im Wasser als Lachs (siehe Aegisdrecka,

Schlußprosa im 2. Band). Daß aber Loki als Feuerhalbgott verstanden wurde, dafür gibt es viele Zeugnisse, und der Bezug zum Lachs wird durch dessen rotes Fleisch (rot = Farbe Lokis als Gott des Wildfeuers) gegeben.

55. »*Bleib darin ohne Angst allfort,*
Ruf' ich dich, so komm auf mein Wort!
56. *Bleib darin ohne Furcht durchaus,*
Ruf' ich dich, so komm heraus!«
57. *Lokki rudert zurück an's Land,*
Steht vor ihm der Ries' auf dem Sand.
58. *Fragt der Riese mit schnellem Wort:*
»*Lokki, wo warst du die Nacht allfort?*«

Der Riese scheint schon zu ahnen, daß Loki ihn hintergeht, aber da Loki auch als Verbündeter der Riesen erscheint, besteht ein kameradschaftliches Verhältnis.

Auch in einer nordischen Sage vom Riesen und Lokki (Risin og Lokki) nimmt ein Riese Lokki in den Dienst, doch spielt Lokki ihm fortwährend Streiche, so daß der Riese die Arbeiten alle selbst ausführen muß, während Lokki sich herausredet. Lokki soll einen Ochsen herbeischaffen, auf den Lokki sich aber selber setzt, er soll Holz und Wasser ins Haus tragen. Als sie zusammen Suppe essen wollen, kommt alles Fett auf Lokkis Seite, während die Knochen auf der Seite des Riesen sind. Nachts klettert Lokki auf den Dachfirst und kräht wie ein Hahn. Der Riese steht daraufhin auf, und Lokki tötet ihn, indem er ihm eine glühende Eisenstange ins Auge stößt. Mit den Schätzen des Riesen geht Lokki davon.

59. »*Wenig Ruhe hab' ich nur,*
Auf und ab durch die Wogen fuhr.«
60. *Schiebt Skrýmsli sein Eisenboot ins Meer,*
Lokki ruft, es stürme gar sehr.

Lokis beschwichigende Antwort erinnert an Lokis Beschwichtigungen im Lied Þrymsqviða (siehe Band 2).

Daß das Boot des Riesen aus Eisen ist, paßt zu den Riesen, denn sie hängen mit dem unseligen Metall des Eisens zusammen. In der Vǫluspá 40 wird eine Riesin im Eisenwald genannt (siehe Band 1, S. 73). Vielleicht ist der Begrif »jarn« (eisern) aus »is« (Eis) entstanden.

61. Lokki spricht zum Riesen noch:
»Riese, laß' mich dir folgen doch!«
62. Nahm der Riese das Steuer zur Hand,
Lokki rudert den Nachen vom Land.
63. Lokki rudert und rudert allfort,
Nicht will der Eisennachen vom Ort.
64. Lokki schwört bei seiner Treu,
Daß er ein besserer Steuermann sei.

Das Eisenboot ist so schwer, daß Loki es nicht rudern kann. Deswegen tauschen sie und Loki geht ans Steuer, während der Riese rudert. Vielleicht könnte Loki es auch rudern, doch zu seinem Plan gehört es ja, daß er das Boot steuert. Deswegen täuscht er wohl nur vor, das Boot nicht rudern zu können.

65. Setzt sich der Ries' an's Ruder nunmehr,
Fliegt das Eisenboot über's Meer.
66. Schwingt der Riese die Ruder itzt,
Hinter ihm Lokki am Steuer sitzt.
67. Rudert der Riese so weit vom Land,
So ist gesagt im alten Gesang.
68. Spricht der Riese kein einziges Wort,
Haken und Stein wirft er über Bord.

Auch hier wiederum der Hinweis auf den »alten Gesang«, also ein Vorläuferlied.

69. Sinken zu Grunde Haken und Stein,
Bald zieht er heraus ein Fischlein klein.
70. Zieht er eines und zweie heraus,
Schwarz zu schau'n war das dritte durchaus.

Auch hier weiß der Riese genau, wonach er suchen muß, das mit schwarzem Rogen gefüllte Fischlein. Daß es ihm auch hier nicht gelingt, den Knaben zu ergreifen liegt nur an seiner Grobschlächtigkeit.

71. Lokki schwört bei seinem Wort:
»Riese, gib mir das Fischlein dort!«
72. Sprach der Riese und sagte nein:
»Nein, mein Lokki, das kann nicht sein!«

73. Das Fischlein nahm er zwischen die Knie',
Zählt jedes Körnlein im Rogen hie.
74. Zählt jedes Körnlein, im Rogen war,
Jetzt dacht' er den Knaben zu fangen, fürwahr.
75. Da war kommen der Knab in Pein:
Durch die Riesenfaust glitt das Körnlein klein.
76. Da war kommen der Knab in Not,
Lokki ihn eilends zu sich entbot.

Hier ist nun der Punkt, wo die zuerst angerufenen Götter Ihren Auftrag als beendet angesehen hatten, Loki aber hilft weiter. Die endgültige Besiegung des Riesen Skrýmsli (Skrymir) bildet den letzten, 4. Abschnitt unseres Liedes.

77. »Birg behutsam dich hinter mich,
Laß nicht den Riesen erblicken dich.
78. Spring' an's Ufer behend und gewandt,
Laß keine Spur'n zurück im Sand«.
79. Rudert der Riese zurück an's Land,
Grad' entgegen dem weißen Strand.
80. Rudert der Ries' entgegen dem Land,
Lokki steuert zur anderen Hand.

Loki dreht das Schiff, so daß er mit dem Knaben am Strand ist und der Knabe aussteigen kann, der Riese aber ist auf der Seite zum Meer und muß nun erst das Boot zurückdrehen. Das war der Plan Lokis, weswegen er sich ans Steuer setzen ließ.

81. Schiebt Skrýmsli den Hintersteven an's Land,
Der Knab springt an's Ufer leicht und gewandt.
82. Blickt der Ries' empor zum Strand,
Steht vor ihm der Knab auf dem Land.

Der Riese sieht den Knaben und will ihn nun verfolgen, doch hindert ihn sein eigenes Gewicht daran und er sinkt tief in den Sand.

83. Sprang so leicht der Knab an's Land,
Ließ nicht Spuren im weißen Sand.
84. Sprang der Riese so schwer an's Land,
Sank bis tief an's Knie in den Sand.

85. Lief der Knab mit aller Macht,
Durchs Bootshaus, das sein Vater gemacht.
86. Lief durch des Vaters Bootshaus so jach,
Folgt' ihm arglos der Riese nach.
87. Blieb der Riese hangen im Gang,
Barst ihm im Haupte die Eisenstang'.
88. Lokki mochte nicht träge sein,
Hieb dem Riesen vom Rumpf das Bein.

Der Riese ist also in das Bootshaus gestürmt, dem Knaben hinterher. Dieser war durch das Fenster wieder herausgekrochen, während der Riese sich wohl die befestigte Eisenstange in den Kopf gestoßen hat. Durch das Fenster hätte er nicht hindurchgepaßt. Loki schlägt ihm das Bein ab, doch es wächst sofort wieder zusammen.

89. Wenig achtet's der Riese danach,
Wuchs zusammen die Wunde so jach.
90. Lokki mochte nicht träge sein,
Hieb ihm vom Rumpfe das andere Bein.
91. Hieb ihm vom Rumpfe das andere Bein,
Warf dazwischen Stock und Stein.
92. Sah der Knabe ein lustig Spiel,
Wie da der Riese zusammenfiel.

Da Loki nun zwischen den Körpper des Riesen und das Bein Gegenstände wirft, kann das Bein nicht mehr anwachsen und der Riese stirbt. Man kann auch übersetzen, daß Loki das Bein selbst wegwarf.

93. Lokki zog mit dem Knaben nach Haus,
Die Frau und der Bauer empfangen sie drauß.
94. »Hier ist der junge Knabe dein,
Vollführt ist nun der Auftrag mein.
95. Vollführt ist nun der Auftrag mein,
Nun tat ich nach dem Willen dein.
96. Gewißlich hielt ich Treu' und Wort,
Sein Leben ließ der Riese dort«.

Damit ist dieses Lied zu Ende. Es beinhaltet wie erwähnt den Frühjahrsmythos. Das andere Lied, was in diese Reihe gehört, aber keine Götter erwähnt, stellt hingegen den Wintermythos dar. Ich bringe hier die bei L. Uhland angeführte Fassung. Der überlieferte Titel lautet »Skrujmslers Riim«, der ursprüngliche Titel lautete »Skrymners Riim«, der Riese heißt jetzt »Skrujmsler«, ursprünglich »Skrymner« (Skrymir).

Kehrreim: *Der Winter weicht, der Sommer kommt,*
Die Erde wird so milde,
So schön Gewächs ergrünet im Gefilde.

Strophen:
Es war an einem Morgen früh,
Des ich mich wohl entsinne.
Der Bauer ging zum Walde fort,
Sucht' Äpfel und Eicheln drinne.

Da zog der Regen finster auf,
Die Sonne sank hinunter,
Da wandte sich der Bauersmann
Zur Heimat rasch und munter.

Da zog der Regen finster auf,
Es sank der Tag zum Abend,
Der Bauer lief so froh und frisch,
Nach seiner Heimat trabend.

Da ward es in der Wolke licht
Und licht ward's auf den Wegen,
Der Bauer sah, wie Skrymner ihm
Gar mächtig schritt entgegen.

Wohl aus der Erde Skrymner stieg
Durch Óðins Gabe kräftig,
Trug in der Hand das Ziegelbrett
Und schritt heran geschäftig.

Trug in der Hand das Ziegelbrett
Von weißem Elfenbeine,
Die Würfel aber waren da
Aus Gold von klarem Scheine.

Der Riese war von starker Art,
Von der die Argen stammen.
Er sprach: »Sitz nieder, lieber Freund,
Und spielen wir zusammen!«

Der Bauer sprach: »O nein, o nein!
Mir kann das nicht gebühren.
Ich hab das Brettspiel nie gelernt,
Ich weiß kein Spiel zu führen.«

»Du mußt mit mir zum Brettspiel hier,
Und spielst du sonst auch keines,
Nicht soll's dich kosten Haus und Hof,
Dein Haupt nur oder meines.«

Der Bauer stand auf grünem Grund,
Begann, auf Rat zu sinnen;
Da zog er an die Sieghandschuh,
So dacht' er zu gewinnen.

Der Bauer setzte sich zum Spiel,
Wie sehr davor ihm bangte;
Doch ging das Brettspiel so zum Schluß,
Daß er den Sieg erlangte.

Wohl spielten diese Männer nicht
Um Haus und Hof im Brette;
Des Riesen Leib und Leben stand,
Sein Haupt und Hals zur Wette.

»Im Brett hast du gewonnen mich,
Du magst dein Glück wohl preisen.
Doch laß mich lösen jetzt mein Haupt,
So wie du selbst magst weisen!«

»Willst du dir lösen Haupt und Hals,
Sollst du zuerst mir rüsten
Gut Bier und Wein und Eichelschwein,
All was mich mag gelüsten.

Du sollst mir setzen in den Hof,
Eine Burg, eine breit' und lange,
Und Bier und Wein und Reben drin,
Eine Burg von erstem Range.

Im Grunde soll ein Estrich sein
Und Ziegel auf den Zinnen,
Das Dach sei von dem blausten Blei,
Das irgend zu gewinnen.

*Der Estrich auf dem Grunde sei
Von weißem Marmelsteine.
Der Dachstuhl von Cypressenholz,
Die Wand von Elfenbeine.*

*Da soll man Herrenbetten sehn,
Das Bettgestell von Cedern,
Die Laken und die Decken all
Gefüllt mit Fönixfedern.*

*Da soll man Herrenbetten sehn,
Gefüllt mit Schwanendaunen.
Bedeckt mit Purpurtüchern all
Und Goldstoff zum Erstaunen.*

*Ein kostbar Becken sei auch dort,
Gefüllt mit edlem Tranke,
Daß, wer davon getrunken hat,
Sein Lebtag nie erkranke.*

*Ja, niemand soll da werden krank,
Bevor er selbst will sterben.
Und schaffst du das nicht alles her,
Hau' ich dein Haupt zu Scherben.*

*Da soll auch Trank und Speise selbst
Sich auf die Tische tragen.«
Dem Riesen ist sein Leben lieb,
Muß »ja« zu allem sagen.*

*Der Bauer halst sein liebes Weib
Am Abend beim Empfange:
»Nun wird man sehen, wie ich bald
In Würd' und Reichtum prange.«*

*Da hob das Weib zu Weinen an
Und sprach mit Angst und Beben:
»Wohl schied der Riese so von dir,
Es kostet dich dein Leben.«*

*Der Bauer schlief da ruhig ein
In seines Weibes Arme.
Der Riese sucht und sammelt Gold
So müd' und schwer von Harme.*

Auf See und Sand fuhr Skrymner um,
Auf Bergen und in Klingen,
Setzt in des Bauern Hof die Burg
Mit all den kostbarn Dingen.

Er bracht' ihm in die Halle dann,
Gar stattlich zugerüstet,
Gut Bier und Wein und Eichelschwein
Und was ihm sonst gelüstet.

(Es wiederholt sich nun, fast mit denselben Worten, die Aufzählung alles dessen, was der Bauer verlangt hatte. Danach geht es weiter:)

Frühmorgens, als der Bauersmann
Zum Walde wollte gehen,
Da sah er eine große Burg
Vor seiner Türe stehen.

Der Bauer sah die schöne Burg,
Er war so frisch und munter,
Der Riese stand und klemmte sich
Die Schenkel schier herunter.

Der Bauer stand auf grünem Grund,
So fett und wohl gediehen.
Man führt' ihn in die schöne Burg,
Da mußt' ihn Sorge fliehen.

Der Bauer halst sein liebes Weib
Am Abend zum Empfange:
»Zehn Kön'ge gibt es oder zwölf,
Die überrag' ich lange.«

Der Bauer war so frisch und froh,
Mild gegen seinesgleichen;
Zehn Kön'ge gibt es oder zwölf,
Die ihm an Wohlstand weichen.

Die Hausfrau war an Kindern reich
Und rotem Scharlachtuche;
Doch war ihr bang, daß Skrymner nicht
Den Tod des Bauern suche.

Der Bauer hatte draus und drin,
Was ihm sein Herz erfreute.
Doch müd' ist meine Zunge jetzt,
Kurzweil genug für heute!

Soweit dieses Lied, das quasi die Vorgeschichte des Lokka tattur bildet. Diese Vorgeschichte ist ein Sommermythos, der Riese entsteigt der Erde im Zusammenhang mit Dunkel und Gewitter. Er ist ein Winterriese, der durch seine Niederlage im Brettspiel, welches als ein Abbild des Sternenhimmels gedeutet werden kann, all die reichen Gaben bringt, die dem Sommer zugehören, Bier, Wein, Früchte, Kinder. Der Kehrreim verdeutlicht den Sommerbezug sehr klar. Das andere Lied ist die Fortsetzung, der Wintermythos. Es ist vielleicht derselbe Bauer, der nun gegen denselben Winterriesen verliert und seinen Sohn geben soll.

Nachtrag Grímnismál 18

In den Grímnismál 18 der Älteren Edda findet sich eine etwas merkwürdige Geschichte: Óðinn selbst erzählt uns da etwas von einem Eber Sæhrímnir:

Andhrímnir läßt in Eldhrímnir
Sæhrímnir sieden,
Das beste Fleisch; doch erfahren wenige,
Was die Einherjer essen.

Diese Strophe wird auch mit erklärender Einleitung in der Jüngeren Edda, Gylfaginning 38 zitiert. Da heißt es:

Da sprach Gangleri: Du sagtest, daß alle die Männer, die im Kampf gefallen sind von Anbeginn der Welt, zu Óðinn nach Valholl gekommen seien. Was hat er ihnen zum Unterhalt zu geben? Denn mich dünkt, das muß eine gewaltige Menge sein. Da antwortete Hárr: Es ist wahr, was du sagst: eine gewaltige Menge ist da, und noch viel mehr müssen ihrer werden; aber doch wird es scheinen, ihrer seien viel zu wenig, wenn der Wolf kommt. Und niemals ist die Volksmenge in Valholl so groß, daß ihr das Fleisch des Ebers nicht genügen möchte, der Sæhrímnir heißt. Jeglichen Tag wird er gesotten und ist am Abend wieder heil. Doch dünkt mich wahrscheinlich, daß dir wenige auf die Frage, die du jetzt gefragt hast, richtig Bescheid sagen werden. Andhrímnir heißt der Koch und der Kessel Eldhrímnir, wie hier gesagt ist: ...

(Es folgt die Grímnismál-Strophe). Daß Sæhrímnir ein Eber ist, erfahren wir nur hier, die Grímnismál-Strophe sagt das nicht und läßt es offen, deutet vielleicht sogar an, daß nur wenige wissen, was für Fleisch, also welches Tier die Einherjer essen würden. Daß es hier aber gerade ein Eber, also Schwein ist, liegt daran, daß Schwein als das edelste Fleisch galt. So heißt es in einem deutschen Volkslied über den Himmel:

*Fette Swainia waen wer broeta
Jounge Hihnla waen wer soeta.*

Es gibt auch eine Sage, daß die Geister der Helden zur Nachtzeit Eber jagen[27].

Der Mythologe Karl Simrock deutete diesen Mythos als Sonnenmythos, denn der Eber ist ja ein Sonnensymbol (siehe z. B. Freys Eber Gullinbursti). Er schrieb dazu 1878[28]:

... und schwerlich würde sich der Germane so freudig in den Kampf gestürzt haben, wenn man ihm gesagt hätte, daß der Eber Saehrimnir, das Bild der Sonne, nichts als das Licht des Tages sei, das sich täglich erneut, und Heidruns Milch nichts als die klare Aetherflut, der reinste Lichtstrohm, der unsterblichen Lungen allein zuträglich ihnen zur Quelle des ewigen Lebens wird. Gleichwohl treffen diese Deutungen den ursprünglichen Sinn des Mythos, und selbst die überlieferten Namen in Grimnismál Str. 18 lassen sich damit in Übereinstimmung bringen.

Und auch Hans v. Wolzogen hatte das schon in seiner Eddaausgabe erkannt und zu der Grimnismál-Strophe geschrieben:

Andhrimnir, der himmlische Koch; der sich stets wieder erneuernde Eber ist die Sonne. Die Asen nähren sich als Lichtalben vom Lichte.

Er übersetzte »Andhrímnir« mit »Luftkocher«.

Bei Ludwig Ettmüller findet sich folgende Deutung[29]:

Der Name des Koches, Andhrimnir, des Kessels, Eldhrimnir und des Ebers Sährimnir hat zum zweiten Theile –hrimnir (hrímnir). Hrimnir kommt her von hrím, Reif, Eis, Kälte, und bedeutet den Reifenden, Dunstverdickenden. And (andi) bedeutet Hauch, Geist. Andhrimnir wäre demnach Hauch, der Dünste verdickt. Eld ist Feuer, Eldhrimnir sagte demnach so viel als Feuerdunstverdickender (Rußmacher) (...) Uebrigens gebieten auch And und Eld hier an das dritte Element sær, See, zu denken. Der Sinn der Mythe dürfte demnach wohl nur der sein: das Luft, Feuer und Wasser die Erhalter des physischn Lebens sind. Die Erde brauchte nicht erwähnt zu werden, da diese nach altnordischer Mythologie selbst aus der Zusammenwirkung von Feuer und Wasser entsteht.

Wir haben also drei Namen, die sich auf den Koch, den Kessel und den Eber beziehen sollen. Um das Geheimnis dieses mythischen Bildes zu entschlüsseln, helfen uns die üblichen Übersetzungen dieser Namen nicht weiter. Danach soll Andhrímnir »der dem Ruß Ausgesetzte« bedeuten, Eldhrímnir »der durch Feuer Berußte« und Sæhrímnir »rußiges Seetier??«, doch setzt Prof. Simek an diese Übersetzung gleich zwei Fragezeichen und bringt auch noch die Möglichkeit, daß es vielleicht zu seyðir »Kochgrube« gestellt werden könnte.

Da der Name Andhrímnir in den Nefnaþulur der Jüngeren Edda unter den Namen des Adlers genannt wird, muß dieser Koch Andhrímnir als Adler oder adlergestaltig vorgestellt werden. Der Adler aber ist im Mythos meist ein Bild für den Wind; der Sturm wird z. B. von einem adlergestaltigen Riesen Hræsvelgar (»Leichenschwelger«) verursacht, Óðinn als ursprünglicher Windgott hat den Adler als heiliges Tier.

Andhrímnir ist also auch der Wind, was gut zu der Deutung Wolzogens paßt, der Andhrímnir mit »Luftkocher« übersetzte. Die Vorsilbe »and« bedeutet im Altnordischen »Atem« und ist mit önd (»Atem, Seele« auch »Lufthauch«) identisch. Wir finden in der Edda z. B. »and-lát« mit der Bedeutung »atemlos, atemlassen« also »tot«. Das altnordische »hrím« entspricht dem englischen »rime« und kann »Reif« oder »Ruß« bedeuten; die Hrímþursen sind die »Reifriesen«, der Name ist wahrscheinlich doppeldeutig und es können auch die »Rußþursen« gemeint sein. Winterkälte und Nachtdunkel gehören beide zu den Riesen. Schon unsere Vorfahren haben wahrscheinlich beide Begriffe auf die Riesen bezogen. Prof. Simek führt bei dem Namen des Riesen Hrímnir daher auch beide Bedeutungen an: »Der Bereifte« oder »der Berußte«. Die ursprüngliche indogermanische Bedeutung des Wortes hrím bezieht sich auf etwas, das abgestreift werden kann, so wie Reif oder Ruß. »-hrímnir« könnte hier aber auch einfach nur »riesisch« und »groß« bedeuten. Da wir nun aber bei Andhrímnir sicher eher nicht an einen Reifriesen oder überhaupt an Reif denken können, kommt wohl nur die Deutung »der Berußte« in Frage, die aber auch Umschreibung für eine Kochstelle oder einen Topf sein kann, denn Kochstelle oder Topf sind natürlich auch berußt. Deswegen ist die Übersetzung von Andhrímnir mit »Luftkocher« sehr passend. Ein Adler, der mit seinen Fittichen Luft zum Feuer fächelt, um es anzublasen. Denn daß »eldr« das Feuer bezeichnet, darüber gibt es keinen Zweifel, so daß Eldhrímnir wörtlich »Feuerkocher« (Feuerberußter) bedeutet. Gemeint ist also das Feuer, welches Andhrímnir anfacht. In der Jüngeren Edda ist Eldhrimnir der Kessel selbst, der im Feuer (eldr) steht. Auch der Name Sæhrímnir ist eigentlich leicht zu deuten, denn »sær« bedeutet im Altnordischen einfach »See« (Meer, See), wir finden in der Edda z. B. sæ-dauðr (»seetot«, auf der See geblieben) in Sigrdrifumál 33, oder sæ-fang (»Seefang«, gefangener Fisch) in Guðrúnarqviða II, 43. Sær ist mit germanisch *saiwa, indogerm. Seiku (gießen, seihen, rinnen, tröpfeln, feucht) verwandt. Somit bedeutet Sæhrímnir »Seekocher« (Seeberußter) oder »Wasserkocher«. Nach der Jüngeren Edda ist damit nicht der Kessel gemeint, sondern der Inhalt, ein Eber.

Das Bild mit der Sonne trifft meiner Meinung nach nur teilweise zu. Sicher, der Sonnenuntergang im Abendrot könnte mit dem Sonneneber (Gullinbursti) im Feuer mythologisch beschrieben werden, und da schon Otto Sigfrid Reuter Valholl als Luft- und Himmelsraum gedeutet hatte, den am Abend die Sonne verläßt, könnte es so aussehen, als wenn die Einherjer, die Seelen der Verstorbenen in Valholl quasi die Sonne gegessen hätten. Sie würden sich also vom Lichte ernähren. Am nächsten Tag geht die Sonne wieder auf und der Eber ist wieder lebendig, um am Abend erneut die Einherjer zu ernähren.

Mir schwebt aber eine andere Deutung vor, die besser zu dem Wort »Seekocher« (Sæhrímnir) paßt. Denn die Deutung als Sonneneber paßt nicht zu dem Bezug zum Meer oder Wasser, der im Namen ja enthalten ist, auch das Verspeisen der Sonne durch die Einherjer ist ein Gedanke, mit dem ich mich nicht so recht anfreunden kann. Ich denke, daß der Eber Sæhrímnir einfach das Wasser bedeutet. Dieses Wasser in einem Feuerkessel (Eldhrímnir) wird durch den Windadler (Andhrímnir) zum Verdunsten gebracht. Dadurch entsteht Nebel, entstehen Wolken (wir befinden uns ja in Valholl und damit im Himmel).

Seit ältesten Zeiten aber gelten Nebel oder Wolken als Orte der Verstorbenen. Darum heißt eine der Unterwelten »Niflheimr« (Nebelwelt), es gibt eine »Niflhel« (Nebelhölle) und das Volk der Nibelungen bildeten einst die Seelen der Verstorbenen. In den Novembernebeln sah der Volksglaube die Geisterheere der Verstorbenen, die in der Zeit der Nebel (Herbst bis Winter) auf die Erde gelangen. Der Nebel bildet also sozusagen das Element der Geister, ist ihr feinstofflicher Körper. Unsere Strophe besagt nun aber, daß Sæhrímnir das »Fleisch« ist, was die Seelen essen. Das was wir essen, bildet unseren Körper; Seelen aber haben keinen materiellen Körper, sind feinstofflich, eben Geister. Das einzigste, was man ihnen an Körperlichkeit zubilligt, sind eben die Nebelschwaden, in denen wir sie wahrnehmen. Mediale Menschen sehen Geister als von Nebel oder Hauch umgebene Wesen. Dieser Nebel ist also der einzigste »Körper«, den die Seelen haben und daher ist seine Erzeugung und das Aufnehmen desselben durch die Seelen deren feinstoffliches »Essen«. Unser germanisches Wort Dise (altnordisch dísir, althochdeutsch idisi, baltisch Dusin) bedeutet »Geistwesen«, das Wort ist aber mit unserem Begriff »Dunst« identisch (vgl. auch »diesig«). Disen sind eigentlich die »Dunstwesen«, eben Geistwesen mit entsprechendem Nebel. Der Nebel bildet ihre Substanz, und um diese Seelensubstanz zu erhalten, nährt sich die Seele von Dunst, vom Nebel.

Das ist es, was dieser Mythos von Sæhrímnir aussagt: Wenn wir im Totenreich von Valholl als Seelen sein werden, sind wir Dunstwesen und stärken unsere Substanz durch den Dunst oder Nebel.

Óðinn nennt in der Strophe »das beste Fleisch« – daß aber spirituelle Wesen tatsächlich »Fleisch« essen sollten, erscheint sehr unlogisch, zumal Óðinn Selbst ja bei den Geten die fleischliche Ernährung abgeschafft hatte (siehe die Überlieferungen zu Zamolxis). Wenn wir die oben wiedergegebene Strophe aber einmal genauer lesen, dann finden wir darin einen eigenartigen Widerspruch in dem Nachsatz: »Doch erfahren wenige, was die Einherjar essen.« Eben hieß es doch noch, der Eber liefere das beste Fleisch, logischerweise essen die Einherjer dieses Fleisch und alle wissen, was sie essen. Nun aber wird gesagt, daß nur wenige wissen, was die Einherjer essen. Da wird also angedeutet, daß mit diesem »Fleisch« offenbar etwas anderes gemeint ist, was nur wenige erfahren. Die Strophe selbst also besagt, daß sie gedeutet werden muß und nicht wörtlich genommen werden kann. Für »essen« steht im Orignal übrigens alaz, was auch zeugen, gebären, nähren, aufziehen und aufwachsen bedeutet. Die Zeile kann also auch übersetzt werden: Doch wissen wenige, was die Einherjer aufwachsen läßt. Nehmen wir aber die Bedeutung »gebären«, dann erhalten wir einen Wiedergeburtsmythos: »Doch wissen wenige, was die Einherjer gebären läßt.«

Der Eber Sæhrímnir kommt neben Grímnismál 18 nur noch ein weiteres Mal in der Edda vor, nämlich in den Hrafnagaldr 19:

Nach Bölverks Rat auf die Bänke verteilt,
Von Sæhrímnir speisend saßen die Reginn,
Skögul schenkte in Hnikars Schalen
Den Met und maß ihn aus Mímirs Horn.

Hier speisen die Reginn, also die Götter, doch sind damit wohl eher die Einherjer gemeint, denn in den Hrafnagaldr stehen oft absichtlich falsche Bezeichnungen, z. B. Urðr für Iðunn usw. Jedenfalls wissen wir nun, was dieses Speisen von Sæhrímnir bedeutet: Daß Nebel und Wolken erzeugt werden, in denen sich die Einherjer aufhalten, die ihre Substanz symbolisieren. Auch die Valkyren gelten im Naturmythos als Wesen, die durch die Wolken symbolisiert werden, und Valkyren gehören ja auch zu der Gruppe der Disen.

Zwischen unserm Sæhrímnir und »See« sowie »Seele« (»zum See gehörig«) scheint außerdem auch eine mythologische Verbindung zu bestehen.

Nun ist die Frage: Wer kocht da in Valholl? Der Mythos nennt Andhrímnir als Koch, also ein Adlerwesen, das sicher keine Gottheit ist. Wir wissen, daß über Valholl ein Adler sitzt, der vielleicht auch als Koch Andhrímnir tätig wird. Óðinn selbst berichtet davon (in den Grímnismál 10):

Leicht erkennen können, die zu Óðinn kommen,
Den Saal, wenn sie ihn sehen:
Ein Wolf hängt vor dem westlichen Tor,
Über ihm dräut ein Aar.

Óðinn ist »Ásgarðs König« und »Valholls Weiser« also der Hausherr dort. Seine Gemahlin, die »Königin der Ásen und Ásinnen« ist natürlich auch dort, die Göttin Frigg. Sie ist hier die Hausfrau und beauftragt dementsprechend die dienenden Wesen, für die Bewirtung der Gäste zu sorgen. Frigg selbst ist also eigentlich die Köchin. Sie sorgt für die Bereitstellung der Substanz, die die Geistwesen nährt. In späteren Zeiten wurde aus »Friga-Holda« unsere »Frau Holle« der Sagen. Der Name »Holle« hängt mit »Hölle« zusammen und bezeichnet die Göttin auch als Herren über die Toten. Daß die Vorstellung eines Totenreiches der Frau Holle (siehe das bekannte Märchen in der Sammlung der Gebrüder Grimm) ursprünglich identisch war mit Valholl, das hatte bereits O. S. Reuter herausgefunden. In der älteren Zeit glaubte man nur an ein Totenreich (für die Guten), in welchem Óðinn und Frigg herrschen, für die Bösen gibt es die Unterwelten. Später stellte man sich Valholl als spezielles Totenreich der Krieger vor.

Jedenfalls ist Frigg–Frau Holle die Herrin im Totenreich und somit schafft Sie die Substanz, die die Seelen benötigen (essen). In diesem Zusammenhang ist eine hessische Sage vom Hohen Meisnerberg von Interesse, deren Anfang ich hier einmal zitiere[30]:

Auf dem Meisner wohnt die Frau Holle. Wenn sie ihr Bett macht, fliegen die Federn umher, und dann schneit es. Kocht sie in ihrer großen Küche, dann steigen viele Wasserdämpfe in die Höhe, einzelne Wolken ziehen am Meisner hin, und bald ist der ganze Berg in Wolken gehüllt.

Die Frage stellt sich nun: Wofür kocht Frau Holle, da Sie doch als spirituelles Wesen gar kein Essen braucht? Natürlich für die Geistwesen in Ihrem und Wodans Gefolge. Dieses Kochen der Frau Holle ist also die in unseren Überlieferungen erhaltene Geschichte, die wir in der Edda in der Grímnismál-Strophe auch finden.

Noch ein anderer Gedanke kann in dem Sæhrímnir-Mythos enthalten sein. Auf einem der Innenbleche des Kessels von Gundestrup (Dänemark, 2. Jh. v. u. Zt.) sieht man links eine Figur, die wegen ihrer Größe im Vergleich zu den anderen Figuren wohl eine Gottheit darstellt, vor einem Kessel stehen. Da die Gestalt Hosen trägt, muß es eine männliche Gottheit sein, und vor allem ist vor ihm ein Wolf oder Hund dargestellt. Somit könnte es sich um den Gott Wodan in thracischer Auffassung (der Kessel soll auf dem Balkan angefertigt worden sein) handeln. Vor Ihm, Ihm zugewandt, steht eine Reihe von 10 Personen, drei mit Kriegstrompeten (Karnyx), sieben unter einer wagerechten Bildteilung die offenbar Krieger sind. Sie gehen

Abb. 11: Darstellung auf dem Kessel von Gundestrup.

auf die Gottheit zu, die Gottheit scheint sie in den vor Ihr stehenden Kessel einzutauchen um sie dann auf Pferden fortreiten zu lassen. Man hat dieses Bild als ein Wiedergeburtsmotiv gedeutet. Die Krieger im unteren Teil scheinen in einer Art Unterwelt zu sein (daher die Bildteilung als Symbol der Erdoberfläche) und werden als Reiter in die Oberwelt entlassen. Somit könnte unser Kessel Eldhrímnir genau dieser Kessel sein, Andhrímnir aber wäre diese Gottheit nämlich Wodan. Und Sæhrímnir wäre das »Fleisch«, welches die Seelen der Toten hier bekommen, um sich nun neu zu verkörpern, und zwar in besseren Umständen, denn zuvor waren sie nur Fußvolk, nun werden sie zu Reitern (Rittern). Die Gottheit verschafft den körperlosen Seelen also das Fleisch für einen neuen Körper. Und daß Sæhrímnir ein Eber ist, paßt schon deswegen, weil Krieger im Norden auch »Eber« genannt wurden und auch Eberhelme tragen konnten – einer ist auf dem Kesselblech sogar zu sehen (der 4. von rechts). In den Nefnaþulur erscheint der Name Sæhrímnir unter den Namen von Ebern. Wenn man dieser Deutung folgt, dann ist Andhrímnir Wodan, also ein Beiname. »-hrímnir« würde dann nicht Ruß- oder Reif bedeuten, sondern allgemein für große, mächtige Wesenheit stehen.

Man deutet die große Figur gerne als Ceridwyn (Ceres), doch wäre es ganz undenkbar, daß eine Göttin eine Hose, also Männerkleidung, trägt. Deswegen kann diese Deutung nicht richtig sein. Auch würde der Wolf als Attribut nicht passen.

Wenden wir uns nun einmal den altindischen Vorstellungen der Seelen zu. Nach indischem Glauben leben sie auch in den Wolken oder im Nebel. Wenn es nun regnet, gelangen die Seelen auf die Erde in Flüsse und Teiche. Von hier aus verkörpern sie sich wieder, indem sie in menschliche Körper (Neugeborene) eintreten. Die Seelen, die zur Verkörperung bereitstehen, halten sich also in Teichen auf. Deswegen bedeutet das Wort »Seele« »zum See gehörig«. Wir denken hier auch an Frau-Holle-Teiche, zu denen die unfruchtbaren Frauen pilgerten, um um Kindersegen zu bitten. Insofern kann der Sæhrímnir-Mythos sich auch auf diesen Seelenweg (von der Wolke in den Teich) beziehen.

Ich habe hier viele Deutungen angeführt, niemand kann sicher sagen, welche Deutung die richtige ist, es kann auch sein, daß mehrere Deutungen zutreffen, denn Mythen sind ja oft mehrdeutig. Aber das Bild von Sæhrímnir zeigt uns, daß die Eddamythen vordergründig nur Märchen sind, die für das einfache Volk gedacht waren. Die Weisen hingegen konnten diese Mythen deuten und haben sie anders verstanden, als das einfache Volk. Unser Ziel ist es, ein wenig in diese Welt einzudringen und die vordergründig märchenhaft wirkenden Mythen für uns zu entschlüsseln.

Weitere Deutungen

Von Géza von Neményi gibt es weitere Behandlungen und Deutungen von Eddastellen, und zwar in »Götter, Mythen, Jahresfeste – Heidnische Naturreligion« (Kersken-Canbaz Verlag 2004, ISBN 978-3-89423-125-5) die folgenden (in Klammern die Seitenzahlen im genannten Buch):

Völuspá 17f (92), 39 (163).
Grímnismál 4-8, 11-17 (100-105), 42 (58).
Vafþrúðnismál 4 (228), 51 (62).
Vegtamsqviða 1 (100).
Hávamál 68 (80), 145 (205, 225), 156 (65).
Hárbarðzljóð 24 (166).
Þrymsqviða 30 (264).
Hyndlulljóð 2f (242), 28 (43), 44 (112).
Helgaqviða Hjorvarðssónar Endprosa (171), Prosa IV (233).
Helgaqviða Hundingsbána II, Prosa 2 (171), Endprosa (171).
Reginsmál 24 (136).
Sigrdrífumál 3f (223f).

Sólarljóð 25 (141), 28 (225), 55 (63), 79 (82).
Gylfaginning Kap. 3 (93, 166), Kap. 4 (88), Kap. 5 (89f), Kap. 6 (90), Kap. 8 (91, 95), Kap. 9 (54, 93, 96), Kap. 11 (64), Kap. 12 (172), Kap. 14 (97f), Kap. 15 (107, 139), Kap. 17 (144, 166), Kap. 20 (42, 52, 158), Kap. 21 (54), Kap. 22 (71), Kap. 23 (70f, 81), Kap. 24 (59, 77f), Kap. 25 (53), Kap. 26 (67f), Kap. 27 (73), Kap. 28 (76f), Kap. 29 (85), Kap. 30 (63), Kap. 31 (58), Kap. 32 (79), Kap. 33f (69), Kap. 34 (144f, 162), Kap. 35 (66, 75f, 78, 80, 85f, 165), Kap. 37 (61), Kap. 42 (49), Kap. 49 (161), Kap. 51 (110f), Kap. 52 (163), Kap. 53 (112f).

Skáldskaparmál Kap. 4 (49), 75 (106f)

In »Heilige Runen – Zauberzeichen des Nordens« (Ullstein 2004, ISBN 3-548-74105-3) werden die folgenden Eddastellen behandelt:

Völuspá 4 (320), 20 (227), 23f (65), 59f (71).
Grímnismál 4-8, 11-17 (274-288), 29 (137), 30 (175), 33 (161), 38 (163).
Vafþrúðnismál 42f (61), 51 (159).
Hrafnagaldr 20 (251), 22 (119, 290).

Hávamál 47 (182), 68 (186f), 80 (18), 91f (152), 111 (54), 134 (55), 137 (17), 138-145 (57f), 146-164 (106-112), 160 (290).
Hymisqviða 1 (230).
Aegisdrekka 29 (199), 48 (184).
Alvissmál 24 (183).

Skirnisför 23, 25 (317), 35 (117), 26 (120).
Grógaldr 1 (117).
Fjollsvinnzmál 22 (326), 35-40 (327f).
Rigsþula 33, 43-45 (180f).
Völundarqviða 3 (143), 31 (176).
Helgaqviða Hjorvarðssónar 8f (318), 27f (26, 136f).
Helgaqviða Hundingsbána I 7 (319).
Helgaqviða Hundingsbána II 37 (160).
Reginsmál 21 (160), 23 (164).
Sigrdrífumál 5-19 (312-336), 7 (144), 17 (143), 54 (182).
Sigurðarqviða in skamma 44 (127f)

Guðrúnarqviða I 18 (319).
Guðrúnarqviða II 5 (176), 21-24 (321).
Oddrúnargrátr 10 (116, 325), 8-11 (325).
Atlaqviða 8 (331).
Atlamál 4, 9, 11f (331).
Sólarljóð 46 (123), 55 (158), 61f, 79 (368).
Gylfaginning Kap. 10 (189), Kap. 11 163f), Kap. 24 (187), Kap. 39 (161), Kap. 51 (145f).
Skáldskaparmál Kap. 1 (66-70), 8 (207), 48f (141).
Háttatal nach Str. 1 (18).

Anmerkungen

1. Übersetzung von Markus Osterrieder, Text: MS. Egerton 1782, fo. 70r.1 - 71v., 8. Jh., Textedition: Francis Shaw: The Dream of Óengus. Dublin 1934.
2. Ludwig Uhlands sämtliche Werke, Stuttgart, Leipzig o. J., S. 822.
3. wie Anm. 2.
4. Finnur Jónsson, Den Norsk-Islanske Skjaldedigtningen, Köbenhavn, Bd. I, 69 Str. 3.
5. zitiert nach Otto Sigfrid Reuter, Das Rätsel der Edda, Sontra 1922.
6. Ekkehart Rotter u. Bernd Schneidmüller, Widukind von Corvey, Res gestae Saxonicae – Die Sachsengeschichte, Reclam, Stuttgart 1981, S. 49.
7. Recherchiert von Joachim Faulstich für den Film »Jenseitsreisen« HR 2002.
8. in: Neményi, Götter, Mythen, Jahresfeste, Holdenstedt 2004, S. 94.
9. Wilhelm v. Giesebrecht (Übers.), Fränkische Geschichte Bd. 1, Essen, Stuttgart 1988 S. 141f.
10. Vǫlsunga saga 29, Sammlung Thule Band 21, S. 101.
11. In: Eygentliche Beschreibung aller Stände auff Erden... Frankfurt 1568, Vorrede.
12. Ynglinga saga, Sammlung Thule Band 14, Kap. 29, S. 58.
13. Gro Steinsland, Voluspå og andre norrøne helligtekster, Verdens hellige skrifter, De norske bokklubbene, Oslo 2003. S. 342ff.
14. Islendinga sögur 1, 231.
15. Karl Simrock, Mytholog. S. 402.
16. Victor v. Andrejanoff, Lettische Volkslieder und Mythen, Halle 1896, S. 48.
17. Fornaldar sögur 1, 373 sowie im Corpus poeticum boreale 1, 125.
18. G. H. F. Nesselmann, Littauische Volkslieder, Berlin 1853, S. 1 nach L. J. Rhesa.
19. Bächtold-Stäubli, HWB I, 1526.
20. Bergmannsche Sammlung, S. 42.
21. Nesselmann S. 2.
22. W. D. Storl, Naturrituale, Baden u. München 2004, S. 116-118.
23. S. Isselbächer, D. Mosbach, I. Priebe (Übers.) Ásmundarsaga Kappabana, Leverkusen 1988.

24. Norwegische, Isländsche, Färöische Volkslieder der Vorzeit, Hamburg 1866, S. 183-194.
25. wie Anm. 2, S. 934f.
26. Manfred Fuhrmann (Übers.), Tacitus Germania, Stuttgart 1971, Kap.24, S. 19.
27. Finn Magnusen, Lex. Mytholog., S. 288.
28. Karl Simrock, Mythologie S. 188.
29. Ludwig Ettmüller, Die Lieder der Edda von den Nibelungen, 1837, S. 119.
30. Emil Schneider, Hessisches Sagenbüchlein. Marburg 1905, Nr. 93, S. 81.

Gesamtregister der Bände 1-3

Die römischen Zahlen geben die Nummern des Bandes an, die arabischen Zahlen dahinter die Seitennummern in dem jeweiligen Band.

Aðal: III 105;
Aegir: I 129f; II 18, 28, 39f, 44, 49ff, 61, 64f, 68-72, 74, 76ff, 98, 108; III 33, 44, 87, 106, 147f, 161;
Aegishjálmr I 130;
Aeti: II 147;
Aevinrúnar: III 105;
Agnarr: I 90-93, 95, 97, 134;
Ái: I 48ff; III 90;
Aldafǫðr: I 138, 154f, 172;
Aldagautr: I 172, 178f;
Alden: I 158;
Alðrrúnar: III 105;
Álfen: I 77, 99, 158, 160, 227, 238; II 119, 132f, 139, 141f, 144-148; III 17f, 22, 44;
Álfheimr: I 100f, 103; III 5;
Alfǫðr: I 24, 131, 158; III 37;
Álfr: I 50; III 132f, 135f;
Alfrigg: III 173f;
Álfrǫðull: I 153, 166; III 17;
Algrœn: II 17;
Álheim: II 145;
Allvalði: II 19;
Alskir: II 141;
Alsviðr: I 125, 159, 227f; II 132;
Alþjófr: I 48;
Alvíss: II 131f, 134-149;
Ánn: I 48;
Ánarr: I 48;

Andhrímnir: I 114f; III 197-200, 202, 204;
Angantýr: III 113, 128, 138, 153;
Angeyja: III 147;
Angrboða: I 179; II 82; III 149f;
Arfi: III 105;
Árgjǫll: I 108, 166f;
Ártala: II 141;
Árvakr: I 125, 159;
Ásabragr: III 28;
Ásgarðr: I 27, 104, 151, 209; II Vorwort, II 10, 16, 19, 51, 66, 113, 119, 123; III 149, 173, 175;
Askr: I 50f, 152, 194;
Atla: III 147;
Atli: II 149;
Atríðr: I 131;
Atvarðr: III 67;
Aur: II 139 ;
Aurboða : II 40 ; III 12, 15, 71, 143 ;
Aurgelmir: I 146; III 57;
Aurvandil, Örvandil: II 31; III 35f, 39;
Aurvangr: I 49;
Austri: I 48, 83;

Baldr: I 29ff, 66f, 68, 70f, 82, 85, 87f, 103, 106ff, 110f, 136, 155f, 161, 169ff, 174f, 176, 178; II Vorwort, II 12, 69, 83, 87f, 110; III 24, 36, 40, 43, 50, 64, 71, 122, 124, 137, 142f, 150;

Báleygr: I 131;
Bari: III 67;
Barn: III 105;
Barr: II 147;
Barri: II 147; III 31f, 67;
Baugi: I 210f, 212f;
Beli: I 80f, 206; II 78; III 22;
Bergelmir: I 146, 149;
Berlingr: III 173f;
Bestla: I 225f; II 74; III 84, 143;
Beyla: II 69, 98, 105;
Biflindi: I 132;
Bifrǫst: I 108, 129, 161, 167;
Bifurr: I 48;
Bileygr: I 131;
Billingr: I 182, 205ff, 209;
Bilrǫst: I 129;
Bilskírnir: I 118; II 22;
Bjorr: II 148;
Bjǫrt: III 71;
Bláinn: I 47;
Bleik: III 71;
Blíðr: III 71;
Bǫfurr: I 48;
Bǫlþorr, Bǫlþorn: I 223, 225f;
Bǫlverkr: I 131, 212f; III 202;
Bǫmburr: I 48;
Borr: II 74, 85;
Bragi: I 104, 129, 158, 161, 164, 209f; II 50, 69, 72-79, 81; III 28, 128, 143;
Breiðablik: I 197;
Brimir: I 47, 70f; III 57;
Brisingamen: II 80, 121-123; III 37, 117, 163, 167f, 170f;
Brokkr: III 127;
Brynhildr: I 95; III 68;
Búri: I 174, 194;
Burr, Borr: I 44, 174; III 105, 143;
Buseyra: II 128;
Bygg: II 147;
Byggvir: II 69, 75, 98-101, 105, 147;
Býleiptr: I 79f; II 86; III 149;
Býleistr: II 86;

Dagr: I 140, 144, 166, 238; III 37-40, 64, 67, 71;
Dagsefa: II 144;

Danpr: III 103, 107ff;
Danr: III 107ff;
Dáinn: I 48, 124, 159, 163, 227f; III 127;
Dellingr: I 144, 166, 238; III 37f, 67;
Disen: I 133; III 66, 69, 71f, 78, 201f;
Djúpan mar: II 145;
Dǫkkálfar: I 102, 166; II 133;
Dólgþrasir: I 49;
Donar diehe Þórr
Dóri, Dörri: III 67;
Draupnir: I 49, 66; III 24;
Drifa: I 30;
Driúpan sal: II 139;
Duneyrr: I 124;
Duraþrór: I 124;
Durinn: I 48;
Dvalins leika : II 141 ;
Dvalinn: I 48f, 124, 166, 227f; II 141; III 173f;
Dynfara: II 143;

Edda: I 1-12, 14-21, 23-33; III 77, 90f;
Eggþér: I 74;
Egill: II 29, 31, 52, 63f;
Eikþyrnir: I 120, 125;
Eikin: I 121;
Eikinskjaldi: I 49f;
Einherjer: I 114f, 117, 125, 150, 174; II Vorwort, II 33, 107; III 63, 197, 200ff;
Eir: III 65, 71;
Eistla: III 147;
Eldhrímnir: I 114f; III 197-200, 204;
Eldi: II 145f;
Eldir: II 69-72;
Eldr: II 145;
Élivágar : I 146, 163; II 51;
Embla: I 50, 152, 194;
Erna: III 104;
Eygló: II 141;
Eyrgjafa: III 147;

Fagrahvél: II 141;
Fagraræfr: II 139f;
Fagrlima: II 145f;
Falhófnir: I 122f;
Farbauti: II 66, 74; III 168, 175f;
Farmatýr: I 131;

Fenrir, Fenriswolf: I 47, 70, 73, 75ff, 79ff, 83, 105, 115f, 127, 153, 155, 166, 179; II 33, 69, 75, 82, 93f, 96f, 106; III 149, 153;
Fensalir: I 68f, 114;
Fiaðrhamr: II 117;
Fíli: I 49;
Fimafengr: II 68-71, 76, 98;
Fimbulþulr: I 121, 182, 203, 227;
Fimbultýr: I 84, 182;
Fimbulvetr: I 152, II Vorwort; III 151;
Finnr: I 50;
Fiolvar: II 17f;
Fitjungr: I 202;
Fjalarr: I 50, 74, 186; II 24f; III 60;
Fjǫlkaldr: III 49f, 54;
Fjǫlnir: I 131; III 18, 135;
Fjǫlsviðr: I 131; III 35, 37, 49ff, 53-69, 71ff;
Fjǫrgyn: I 82; II 6, 9, 36f, 84, 97;
Fjorm: I 121;
Fjósnir: III 93;
Fold: I 173, 221; II 59, 75, 139; III 150;
Fólkvangr: I 109; III 16;
Fǫnn: I 30;
Forbrenni: II 145;
Fornjótr: I 30, 164; II 50;
Forseti: I 111; III 143;
Frægr: I 49;
Franangr: II 109f;
Frár: I 49;
Frekan: II 145;
Freki: I 75, 77, 81, 83, 115; II 33; III 57, 135f;
Freyja: I 30, 47, 54, 61, 101f, 109f, 228, 237; II 16, 19, 27f, 69, 79ff, 89f, 92, 97, 113, 117, 119-122, 124-127; III 16, 37, 82 112f, 116-122, 124-129, 153f, 156f, 163, 166ff, 170, 173-178;
Freyr: I 19, 29f, 59f, 81, 100ff, 128f, 239; II 23, 69, 75, 78, 80, 90ff, 97ff, 100, 105; III 3ff, 10-20, 22-25, 28, 31f, 127, 135, 143, 173, 186, 198;
Fricco: I 29; II 23, 99;
Fríð: III 71;
Friðleifr: III 10, 131;
Frigg: I 17, 19, 68, 80f, 90ff, 95, 97, 113f, 135, 137f, 166, 171, 209, 233; II 23, 36, 68f, 79ff, 84f, 87, 89, 97, 117; III 15, 33, 37, 117, 123, 169ff, 178, 202f;

Fróði: I 58f; III 16, 131, 133, 136;
Frosti: I 30, 50;
Fulla: I 90;
Fundinn: I 49;
Funi: II 145;

Gaglviðr: I 74;
Gagnráðr: I 139-146, 148ff, 152-155;
Gambanteinn: II 20; III 28f;
Gandálfr: I 49;
Gangleri: I 20, 130; III 197;
Gangr: II 19, 78;
Garmr: I 70, 74f, 77, 81, 83, 129, 172; III 57, 59, 80;
Gastropnir: III 56f;
Gautr: I 133; II 95;
Gefjon: I 102, 109; II 69, 78-81, 84; III 131;
Gefn: I 102; II 79; III 117;
Geirǫlnir: I 125;
Geirǫlul: I 125;
Geirrǫðr: I 90ff, 95, 97, 128, 130, 132ff; III 147;
Geirskǫgul: I 65f;
Geirvimul: I 121;
Gerðr: I 101, 209; II 20, 40, 78, 90, 98; III 3ff, 10ff, 15, 18-33, 143;
Geri: I 115; II 33; III 57;
Gifr: III 57;
Gimlé: I 85; 164;
Ginnarr: I 50;
Ginnreginn: I 202f, 227; II Vorwort, II 51, 132, 142f, 146f;
Ginnunga: I 41, 43f, 159, II Vorwort;
Gipul: I 121f;
Gísl: I 122;
Gjallarhorn: I 76f, 161f, 164; II Vorwort; III 82;
Gjallarbrú, Gjǫllbrücke: I 76, 108, 167; III 80;
Gjálp: III 147f;
Gjǫll: I 76, 121f, 167; III 56, 80;
Glaðr: I 122f;
Glaðsheimr: I 104f;
Glær: I 122f;
Glapsviðr: I 131;
Glitnir: I 111;
Glói: I 49;

213

Glóri: II 13;
Gneggjuð: II 143;
Gnipahellir: I 75, 77, 81, 83;
Gnýfara: II 143;
Góinn: I 124;
Gǫll: I 125;
Gǫllnir: I 125;
Gǫmul: I 121;
Gǫndlir: I 65, 132;
Gǫndul: I 65f; III 177;
Gǫpul: I 121f;
Goti: II 95;
Grábakr: I 124;
Gráð: I 121;
Grafvitnir: I 124;
Grafvǫlluðr: I 124;
Gramir: II 38;
Greip: III 147f;
Grerr: III 173, 175;
Griðr: III 33;
Grímnir: I 90-93, 131f, 164;
Grímo: II 146;
Grímr: I 130f;
Grjótúnargarðar: II 16;
Gróa: I 15; II 31; III 35-43, 45ff;
Groándi: II 139;
Gullfaxi: II 16;
Gullinbursti: I 71, 115; III 127, 198, 200;
Gullinkambi: I 74; III 60, 63;
Gulltoppr: I 122f; III 163;
Gullveig: I 54-59, 223;
Gunnlǫð: I 131, 182, 186, 209-212, 223; III 33;
Gunnr: I 65f; III 135;
Gunnþorin: I 121;
Gunnþró: I 121;
Gygien: I 166; II 54; III 46, 65f;
Gylfi: I 20f;
Gyllir: I 122f;
Gymir: I 101; II 39f, 42, 69, 78, 97; III 12, 15, 18, 20f, 24f, 33, 71, 143;

Hábrók: I 129;
Hævateinn: III 64ff;
Halir: II 146;
Hammingjar: I 171;
Hánarr: I 49;

Hangatýr: I 164f;
Hárbarðr: I 132; II 1, 7, 9f, 12f, 17f, 20f, 24-28, 32ff, 36ff, 105;
Hárr: I 21f, 37, 49, 54, 130, 181, 199, 212, 215, 239; III 83, 197;
Hati: I 73, 127;
Hauðr: III 156;
Haugspori: I 49;
Heiddraupnir: I 226;
Heiðr: I 26, 35, 55, 57-60, 64, 135, 226; III 112, 144;
Heiðrún: I 118f; III 152, 154, 156, 198;
Heimdallr: I 2, 30, 37, 39, 62f, 74, 76f, 108, 158, 161ff, 165, 167, 215; II Vorwort, II 18f, 29, 39, 69, 80, 101, 103, 122, 140; III 26, 77-83, 85, 87, 89f, 98-103, 105f, 112f, 143, 146-149, 151, 161-164, 166-170, 175, 178;
Hel: I 47, 66, 70, 74, 76f, 80f, 87, 108f, 121, 123, 130, 151, 158, 160, 163, 165, 169f, 172f 176f, 179; II 23, 25f, 69, 82, 108f, 132, 141ff, 145-148; III 26, 43f, 56, 63f, 79, 118, 122, 149;
Helblindi: I 130, II 86f;
Helgrind: I 116;
Helheimr: I 71, 151;
Hepti: I 49;
Herblindi: I 130; II 86f;
Herfjǫtur: I 125;
Herfǫðr: I 65;
Herjafǫðr: I 74f, 115, 118, 120, 137, 150; III 122;
Herjann: I 65f, 130, 164, 179;
Hermóðr: I 176f; II 74; III 84, 122;
Herteitr: I 131;
Hildisvín: I 228; III 127;
Hildólfr: II 10, 36;
Hildr: I 65, 71, 108, 125; III 127, 135f, 177;
Himin: II 139;
Himinbjorg: I 108, III 82;
Himinhrjóður: II 56;
Hjálmberi: I 130;
Hjálmhuliz: II 142f;
Hlébarðr: II 20;
Hlér: II 28, 39f, 44, 164; III 87;
Hlésey: II 28f, 39;
Hlévangr: I 49;
Hliðskjálfr: I 103, 105, 161; III 11, 15;

214

Hliðþang: II 145;
Hlíf: III 71;
Hlífþursa: III 71;
Hlín: I 80f;
Hlóðyn: I 82;
Hlǫkk: I 125;
Hlǫmmuðr: II 143;
Hlóra: II 13, 51, 120;
Hlórriði: II 13, 51, 55, 60, 63, 104f, 119f, 122, 130;
Hlýnir: II 139f;
Hnikarr: I 131; III 202;
Hnikuðr: I 131;
Hnipinn: II 147;
Hnitbjǫrg: I 186, 208, 211;
Hnoss: III 117;
Hoddmímir: I 152, 227; III 61;
Hoddrofnir: I 226;
Hǫðr: I 31, 44, 51, 66f, 85, 103, 107, 109f, 170f 174ff; II Vorwort, II 86, 88; III 119, 143;
Hœnir: I 44, 50f, 80, 85, 109f; II 74, 84f, 86f, 115f; III 149, 179, 184-187;
Hǫlðr: III 96f, 132, 134;
Hǫlgabruð: I 27;
Hǫll: I 121;
Horn: III 43f;
Hǫrn: III 117;
Hornbori: I 49;
Hræsvelgr: I 79, 149; III 26, 199;
Hrauðungr: I 90;
Hreiðgotar: I 140;
Hreimr: III 93;
Hreinalǫg: II 148;
Hríð: I 121; III 44;
Hrímfaxi: I 141, 166;
Hrímgerðr: II 149;
Hrímgrímnir: III 29;
Hrímnir: I 115; III 26, 107, 144, 198f, 204;
Hrímþursen: I 30, 123, 148, 212; III 27f, 199;
Hrist: I 125;
Hroðr: II 53f;
Hroðrsvitnir: II 96;
Hrǫðuð: II 145;
Hróðvitnir: I 127;
Hrǫnn: I 121; III 44;

Hroptatýr: I 133f, 238;
Hroptr: I 85, 104, 166, 226f, II 100;
Hrungnir: II 13, 16f, 45, 55, 107f, 131; III 183;
Hrýmr: I 77, 79;
Huginn: I 116, 159;
Hveðrungr: I 81;
Hveðrungs mær: I 81;
Hverahain: I 69;
Hverfanda hvél: II 141;
Hvergelmir: I 69, 123, 120f;
Hviðuð: II 143;
Hyfjaberg: III 64, 68;
Hymir: II 39f, 42f, 44, 47f, 51-57, 59-62, 64, 91, 98, 100f; III 147, 154;
Hyndla: III 112f, 119f, 122, 124, 126ff, 151, 153, 156;
Hyr: III 66;
Hyrrokkin: III 124;

Iðavellir: I 46, 84;
Iði: II 19, 78;
Iðunn: I 104, 157-161, 163ff, 169, 209; II 19, 69, 77ff, 81, 115; III 17, 23, 202;
Ifing: I 141, II 27;
Ígrœn: II 139;
Imðr: III 147;
Ingunar-Freyr: II 98f;
Ingwaz, Ing: I 239; III 4f, 84;
Íri: III 67;
Iring siehe Rígr
Irmin: III 78f;
Ívaldi: I 209, 128f, 160, II 78;
Iviði: I 40, 158; III 156;

Jafnhár: I 132; III 83;
Jálkr: I 132ff;
Jari: I 49;
Jarl: III 98, 102-106;
Járnsaxa: II 29; III 147;
Járnviðr: I 73;
Jóð: III 91, 95, 105;
Jǫkull: I 30;
Jolnar: I 171;
Jǫrð: I 5, 41f, 74, 81, 84, 86, 112, 127, 143, 146, 149, 221, II 9, 34, 36f, 45, 82, 84, 97, 104, 106, 109, 115, 117, 138f, 146; III 21, 33,

146ff, 151;
Jǫrmungandr: I 77, 79; II 45;
Jǫrmungrundr: I 166;
Jorovellir: I 49;
Jǫrunn: I 163f; II 92;
Jǫten: I, 40, 61, 70, 76, 106, 132, 137ff, 141ff, 146, 148f, 151, 153, 210, 212, 239; II 19, 21, 119, 121, 123, 124ff, 130, 132; III 19, 28, 46, 146, 157;
Jǫtunheimr: I 46, 77, 151; II 16, 113, 119, 122ff, 126f; III 32;

Kári: I 30, 164;
Karl: III 95ff;
Kerlaugar: I 122;
Kíli: I 49;
Kjalarr: I 132;
Konr: I 215; III 105ff, 109;
Kǫrmt: I 122;
Kreppvor: III 148;
Kundr: III 105;
Kvasir: I 213;

Lá: I 50f;
Landviði: I 106, 112;
Lægi: II 144
Lægjarn: III 64;
Læraðr: I 118, 120;
Læti: I 50f;
Lævateinn: III 64f;
Laga: I 103f;
Lagastaf: II 145, 147;
Laufey: I 61, 164; II 66, 74, 102, 104, 123; III 175f;
Leiptr: I 121;
Leirbrimir: III 57;
Léttfeti: I 122f;
Liðskjálfr: III 67;
Líf: I 37, 152;
Lífþrasir: I 152;
Litr: I 49;
Ljósálfar: II 133;
Ljósálfarheimr: I 102, 151; II 133;
Loddfáfnir: I 181, 214f, 238f;
Lóðurr: I 44, 50, 85; II 66, 74, 84-87, 97, 104; III 149f, 180, 185;
Lofar: I 49ff;

Logn: II 143f;
Loki: I 13, 30, 44, 47, 51, 61, 69-72, 77-80, 106f, 112, 158, 161, 164f, 175, 179; II 19, 34, 63, 65-93, 97-110, 114-121, 123f, 126; III 64, 67f, 82, 143, 149f, 163, 167-170, 175f, 178f, 185-191;
Lóni: I 49;
Loptr: I 13, 161, II 72, 79; III 64, 150;
Lóri: II 13;
Loricus: II 13;
Lyfjaberg: III 64, 68f, 75;
Lyr: III 66;

Magni: I 154; II 10, 12, 31, 36; III 147;
Mál: I 170f, II 122, 126;
Mánagarmr: I 74, 79, 127;
Máni: I 20, 40, 45, 61, 73, 143f, 221f, 237; II 140f; III 82;
Manna: III 136f;
Mannheimr: I 40, 166;
Mannus: I 30, 39, 108, 237; II 140; III 82-87;
Marðǫll: I 30, 47; II 50; III 117;
Marr: II 144;
Meili: II 10, 12;
Menglǫð: I 209; III 35, 37-42, 46, 49ff, 53-57, 63f, 68f, 71-75;
Miðgarð: I 6, 44, 82, 127, 151, 163, 196; II 21; III 130, 132, 134;
Miðgarðschlange: I 47, 79, 82, 179; II 39, 42ff, 46ff, 55, 57f, 82, 106, 145; III 26, 149;
Miðviðnir: I 132f;
Mimameiðr: I 54; III 61, 63;
Mímir: I 63-66, 110, 133, 152, 160, 165, 182, 203, 215, 223, 226ff, 238; II Vorwort; III 61, 123, 202;
Miskorblindi: II 50;
Mist: I 125;
Mjǫð II 148;
Mjoðvitnir: I 48;
Mjǫll: I 30;
Mjollnir: I 99, 154; II 13f, 62, 106ff, 128f;
Mjǫtuðr: I 76, II Vorwort; III 62, 163;
Mjǫtviðr: I 40f; III 62;
Moðguðr: III 80;
Móði: I 154; II 31, 36, 62;
Mǫgr: III 105;
Mǫgþrasir: I 153;

Móinn: I 124;
Mökkurkalfi: II 16;
Mold: I 40f;
Mótsognir: I 48;
Mundilfœri: I 144; II 140; III 55;
Muninn: I 116;
Muspell: I 79f, 152; II 97;
Múspillzheimr: I 151; II 98;
Muspilli: I 79f;
Mylinn: II 141;
Myrkriðor: II 20;
Myrkviðr: II 97f; III 103;

Nabbi: I 228; III 127;
Naglfar: I 77;
Nágrindr: I 116; III 29, 65;
Náinn: I 48, 209f;
Nál: I 164; II 66, 74, 104; III 175f;
Náli: I 49;
Nanna: I 107, 160f, 174; II 69; III 40, 50, 137;
Nár: I 48f;
Narfi, Nari: I 69; II 109f;
Náströnd: I 71;
Nepr: III 137;
Nerthus siehe Njǫrunn
Niðafjǫll: I 71, 87, 108;
Niðavellir: I 70f;
Níðhǫggr: I 72, 87, 123f;
Niði: I 48;
Niðjungr: III 105;
Niðr: III 105;
Niflhel: I 151; III 201;
Niflheimr: I 123, 151, 166f, 172; III 45, 200;
Nípingr: I 48;
Nipt: III 37;
Njól: II 146;
Njǫrðr: I 29f, 106, 111f, 128, 150, 164; II 39, 69, 90ff, 102, 104 124, 146; III 5, 15, 31f, 135, 143, 148, 173;
Njǫrunn: I 30, 112, 164; II 90, 92, 146; III 5, 16;
Nóatún: I 111f; II 124;
Nǫnn: I 121;
Norðri: I 48;
Nóri: I 48;
Nornen: I 47, 53f, 65, 77, 87, 153, 158f, 178;

II 50; III 42f;
Nǫrr: II 146;
Nǫrvi: I 144, 158, 160, 163;
Nǫt: I 121f;
Nótt: I 45f, 141, 144, 160; II 146; III 37f, 40, 45, 67;
Nýi: I 48;
Nýráðr: I 49;
Nyt: I 121;

Óðinn: I 2, 15ff, 19ff, 23f, 26, 29, 35, 40f, 44, 46, 50, 56f, 60f, 63-66, 69, 76, 80-87, 90, 92f, 95ff, 102-106, 109f, 114ff, 118, 124ff, 128-144, 146, 148-159, 161, 164ff 172ff, 176, 178f, 181f, 186f, 190, 192-197, 199, 203-208, 210-216, 223-239; II Vorwort, II 1ff, 6-34, 36ff, 44, 50, 53, 62, 66, 68f, 71, 74f, 80-87, 93ff, 100, 104, 106f, 115f, 124, 130, 133, 139; III 11f, 14f, 17f, 20, 24, 28f, 33, 36ff, 43, 45, 49-52, 56f, 68, 83f, 90, 112, 118, 122ff, 130f, 135, 139f, 143, 145, 151, 153, 161, 168-171, 173-180, 182-185, 187, 192, 197, 199, 201-204;
Óðr: I 1, 50f, 61, 109; II 86, 90; III 113f, 117f, 119, 126f, 143, 154, 174;
Óðrœrir: I 116, 131, 159, 161, 169, 171f, 178, 227; II 44, 148; III 29;
Oepi: II 143;
Ofhlý: II 144;
Ofnir: I 124, 133f;
Ókólnir: I 70f;
Ökuþórr: II 115;
Öl: II 148;
Oljós: II 146f;
ǫlrún: II 22;
Olvaldi: II 78;
Ómi: I 132, 165;
ǫnd: I 50f; III 199;
Óri: III 67;
Ørlǫg: I 50, 53, 66, II 68, 81, 84, 87, 89, 234; III 184;
ǫrmt: I 122;
Ǫrvandil siehe Aurvandil
Óski: I 132;
Ósmundar: I 132;
Ósorg: II 147;
Ostara: I 30; II 113, 120; III 166f;

217

Ottar: II 90; III 112-120, 122, 126-129, 132, 134-137, 139-143, 153f, 156f, 174;
Ottarus, Otharus sie Ottar: II 90

Pumpan, Pumphut: II 14-16, 47

Ráðgríð: I 125;
Ráðsey: II 10;
Ráðsviðr: I 49;
Ráðveig: III 148;
Ragnarǫkr: I 14, 24, 36, 46, 50, 75, 77, 81, 83-87, 100, 103, 179; II Vorwort, II 33, 47, 69, 96, 108, 115; III 12, 19, 62f, 82, 150, 153, 155, 177;
Rán II 40; III 43;
Rani: III 42, 43;
Randgríð: I 125;
Ratatoskr: I 123;
Rati: I 209, 212;
Reginleif: I 125;
Reginn: I 45, 47, 49, 59, 61, 74, 86, 99, 102, 125, 138, 141, 144f, 150, 152-155, 161, 165f, 171, 179, 202; II 71, 97; III 57, 78, 146f, 150, 168, 202;
Rennandi: I 121;
Rígr: I 2, 108; III 77-80, 83, 89f, 94f, 97, 99, 101ff, 105-109, 122;
Rín: I 121;
Rind: I 66, 131, 166, 170, 176, 206; II 83; III 33, 42f;
Rǫðull: I 160;
Rǫgnir : I 161, 227;
Rǫskva II 29ff, 52, 64;
Ruðr: III 43f;

Sað: II 147;
Saðr: I 131;
Sægjarn: III 64;
Sæhrímnir: I 114f, 165; III 197-205;
Sær: II 145;
Sága: I 103f;
Samsey: II 83;
Sanngetall: I 131;
Saxnot: II 96;
Síð: I 121;
Siðgrani: II 137;
Síðhǫttr: I 131;

Síðskeggr: I 131;
Sif: I 86, 99 ; II 16, 34, 51, 54f, 62, 69, 97, 104f, 125; III 151;
Sigfǫðr: I 81, 131; II 106;
Sigrdrífa: I 95;
Sigtívar: I 160f; II 70f;
Sigyn: I 69; II 109f;
Sílægja: II 145;
Silfrintoppr: I 122f;
Sindri: I 70f;
Sinfjǫtli: II 2;
Singasteinn: II 122; III 163, 167;
Sinir: I 122f;
Sinthgunt siehe Sýn
Siwa siehe Sif
Skaði: I 106f; II 19, 69, 101-104, 109, 119; III 11, 15f, 143;
Skaðisfjǫll: I 106;
Skáfiðr: I 49f;
Skeggjǫld: I 125;
Skeiðbrimir: I 122f;
Skíðblaðnir: I 128f;
Skilfingr: I 133f; III 131;
Skin: II 141;
Skinfaxi: I 123, 140;
Skírnir: II 20; III 3f, 11f, 15-32;
Skirvir: I 49f;
Skǫgul: I 65f, 125, 165;
Skǫll: I 73, 83; 127;
Skrymir, Skrýmner: II 25, 107; III 180, 185, 190, 192, 195;
Skuld: I 53f, 65, 153; III 42;
Skúrván: II 142f;
Ský: II 142f;
Skyndi: II 141;
Slagfiðr: II 31, 52;
Sleipnir: I 122, 129, 172, II 3, 16, 82, 143; III 52, 149;
Sliðr: I 70; III 80;
Snær: I 30;
Snotra: I 189, 237; II 126;
Sœkin: I 121;
Sǫkkmímir: I 132f;
Sǫkvabekkr: I 103;
Sól: I 30, 44f, 57, 61, 71, 73f, 80, 83, 85f, 103, 125f, 143f, 153, 198f, 228, 236; II 27f, 53f, 61, 63, 141, 149; III 38ff, 50, 55, 164,

167;
Sólbjártr: III 36f, 39, 54, 74;
Sólblindi: III 56;
Sonr: III 105;
Strǫnd: I 121;
Suðri: I 48;
Sumar: I 145;
Sumbl: II 148;
Sunna siehe Sól
Surtr: I 76f, 79f, 142, 152, 154; III 63f;
Suttungr: I 182, 186f, 208ff, 212f; II 148; III 28f;
Svadilfari: II 82; III 149;
Sváfnir: I 124, 133f, 171;
Svafr: I 17;
Svafrlogi: I 17;
Svafrþorin: III 55;
Svalin: I 126;
Svarangr: II 26;
Svartálfar: I 102; II 133;
Svártálfarheimr: I 151;
Svásuðr: I 145;
Svefngaman: II 146;
Svein:III 102, 105, 182f, 187;
Sviðrir: I 132f;
Sviðurr: I 132f, 126;
Svipall: I 65, 131;
Svipdagr: III 35-47, 49ff, 53-60, 62-69, 71-75;
Svíurr: I 49;
Svǫll: I 121, 126;
Svǫlnir: I 126; II 130;
Sylgr: I 121f;
Sýn: I 30, 199; III 63, 166f;
Syntha: II 90;
Sýr: III 114, 117, 119;
Syriðr, Syritha: III 113f, 116f, 119, 174;

Tanngnjóstr: I 99; II 124;
Tanngrísnir: I 99; II 124;
Þekkr: I 49, 130;
Þír: III 92f;
Þjálfi: II 16f, 29ff, 52, 64;
Þjassi, Þjazi: I 106; II 19f, 77f, 102, 110, 115f, 118; III 143;
Þjóðnuma: I 121f;
Þjóðrœrir: I 238;

Þjóðvarta: III 71;
Þjóðvitnir: I 116;
Þǫkk: I 178;
Þǫll: I 121;
Þorinn: I 49;
Þórr: I 2, 15, 19, 27, 29f, 47, 61f, 82f, 86f, 95, 99ff, 110, 118, 122, 125, 154; II 6-10, 12f, 15-34, 36-40, 42-48, 50ff, 54-57, 59-65, 69, 75f, 102, 104-108, 113ff, 117, 119-126, 128-140, 142, 144, 146-149; III 28, 56, 99, 124, 135, 143, 147, 151, 164, 166-169;
Þórgerðr: I 27;
Þræl: III 77, 89, 90-93, 96;
Þráinn: I 49, 159;
Þriði: I 130; III 83;
Þrór: I 49, 132;
Þrúðgelmir: I 146;
Þrúðheimr: I 98f, 100, 105;
Þrúðr: I 125; II 17, 131, 134f, 137;
Þrúðvaldr: II 12;
Þrymgjǫll: III 56;
Þrymheimr: I 105f; II 119, 131;
Þrymr: I 27; II 113f, 119ff, 124, 126, 128, 130; III 56;
Þuðr: I 130, 230;
Þulr: I 139f, 182, 214f, 220f, 226f;
Þundr: I 116, 130, 133f, 229f;
Þyn: I 121;
Tius siehe Týr
Tívar: II 51, 122;
Tramar: III 27;
Trór: II 13;
Tveggi: I 84f;
Týr: I 19, 75, 83f, 100, 113f, 236; II 27, 37, 40-44, 49, 51ff, 62f, 69, 76, 92-97, 133; III 38, 50, 84, 122, 143;

Uðr: I 130; III 44;
Úlfrún: I 166; II 29; III 147;
Ullr: I 100f, 128, 171, II 34f, 104; III 143;
Unni, Uni: III 67;
Uppheim: II 139f;
Upreginn: II 132, 139, 142f;
Urðr: I 52ff, 158f, 215; III 43, 74, 149, 202;
Uri: III 67;
Úrván: II 142f;

Utgarðloki: I 95; II 25, 47, 65;
Útgarðr: I 151;

Váfuðr: I 133, 149;
Vag, Vág: II 145
Vakr: I 126, 133f, 225;
Vafþrúðnir: I 41, 135-146, 148-155, 223, 226;
Vafrlogi: I 206; III 19, 22, 38, 53, 66ff;
Váfuðr: I 29, 133f, 136; II 143;
Válaskjálfr: I 102f, 105, 109;
Valfǫðr: I 12, 37, 40, 62ff, 131, 171f;
Valgalðr: I 173;
Valglaumir: I 116;
Valgrind: I 116;
Valhǫll: I 61, 68, 71, 82, 104f, 113, 115-120, 130f, 133, 149f, 164; II 3, 16, 21ff, 25, 58, 74, 77, 82, 108; III 120, 122, 124, 127f, 152f, 178, 197, 200-203;
Váli: I 66, 69, 81, 102f, 112, 136, 154, 170, 176; II 83, 110; III 43, 142f;
Valkyren: I 65, 71, 108f, 125, 132, 153, 158, 165, 178f, 237; II Vorwort, II 22, 117, 131; III 44, 71, 107, 127, 177, 202;
Vallandi: II 21f, 36:
Vallar Fax: II 145f;
Valshamr: II 117;
Valtam: I 173f;
Valþogn: I 65;
Valþognir: I 65;
Valtívar: II 49;
Ván: I 121; II 97;
Vanadís: III 117;
Vanaheimr: I 150f; II 91f;
Vanen: I 60, 150, 158; II 90f, 92, 105, 113, 122, 132, 139, 142, 144-148; III 22f, 31, 37;
Vár: I 30; II 128, 130;
Várkaldr: III 49, 54;
Varr: III 67;
Vaxt: II 147;
Vé: II 84f, 97; III 56f, 90, 180;
Vear: II 64;
Veðrmegin: II 142f;
Vega: II 139;
Vegdrasill: III 67;
Vegsvinn: I 121;
Vegtamr: I 169f, 173f, 178;

Veig: II 148;
Veigr: I 49;
Véorr: I 82; II 53ff, 57;
Veratýr: I 97;
Verðandi: I 53f;
Verland: II 36;
Vestri: I 48;
Vetr: I 145;
Víð: I 121;
Víðarr: I 66, 77, 81f, 102f, 112, 114, 154f, 164; II 69, 74f, 106; III 143;
Víðarsland: I 112;
Viðofnir: II 139f; III 60, 63, 66;
Viðr: II 145;
Viðrir: I 161, 164; II 45, 84;
Viðurr: I 132;
Vigríðr: I 142;
Víli: I 49; II 84f; III 56f, 90, 180;
Vimur: II 45; III 147;
Vin: I 121;
Vína: I 121;
Vindálfr: I 49;
Vindflot: II 142ff;
Vindkaldr: III 49, 54;
Vindlér: III 163;
Vindr: II 143;
Vindsvalr: I 145;
Vingameiðr: I 224;
Vingnir: I 154; II 13, 117;
Vingólfr: I 85, 164;
Vingþórr: I 154; II 13, 115, 117, 137f;
Vinzflot: II 144;
Virvir: I 49f;
Vitki: II 83f; III 145;
Vitnir: I 154f; II 13;
Vitr: I 49;
Vogasker: III 163, 167f;
Vǫlor: II 83;
Vǫlundr: II 31, 52, 54;
Vǫlva: I 26, 35f, 38, 41, 44, 55, 57f, 59, 63ff, 72, 75, 87, 135, 166, 169, 173f, 176, 178f, 204 223; II 33, 83; III 112, 126, 144, 145;
Vǫnd : I 121; II 145f;
Vǫnsundr, Vǫnsuðr: II 143;

Wodan siehe Óðinn
Wurt, Wyrt siehe Urðr

Ýdalir : I 100f;
Yggdrasill: I 51f, 76, 122ff, 129, 160, 223;
Yggjungr: I 64, 165;
Yggr: I 133f, 138, 164f, 173, 223; II 50; III 43;
Ylgr: I 121;

Ymir: I 5, 24, 41f, 44, 47, 127, 135, 143, 145; II 40; III 57, 83, 145ff, 149;
Yngvi: I 30, 50, 102; III 4, 108, 135;

Zamolxis: III 129f, 201.

Weitere Bücher von Géza von Neményi

Kommentar zu den Götterliedern der Edda
Teil 1, Die Odinslieder

Die Edda, die altnordische Sammlung von Göttermythen gib es hier in neuer, genauerer Übersetzung und Deutung der Völuspá sowie der fünf Ódinslieder (Grimnismál, Vafthrudhnismál, Hrafnagaldr, Vegtamsqvidha und Hávamál).
Kersken-Canbaz-Verlag 2008, 250 Seiten, 20 teils farbige Abbildungen

ISBN 978-3-89423-133-0

Kommentar zu den Götterliedern der Edda
Teil 2, Die Thorslieder

Der zweite Band des dreibändigen Werkes mit Einzelübersetzungen und Deutungen der fünf Thórslieder (Hárbardhzljódh, Hymisqvidha, Lókasenna, Thrymsqvidha, Alvíssmál).
Kersken-Canbaz-Verlag 2012, 150 Seiten, 26 teils farbige Abbildungen

ISBN 978-3-89423-134-7

www.magiewelt.de

Der Versand des KC-Verlages

Ein kleiner Auszug aus unserem Angebot heidnischen Schmuckes. Preise und farbige Abbildungen finden Sie im Internetshop.

Runenbrakteat aus Jütland

Nachguss eines der hervorragenden Beispiele der seltenen Runenbrakteate. Schmuck und geheimnisvoller Glücksbringer der Wikinger aus dem 5. bis 6. Jahrhundert. Runenbrakteate sind sehr selten, nur etwa 1/5 der gefundenen Brakteate tragen eine Runeninschrift; meist eine nur schwer oder nicht zu deutende magische Formel. Auch die bildlichen Darstellungen der Brakteate befriedigend zu deuten ist nicht gelungen. Sie enthalten wahrscheinlich wenigstens zum Teil mythologische Darstellungen und magische Handlungen.

Durchmesser 40mm, Lieferung mit Lederband.

Wolfskreuz

Goldbronze-Replika eines Wolfskreuzes nach einem Original aus einem alemannischen Kriegergrab des 5. Jahrhunderts. Wurde auch Berserkerkreuz genannt. Das Kreuz wurde in einem Reihengrab zusammen mit einem Sax gefunden.

Größe 40x25 mm, Lieferung mit Lederband.

Speerspitze von KOWEL

Einzigartige Nachbildung der gotischen Speerspitze aus dem 3. Jahrhundert. Das Original wurde 1858 gefunden und ging im 2. Weltkrieg verloren. Es gibt nur noch wenige Beschreibungen dieser Speerspitze. Sie ist mit mehreren mythologischen Sinnbildern und der Runeninschrift TILARIDS d.h. Angriff versehen.
ca. 30mm lang, Lieferung mit Lederband.

Hornamulette

Odins Raben

 Hugin und Munin sind in der nordischen Mythologie die beiden Raben Odins. Da Odin auch ein Gott des Krieges ist, sind Raben und Wölfe als Tiere des Schlachtfeldes passende Begleiter des Gottes, der auch den Beinamen Hrafnáss (Rabengott) trägt.
Horn, 35 mm Durchmesser, Lieferung mit Lederband.

Wolf im Runenkreis

 Der Wolf spielt als Motiv in den Mythologien, Sagen und Märchen sowie in der Literatur und Kunst zahlreicher Völker eine zentrale Rolle. Dabei spiegelt sich die ambivalente Einstellung des Menschen gegenüber dem Wolf wider. Einerseits verehrt er ihn als stark und überlegen, andererseits projiziert er auf das wilde Raubtier verschiedenartigste Ängste.
Der Wolf ist umschlossen von der mächtigen Runenreihe der alten Götter. Er verleiht Energie und magische Kräfte, zur Beschwörung übernatürlicher Mächte, Schutz vor Angriffen jeder Art.
Horn, 35 mm Durchmesser, Lieferung mit Lederband.
Wir haben noch viele weitere Motive wie z.B. Binderunen und Thorshammer im Angebot.

www.ingramcontent.com/pod-product-compliance
Lightning Source LLC
Chambersburg PA
CBHW020408230426
43664CB00009B/1232